知识产权质押融资风险控制法律制度研究

谭玲 著

西南政法大学最高人民法院应用法学研究基地

应用法学文库 | 张光君 主编

Research on the Legal System of Controlling the Risk of Intellectual Property Pledge Financing

法律出版社
LAW PRESS·CHINA

总　序

百余年来,风云激荡,国家开启现代化进程,社会迭经变迁。中国法学与民族命运共浮沉,历经数变。改革开放,法学新生,日累寸进,乃有今日之成。国家顺应时代趋势,高瞻远瞩,倡导"建设社会主义法治国家"。及至今日,中国特色社会主义法律体系宣告建成,蔚为壮观。然当今中国,经济体制变革,社会结构变动,利益格局调整,思想观念变化,转型加剧凸显结构矛盾,社会向学界提出挑战。社会转型催生法学转型,法学教育亟须"突围"。中国法学教育以解决中国问题为出发点,亦必以之为归宿。盖因中国有中国之问题,中国法学必须有中国意识,必须有能力把握和解决中国的法治问题。

"法者,天下之公器也;变者,天下之公理也。"法律是公共资源,立法者立法律为据,条贯社会;守法者以法律为凭,指导行为,充当法律请求权基础;执法者执行法律,让法律行于天下;司法者,秉持正义,衡断纠纷,匡正法度。然法律运行于社会,非有学术之研讨、化育与引导,无法建其功。法学本基于实践亦志于实践,是知识之学、智慧之学,更是实践之学,以依法合乎正义地解决社会纠纷为其要务。王泽鉴先生有言:"有实务而无理论,犹如盲目,有理论而不重实务,则近空谈。"中国并非缺乏法学理论,数十年来,主要法治国家之法学理论被大力引入,几成泛滥,又显蔡枢衡所谓的法学"殖民地"风景。中国更不乏法律实务,"为有源头活水来",三十年改革开放,现代化进程一路高歌猛进,为法学研究所准备之实务资源无限丰富。身处伟大时代,中国当今法治实践为展开法学研究提供了广阔天地,只是"犹在深闺人未识"。而今,从"立法主义"向"应用"转变的社会需求,促动中国法学转型,为中国法学教育锦上添花。挑战与机遇并存,西南政法大学 2012 年首创"应用法学"学科生逢其时。

"形而上者谓之道,形而下者谓之器。"法学理论界常以追求法学中的"形而上者"自居,带有追求弘法论"道"的自我优越感,鄙视法律实务"低级";法律实务界则谓法学理论界"玄而又玄",所研究者为"擒龙之术",无以应对社会实践。而在法学界内部,理论法学与应用法学的隔膜亦至如此。应用法学研究在法学实务界与法学理论界、教育界遭到了截然不同的命运,实务界如火如荼与理论界、教育界落寞孤寂适成鲜明对照。改革开放以来,大学全面卷入市场经济大潮,斯文扫地,人文精神丧失。与此相应,大学教育之技术导向与职业化蓬勃发展。曾几何时,大学教育之技术导向与职业化成为批评的众矢之的。然天不丧斯文,国学重建及文化软实力战略,助成大学人文精神恢复。唯中国法学教育,实无力承受技术导向与职业化教育指责。若然,中国法学教育以应用为导向当备受诟病。然而,现实所提问题恰恰相反,中国法学教育所培养之法科学生竟然仍需较长时间方能应付法律实务。果如是,则中国法学教育职业化程度还远远不够,无法培养出合格的"法匠"。原因何在?从法学教育角度看,缺乏沟通法学理论与法律实务的"应用法学",乃是一重要原因。

中国当前法学体系中,本有理论法学与应用法学之分。所谓应用法学者,是旨在直接服务法律实际生活、帮助解决法律实际问题之法学分支学科总称,其代表性学科是各种部门法学。在此意义上,应用法学几成一无所不包之庞然大物。盛名之下,其实难副。究其实质,这种"应用法学"还只是停留在部门法学层次。在这个庞大体系中,每一具体部门法学,皆形成各自独立之理论体系。尽管诸部门法学均以解决法律实际问题相标榜,却处于杂乱状态。各部门法学以研究对象和研究方法为主要标准,于应用法学名义下,纵向上各自确定自己之学科地位。而诸部门法学之间壁垒森严,各自为政,扞格难通,成各自为政之局面,甚至相互挞伐,基于利益诉求争夺学术地盘。传统应用法学内部"纵向分割",各部门法学孤军奋战,有碍通盘考量。

一叶障目,不见泰山。每一种分类,无疑都是一种遮蔽。遮蔽之后需去蔽。综合运用法学理论,有效衔接法律规范与社会事实,非各部门法学单打独斗所能独力完成。欲去现行法学教育之蔽,加强薄弱环节,当形成真正之“应用法学”学科。

此“应用法学”,旨在会通理论与实践,研究对象上一改传统之“纵向”划分,在横向上贯通各部门法学,精研各法律部门于“应用”过程中所生之共同问题与共同规律。“法之理在法外。”应用法学旨在为“法之理”与“法之外”搭建学科桥梁,实现法学内部各学科之间的交叉融合,提升法律人的法律综合应用能力,意欲为“仰望星空”和“脚踏实地”建立中介,打破以部门法为界的划分方法,从横断面切入各个部门法学,突出法学知识的综合运用,实现关注对象从“立法”到“法律实施”的转变,强化法律应用技术,特别是法律方法论研究。总而言之,应用法学要借助法律方法论,把作为权威系统的法、作为社会系统的法和作为价值系统的法有机协调起来,沟通实务与学说,促进法学进步。而应用法学,实有助于法律职业共同体的养成。法官、检察官、律师、公证员等只是法律人从事不同法律职业分化之结果,但在培养法律职业共同体的过程中,仍有赖于法律思维的训练乃至内化。就此言,应用法学的创立,是法律思维和法学教育理念的一场革命。

独立之精神,自由之思想,是现代大学之精髓。《诗经》有云:“周虽旧邦,其命惟新。”思想自由与学术创新,亦是现代大学的社会职责。秉持创新理念,担当社会责任,西南政法大学首创“应用法学”学科,举“应用法学院”〔1〕一个学院之力,倾力打造“应用法学”。“应用法学文库”将以关注法律职业人员等特定主体运用法律的具体行为和实际效果为宗旨,概括、提炼

〔1〕“西南政法大学应用法学院”现已更名为“西南政法大学人工智能法学院(应用法学院)”。西南政法大学人工智能法学院(应用法学院)以“回应国家战略、坚持错位竞争”为发展理念,以“智慧法治研究前沿、法律实务教育高地”为发展目标,力争将学院打造成培养“通识和专才皆备、知识和技能并举”的应用型、复合型、创新型高素质法治人才的摇篮。学院是智能司法研究重庆市 2011 协同创新中心的牵头单位。学院有“人工智能法学”二级学科,下设“应用法学”方向;设有“人工智能法学”“法律职业伦理与技能”“仲裁学”3 个教研室;建有“西部基层卓越法律人才教育培养基地”和“西南政法大学最高人民法院应用法学研究基地”等教学科研平台。其中,西南政法大学最高人民法院应用法学研究基地始建于 2013 年 7 月,是最高人民法院研究室、中国应用法学研究所与西南政法大学签署的《关于加强应用法学与审判理论教学科研战略合作框架协议》的内容之一。

法律职业主体在法律实务中应当遵循的技术、方法、规律和原则,期许为法律的正确应用进而制度完善提供实际指引和理论支持。西南政法大学诚欲和海内外有志之士,共谋应用法学发展大业。

海纳百川,有容乃大。“应用法学”乃新生事物,初创时期,尚显幼稚,然所针对问题,实具普遍意义,直指中国当前法学教育软肋。“应用法学”欲深入理论,润养于经典;关注实践,立足于现实;阐幽发微,沟通实务与理论两端;回应时代需求,服务现实社会。“应用法学”之发展壮大,端赖法学理论与法律实务携手共进,践行法律,弘扬法治。涓涓细流,汇成大海。应用法学方兴未艾。唯愿法学理论界与实务界,持开放心态,扶持发展,协力共进,共同推进中国法治事业。

唯今日为应用法学尽绵帛,希冀他日成蔚蔚大观。

是为序。

西南政法大学校长　付子堂

二〇一二年六月于重庆渝北宝圣湖畔

序

近现代以来,随着科学技术的迅猛发展,以知识产权为代表的无形财产在人类社会的财富体系中逐渐从边缘走向中心,成为社会财富重要构成。世界知识产权组织发布的《世界知识产权指标》年度报告显示,2019 年全球专利申请量超过 322 万件,其中,中国国家知识产权局受理的专利申请数量达到 140 万件,排名全球第一。这一方面表明,中国逐渐成为推动世界科学技术的发展主要力量;另一方面也意味着,随着科学技术迅猛发展,中国社会的财富结构正在发生重要变化,知识财产必将在其中扮演越来越重要的角色。

知识产权之财产权与其他财产权一样,通常都具有交换价值和可转让性,因而,可以成为担保各种债务履行的担保财产,在债务人不履行到期债务时,通过转让变价或价值折抵,满足债权人的债权。随着知识财富体量的日趋增大和知识产权保护力度的日益增强,世界各国逐渐注意到知识产权作为担保财产运用的重要性,将知识产权列入担保财产的范围。我国 1986 年《民法通则》对是否可将知识产权作为担保财产用于债权担保并未明确规定;1995 年《担保法》第 75 条首次将依法可以转让的商标专用权、专利权、著作权中的财产权列入担保财产的范围,并明确规定可以这些知识产权中的财产权作为担保财产设定权利质押;2020 年 5 月出台的《民法典》第 44 条、第 440 条进一步完善了知识产权质押担保制度,不仅扩大了可出质的知识产权范围,而且强化了对质权人权利的保护。此外,近年来,国家知识产权局、银保监会、国家版权局还出台了一系列的政策性文件，对知识产权融资实践进行指导。这表明，知识产权的保护和运用在中国正在获得越来越坚实的制度支撑。

由于知识产权不同于有体财产权的特性，尽管以知识产权作为担保财产存在诸多的优势，但也不可避免地存在某些弱点。知识产权价值的相对不确定性、价值波动的敏感性决定，以知识产权为担保财产设定担保必然存在更大的风险。有效控制知识产权质押担保的风险，是知识产权融资普遍面临的一个难题。建立有效的风险控制机制，合理控制知识产权的融资风险，也是法律和金融理论和实践领域长期关注的重要问题。作者从法律视角对知识产权质押融资风险控制问题进行专门研究，其理论价值和实践意义是不言而喻的。

本书是作者在相同选题的博士学位论文基础上完善而成，探讨了风险控制的基本理论，梳理了知识产权质押融资面临的各种风险，并针对知识产权融资质权的设立、持有、实现等环节存在的各种风险，从风险控制法律制度、机制建设和完善的角度，进行了深入的理论探讨和大胆的理论建构，创建了完整的知识产权质押融资风险控制法律制度理论体系，提升了国内相关领域的研究水平，对相关立法和实践有重要参考价值。

作为初涉法学殿堂年轻学人的第一部作品，本书也难免存在一些不足。在论述的理论深度和制度建构的合理性、可操作性方面，作者的研究均可能存在一定的提升空间。

在本书即将出版之际，应作者邀请为之作序，写上这些文字，谨与作者共勉。

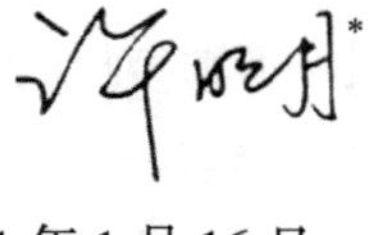*

2021 年 1 月 16 日 · 重庆

* 西南政法大学经济法学院教授、博士研究生导师。

目录

导 论

一、选题背景

在当今经济体系中，机遇与风险并存。市场经济不仅表现为一种信用经济，更是一种风险经济。如何控制各种风险以达到最佳经济效果，成为理论界与实务界共同关注的课题。借由担保法律制度以创造信用或降低授信风险，乃是风险经济活动中的重要形式。[1] 人们在风险经济中设计出各种担保方式以控制交易中的风险，以求最大限度地保障交易安全。知识产权质押便是这些担保方式中的一种。

知识产权表现出的财产价值，使其具有一定的担保能力，在金融领域表现出较强的发展潜力。日本最早将知识产权担保与金融结合，有规模地开展了知识产权质押融资业务。在亚洲金融危机影响下，日本经济发展缓慢。其中，主要作为担保物的不动产及其附属物价值下降，金融机构不良债权问题随之凸显。日本积极寻求新的可用于担保的资产，其通产省专门委托知识产权研究所考察知识产权的担保问题。经过探索，该所认为尽管知识产权价值难以评估，但仍然具备极强的融资担保潜力。随后，日本开始发展知识产权担保融资，其中，质押和让与担保得到广泛应用。[2] 日本的这种融

---

〔1〕 参见王文宇：《构建资讯时代之担保权法制》，载《月旦法学杂志》2003 年第 4 期。

〔2〕 日本知识产权研究所于 1995 年 10 月，发布了《知识产权担保价值评估方法研究会报告》。经过评估认为知识产权可具担保性，参见[日]高石义一监修：《知的所有权担保》，银行研修社 1997 年版，第 10~19 页。转引自胡开忠：《权利质权制度研究》，中国政法大学出版社 2004 年版，第 180~181 页。

资模式很快传到欧美一些国家。各国纷纷采取措施予以效仿,发展各自新的融资模式。我国开展知识产权质押融资较晚,1999 年山西省忻州市云中制药厂以商标专用权出质向中国工商银行山西忻州分行借款 200 万元,是我国第一个知识产权质押融资的案例。[1] 我国真正意义上发展此种融资模式是自 2008 年《国家知识产权战略纲要》提出"引导企业采取知识产权转让、许可、质押等方式实现知识产权的市场价值"开始的。2008 年,开始实施知识产权质押融资试点工作,国家与地方层面纷纷出台了相应政策推动该融资模式发展。迄今为止,知识产权质押融资政策实施十余年来,遭遇了"政策热,市场冷"的尴尬境地。2019 年专利、商标质押融资总额达到 1515 亿元,版权质押融资金额 73 亿元。[2] 根据中国人民银行公布的统计数据,2019 年的社会融资规模增量 25.58 万亿元。[3] 2019 年知识产权质押融资占银行融资业务 0.0062%,占比较小。十余年的政策补给,功不可没。然而,知识产权质押融资相关市场却并未形成。知识产权质押融资面临发展"瓶颈"。

从形式上来看,知识产权质押融资以知识产权为担保,并可兼顾保证担保等方式,零售业务风险并不高。实际上,知识产权本身的无形性、地域性、时间性等特征使质押标的隐藏着价值不稳定、容易遭受侵权等风险。质押标的的风险与融资风险相叠加,导致整个融资过程风险重重。就银行而言,知识产权质押融资项目因资金投入量大、资金回收周期不确定、质权实现困难等,使项目呈现较高风险性。知识产权质押融资高风险的存在,使大部分银行都持谨慎态度,相较普通动产、不动产担保而言,银行不愿意接受知识产权担保。[4] 考察现状,我们不难发现,风险问题制约了知识产权质

---

[1] 参见杨延超:《知识产权资本化》,法律出版社 2008 年版,第 119 页。

[2] 参见国家知识产权局局长申长雨在 2019 年中国知识产权发展状况发布会上的发言介绍,载国家知识产权局官网:http://www.cnipa.gov.cn/xwfb/1148057.htm,最后访问日期:2020 年 4 月 23 日。

[3] 参见中国人民银行:《2019 年社会融资规模增量统计数据报告》,载中国人民银行网:http://www.pbc.gov.cn/goutongjiaoliu/113456/113469/3960224/index.html,最后访问日期:2020 年 4 月 23 日。

[4] 参见丘志乔:《中国知识产权质押融资实证分析与研究》,知识产权出版社 2018 年版,第 45~47 页。

押融资发展。由此,知识产权质押融资风险控制也成为政府部门、企业、金融机构等参与者重点关注的问题。

在国家和地方政策推进下,已经开展了知识产权质押融资业务的金融机构往往通过提高融资门槛、变相更改质押标的、要求提供其他担保、提高贷款利率等方式控制风险。当前,在内部控制上,银行设置更高的融资条件无疑增加了融资费用和融资难度;在外部控制上,政府补贴融资费用、设置风险补偿金等做法,表面上是控制风险、促进融资,实则却忽视了知识产权质押融资制度本身存在的问题。有效的风险控制需要内外制度互动,外部法律制度为基础,内部制度设计依赖于外部法律制度。知识产权质押融资基础法律制度缺陷会影响银行形成有效的内部风险控制制度,阻却内外制度互动。各阶段呈现的具体风险已经暴露了相关制度的缺陷。传统的担保物权法律制度是以有形财产为核心的,知识产权难以适用当前的担保物权法律制度,难以发挥其财产价值以及质押本身应该具有的担保功能,反而使整个融资过程风险叠加,有碍其发展。知识产权法的宗旨是确认权利归属、界定权利范围,重点在于权利的归属和行使等,缺乏对其融资担保功能的关注。如此制度设计在融资实践中的指导作用十分有限。[1]《商业银行法》及相应法规对银行抵质押品的关注主要集中在有形资产上,缺乏对知识产权等无形资产的关注,难以就知识产权质押标的管理发挥相应的操作规范作用。基于上述原因,知识产权质押融资风险控制的核心在于基础法律制度及其相关法律制度的调适、配套措施以及风险分担机制的完善。

二、研究意义

随着当前5G、物联网、人工智能、区块链等新一代信息技术爆发式增长,以科技创新、知识、创意为载体的智力劳动成为市场追捧的热点。相应地,与智力劳动息息相关的知识产权也随之成为现代企业可创造价值的主要竞争力。我国科技型、创新型中小企业数量及持有的知识产权数量都相当可观。然而,资金短缺却成为当前困扰我国科技型、创新型中小企业发展的主要因素。将资金引流到科技型、创新型中小企业,实现"知本"与"资

---

〔1〕 参见谢黎伟:《知识产权担保融资问题研究》,社会科学文献出版社2015年版,第279页。

本”的融合是我国知识经济发展的出路。知识产权质押融资是以知识产权为担保财产进行质押而获得资金借贷的融资形式,由于担保财产的特殊性,其风险表现也有不同于一般动产和不动产融资的特点。知识产权质押融资是推动技术研发和利用的重要手段,但这一手段能否充分发挥作用,在很大程度上取决于相关制度设计对于融资风险的控制效果。此外,区块链、大数据和人工智能等新一代信息技术在金融领域、知识产权保护领域的综合应用,一方面提升了融资效率,另一方面也潜藏着技术风险。加强知识产权质押融资风险控制法律制度的研究,对完善相关立法、指导知识产权质押融资实践等都具有重要的理论价值和现实意义。

1. 理论意义

围绕知识产权质押融资风险及风险控制,学界作了一些探讨,这为本书研究提供了基础。但通过梳理文献发现,既有研究或针对性不强、研究视角单一,或考察我国知识产权质押融资实践中的问题不到位,且未有专门性论述该融资风险问题的专著,也未能形成系统化的研究报告。这说明,关于知识产权质押融资风险控制法律制度研究还存在一些空白,本书的研究存在以下几个方面的理论价值。

其一,构建了知识产权质押融资风险控制法律研究理论体系。本书从风险控制的一般理论出发,分析知识产权质押融资风险主要源于现有制度失灵。法律控制在制度失灵上的优越性,体现在外部法律制度为组织内部控制提供基础和依据。由此,确立了系统研究相关法律制度存在的问题及完善为知识产权质押融资风险控制的基本路径,在制度设计上以安全、效率及公平为基本价值取向,以此构建了知识产权质押融资风险控制法律研究理论体系。

其二,为知识产权质押融资法律制度完善提供理论参考。知识产权质押融资质权设立、质权持有以及质权实现三个环节的风险控制核心在于质押标的价值的发挥。传统的担保法律制度关注债权人利益的保护,主要通过限制出质人对质押标的的使用以及提存等制度来实现风险控制。然而,知识产权作为质押标的,由于其自身特征不能直接占有,也不应该在制度设计上限制出质人对质押标的的使用,可以从优化登记制度、促进技术升级以及完善监管制度等方面实现相应的风险控制。知识产权的价值主要体现在使用上,知识产权质押融资中应该加强债权人对出质人对质押标的利用的监督,促进其使用,以增加经济利益。在知识产权质权实现环节,应赋予出质人积极实现质权的义务,包括但不限于技术方案的实施、实现等。2021年1月1日《民法典》实施后,涉及知识产权质押融资的《物权法》《担保法》《合同法》《民法总则》《民法通则》《侵权责任法》将废止。但《民法典》中关于知识产权质权的规定,几乎沿用了原法条中的规定,并未填补完善原有知识产权质权规则存在的漏洞。为此,本书通过分析论证,设计符合我国国情的知识产权质押融资法律规则,为《民法典》《著作权法》《专利法》《商标法》《商业银行法》《资产评估法》《中小企业促进法》《保险法》《民事诉讼法》[1]等多部法律中涉及的知识产权质押的具体条款修改提供理论参考。

2. 现实意义

当前,国家和地方层面合计出台了上百部涉及知识产权质押融资的规范性文件。其中,不乏存在可操作性不强、缺乏法律依据的条款。本书通过系统梳理,从大量的规范性文件中进行本文考察,以期作出如下贡献。

其一,为政府优化知识产权质押融资风险控制相关政策提供参考。由于知识产权本身的特征,加剧了融资过程信息不对称,基于此前提建立的民事法律关系呈现高风险特征。风险控制法律制度的建立,有利于规范市场主体融资行为。为缓解科技型、创新型中小企业融资难题,从国家到地方层面发展知识产权质押融资,将资金引流到难以获取贷款的上述企业中,以实现金融资源公平分配。尽管从国家到地方层面制定的贴息、奖励、风险补偿等政策,可以极大地调动金融机构参与力度,但容易混淆边界。贴息、兜底或者长期补贴会隐蔽真正的风险,难以调动发挥知识产权财产价值。风险控制法律制度体系的建立有利于划清市场行为与政策调控的边界,不能一味地进行政策推进,还需要正视制度本身的问题,以形成相关市场及建立起市场秩序。本书的研究对规范当前各地政府的融资补贴、风险补偿等机制

[1] 如无特别说明,本书所引法条均为最新修订版本的法律。

具有实际意义。

其二,为金融机构开展知识产权质押融资业务提供风险控制指导性建议。金融机构对知识产权质押融资兴趣不高的主要原因就是风险高,难以达到实物质押的担保效果。在具体融资业务操作中,存在诸多空白点。本书的研究可以为金融机构开展知识产权质押融资业务提供风险控制的指导性建议。

三、研究综述

在知识产权质押融资风险法律控制这个选题下,知识产权质押融资风险以及法律控制为两大主要议题。为保障本研究具有一定的学术贡献,本书在撰写前做了大量的检索工作,收集了国内外学者就上述两大议题形成的相关成果,以便在现有研究的基础上找到研究起点及启发。

(一)国内外研究现状

首先,关于知识产权质押融资风险控制的国内研究情况。风险与风险控制似乎存在顺理成章的逻辑关联,各个学科并没有将重点放在论证它们之间的关系上。就目前知识产权质押融资存在高风险的境况而言,现有研究主要集中在融资模式、科技促进和政策扶持等方面,少有论著提出了风险控制,也仅局限于内部控制层面。对于风险控制的研究,包括系统性风险控制和具体性风险控制的研究主要集中在会计学、管理学、社会学和经济学领域。其他学科的论著对于本书研究也提供了一定参考,囿于笔者学术背景限制,仅就其他学科相关论著进行简要综述。丁友刚等在其论文《内部控制、风险控制与风险管理——基于组织目标的概念解说与思想演进》中论证了内部控制属于风险控制的重要方式,认为内部控制在企业风险管理上具有重要作用。[1] 对于知识产权质押融资风险的控制,国内学者多以融资模式为视角谈论融资风险问题,主要对国内当前典型的融资模式进行利弊分析,分析其中存在的法律问题或制度缺陷,力求解决其中的问题。[2] 融资

---

〔1〕 参见丁友刚、胡兴国:《内部控制、风险控制与风险管理——基于组织目标的概念解说与思想演进》,载《会计之友》2007 年第 12 期。

〔2〕 参见章洁倩:《我国知识产权质押融资模式多元化的思考》,载《武汉金融》2011 年第 4 期。

模式研究中包含了融资风险问题,以模式研究为视角的学者们大都认为,可以通过融资模式的设计,化解风险问题。刘洁分析了当前的融资模式,提出可以从事前风险评价和事后风险预警两个方面进行控制。[1] 陈见丽从企业的角度研究了当前存在的风险并提出以多种风险分担机制的形式控制融资风险。[2] 苑泽明等从理论和实践出发,通过市场调查和指标体系检验,将知识产权质押融资的风险归纳为技术因素、经济因素、法律因素、管理因素等层面,再对这些层面进行细分,最终确定37个风险要素,试图构建知识产权质押融资风险预警体系。[3] 章洁倩从银行的角度讨论了知识产权质押融资风险管理的问题,提出以风险评级和监控的方式控制融资风险。[4] 宋光辉等对当前模式进行分析,在政府主导型的融资模式中,政府、银行、担保机构以及保险公司是风险的主要承担者,如何降低融资风险可以考虑几个主体进行风险分担作了研究。[5] 陶丽琴等认为,政府对知识产权质押融资风险补偿政策对融资具有促进作用,同时需要进一步完善政府政策及实施。[6] 彭飞荣认为,评估风险和处置风险是导致融资效率低下的两大难题,风险控制可以从上述两大问题入手进行研究。[7] 丘志乔从实证的角度考察了知识产权质押融资的困境,在研究中也指出当前融资模式存在

[1] 参见刘洁:《知识产权质押融资中的风险控制》,载《内蒙古社会科学》(汉文版)2012年第2期。

[2] 参见陈见丽:《中小型科技企业知识产权质押融资的风险控制》,载《经济纵横》2011年第7期。

[3] 参见苑泽明:《知识产权质押融资价值评估:收益分成率研究》,载《科学学研究》2012年第6期;苑泽明、孙钰鹏:《知识产权质押融资风险困境可破解吗?——基于随机森林模型的研究》,载《广东社会科学》2019年第6期。

[4] 参见章洁倩:《科技型中小企业知识产权质押融资风险管理——基于银行的角度》,载《科学管理研究》2013年第2期。

[5] 参见宋光辉、田立民:《科技型中小企业知识产权质押融资模式的国内外比较研究》,载《金融发展研究》2016年第2期。

[6] 参见陶丽琴、魏晨雨、李青:《知识产权质押融资中政府支持政策的实施和完善》,载《法学杂志》2011年第10期;陶丽琴、阮家莉:《我国知识产权质押融资:实践样态和立法制度审视——基于知识产权战略和民法典编撰的背景》,载《社会科学研究》2017年第5期;宗艳霞:《知识产权质押融资财政支持政策分析与建议》,载《大连海事大学学报》(社会科学版)2016年第8期;胡延玲:《中小微企业政策性金融法制问题研究》,法律出版社2013年版,第201~210页。

[7] 参见彭飞荣:《知识产权质押融资风险规制研究——以专利权为中心》,法律出版社2018年版,第11页。

高风险的问题,提出以法律文化视角来研究实践中存在的具体问题。[1] 刘沛佩提出,法律制度和风险分担机制不完善是当前知识产权质押融资之痛,应当建立多方参与机制,以分散风险。[2] 杨帆等研究了当前知识产权质押融资风险补偿机制,并提出将来应当以市场运作、合作模式发展补偿机制。[3] 刘楠等指出,当前知识产权质押融资发展面临高风险困境,应当通过政府引导、市场参与、多方联动等方式化解风险。[4]

其次,关于知识产权质押融资风险控制的国外研究情况。国外对具体知识产权质押融资风险的研究,集中在风险分担方面,研究散见于知识产权金融相关著作。美国学者格雷戈瑞(Gregory Michael)以放款人利益角度,指出担保人应该提供支持交易的资产报告,以控制交易风险。[5] 韩国学者崔哲等在《知识产权金融》中分析了当前韩国知识产权质押融资也存在高风险的问题,但韩国在政府主导下成立了技术交易中心,对参与主体严格把关,以控制信用风险。[6] 美国学者罗素·帕尔(Russell L. Parr)等认为,价值评估与知识产权金融密切相关,风险控制的前提是建立起完善的价值评估机制。[7] 有学者指出,美国的知识产权融资引入了风险投资,但担保法仍然保障知识产权可以用于担保融资,并且市场中存在保证资产收购价格机制(Certified Asset Purchasing Price,CAPP)的模式,可有效控制银行的风险。[8] 日本则形成了中央与地方共担风险、担保与再担保(保险)相结

[1] 参见丘志乔:《中国知识产权质押融资实证分析与研究》,知识产权出版社 2018 年版,第 109~121 页。

[2] 参见刘沛佩:《谁来为知识产权质押融资的"阵痛"买单——兼论知识产权质押融资的对方参与与制度构建》,载《科学学研究》2011 年第 4 期。

[3] 参见杨帆、李迪、赵东:《知识产权质押融资风险补偿基金:运作模式与发展策略》,载《科技进步与对策》2017 年第 2 期。

[4] 参见刘楠、杜少南:《小微企业知识产权质押融资的困境及出路》,载《知识产权》2015 年第 11 期;参见南星恒、田静:《知识产权质押融资风险分散路径》,载《科技管理研究》2020 年第 4 期。

[5] See Gregory Michael, "IP Guarantor Wraps First Deal", *Asset Securitization Report*, Vol. 4, No. 10, 2004, pp. 5-14.

[6] 参见[韩]崔哲、裴桐浙、张俊源等:《知识产权金融》,金善花译,知识产权出版社 2017 年版,第 22~30 页。

[7] 参见[美]罗素·帕尔、戈登·斯密斯:《知识产权价值评估、开发与侵权赔偿》,夏玮、周叔敏、杨蓬等译,电子工业出版社 2012 年版,第 166 页。

[8] See Xuan Thao Nguyen, "Collateralizing Intellectual Property", *Georgia Law Review*, Vol. 42, No. 1, 2007, pp. 1-45.

合的全国性中小企业信用担保体系。[1] 另有学者对日本知识产权质押融资风险问题进行了研究,指出日本政府设立政策性金融机构主导实施具体业务。日本政策投资银行(Development Bank of Japan,DBJ)制定了内部控制措施,充分利用人才和技术,对融资的各个环节进行严格审查,并与中介机构、律师事务所及资产管理公司等合作,争取将融资风险最小化。[2]

再次,关于具体风险与法律控制的国外研究。笔者通过资料收集发现,学界对风险与法律控制的研究主要集中在法哲学、法社会学、法经济学领域,主题多为风险社会法制问题。德国学者尼可拉斯·卢曼(Niklas Luhmann)在其著作《法社会学》中论述了法律通过稳定和规范人们预期的方式实现风险控制。[3] 德国学者乌尔里希·贝克(Ulrich Beck)在其著作《风险社会》中指出,科学和法律制度建立起来的风险计算方法已经不适用于动态发展中的现代社会风险,依然存在剩余风险的可能。在科学理性和社会理性难以统一的情况下,法律制度能做的似乎就是从社会理性的角度去分配剩余风险。[4] 英国学者安东尼·吉登斯(Anthony Giddens)在其著作《现代性与自我认同:现代晚期的自我与社会》和《失控的世界》中均有所提及,风险的客观性以及其中存在一定可循规律,法律对于风险来讲可以是其中规律的制度化。[5] 少有学者关注具体风险的研究,其成果也主要集中在个别部门法领域。如英国学者珍妮·斯蒂尔(Jenny Steele)的专著《风险与法律理论》,主要以风险社会为背景,讨论了保险法以及侵权责任法的理论发展。[6] 但就具体法律制度之间存在的衔接不适、漏洞以及不适用等产生的

---

〔1〕 参见[日]高石义一监修:《知的所有权担保》,银行研修社 1997 年版,第 10 页。转引自胡开忠:《权利质权制度研究》,中国政法大学出版社 2004 年版,第 19 页。

〔2〕 参见李希义:《日本政策投资银行开展知识产权质押贷款的做法和启示》,载《中国科技论坛》2011 年第 7 期。

〔3〕 参见[德]尼可拉斯·卢曼:《法社会学》,宾凯、赵春燕译,上海人民出版社 2013 年版,第 361~397 页。

〔4〕 参见[德]乌尔里希·贝克:《风险社会》,何博闻译,译林出版社 2004 年版,第 21~31 页。

〔5〕 参见[英]安东尼·吉登斯:《失控的世界》,周红云译,江西人民出版社 2001 年版,第 29~32 页;[英]安东尼·吉登斯:《现代性与自我认同:现代晚期的自我与社会》,赵旭东、方文译,生活·读书·新知三联书店 1998 年版,第 4~27 页。

〔6〕 参见[英]珍妮·斯蒂尔:《风险与法律理论》,韩永强译,中国政法大学出版社 2012 年版,第 65~87 页。

现实风险,还缺乏广泛的关注。

最后,关于具体风险与法律控制的国内研究。国内对风险与法律控制的研究多是建立在西方经典理论的基础上的。在法学理论方面,季卫东等在其主编的著作《风险法学的探索——聚焦问责的互动关系》中详细论述了法律对风险社会治理所起的作用,为国内风险法学研究提供了理论基础。[1] 彭飞荣在其博士学位论文《系统论视角下的风险与法律互动》中论述了卢曼系统论对风险控制的指导,通过对法律与风险之间互动关系的梳理,总结出法律主要通过预防和归责两个原则实现对风险的控制。[2] 宋亚辉在其论文《风险控制的部门法思路及其超越》中提出,法律要跨越部门法的限制,在制度设计上应该考虑风险的传递性问题,实现一般控制、控制补充以及专项控制的格局。[3] 吴汉东认为,在风险社会背景下,知识产权存在极强的制度风险,法律是控制其制度风险的最佳手段。[4] 张弛提出了从法律视角研究知识产权质押融资风险,可以设置相应法律制度去控制融资中涉及的质押标的评估、处置等风险。[5] 当然,对于此问题的文献远不止上述列出的部分,笔者仅就具有代表性观点的文献进行梳理。

(二)对现有研究的评述

国内现有研究受政策导向影响,对知识产权质押融资相关问题的关注集中在近十余年。其中,2007~2013年主要关注融资模式及推广,目的在于促进融资规模的扩大;2014~2019年逐渐趋向于风险内部控制和外部补偿模式。内部控制主要以风险评估、预警的方式进行,多采用的是风险计量方式。这种模式是基于现有制度基础上建立的,存在一定的可取之处。但是在外部制度中,知识产权质押的基础法律问题不解决且相关法律制度衔接不适,难以实现内部控制的最佳效率。内部控制要发挥最佳效率,需要外部制度的支持,尤其是在知识产权质押融资法律制度不健全的当下,内部控制

---

〔1〕 参见季卫东、程金华主编:《风险法学的探索——聚焦问责的互动关系》,上海三联书店2018年版,第1~27页。

〔2〕 参见彭飞荣:《系统论视角下的风险与法律互动》,湖南大学2011年博士学位论文,第14~16页。

〔3〕 参见宋亚辉:《风险控制的部门法思路及其超越》,载《中国社会科学》2017年第10期。

〔4〕 参见吴汉东:《知识产权制度风险与法律控制》,载《法学研究》2012年第4期。

〔5〕 参见张弛:《从法律视角论知识产权质押融资风险控制》,载《银行家》2007年第12期。

可能会出现低效率的情况。尽管研究方向不同,当前的研究仍然为本书的研究提供了重要参考。在外部控制上,当前的研究主要着力于政府政策促进,或推行风险补偿,或推进多方分担主体模式。现有研究视角一直局限于各种模式的构建,试图将风险分担模式融入现有的融资模式中,且集中以政府主导或者兜底的方式控制融资风险。倘若知识产权质押融资风险完全依赖于风险补偿或者分担,则存有一种“治标不治本”的表象。风险转移、分散或分担均不是在总体的量上减少风险,而只是就某一主体而言,相对减少了所要承担的风险,由此,风险分担不能全面地实现具体风险的控制问题。此外,当前对风险分担的研究忽视了一个非常重要的问题,即风险转移或分担的正当性。为何不相干的主体要承担风险?是否存在一定的利益?制度的设计需要符合风险和收益成正比,以促进社会的公平。在当前研究中,过于关注政府主导的作用,忽视了风险分配和承担的公平,由此,也可能引发新的风险。因此,现有研究为本书提供了研究方向,即从整体上降低风险的方式控制融资风险。法律在减少风险上具有明显的制度优势,当前知识产权质押融资呈现的高风险问题,引发了笔者对原有法律制度的思考。当然,在现有研究中也有知识产权质押法律制度问题的成果,或是从权利质权的角度研究现行担保物权法相关规定的不足,或就讨论评估制度问题,或研究交易市场制度问题,但均没有从风险控制整体规划上进行有针对性的和系统性的研究。不可否认,笔者受到当前研究的启发,也使本书有新的研究思路。

当前,国外研究对知识产权金融的关注较高,对知识产权证券化、风险投资的关注远远多于对质押的研究。主要原因是国外知识产权担保法律制度较完善,与之相应的知识产权价值评估、交易市场、专业化商业运营等机制也较完善。尽管知识产权价值评估是世界级的难题,作为知识产权发达国家的美国也没有制定出行之有效的评估方案。但是,基于域外知识产权交易市场相对比较成熟,容易形成价格机制。因此,国外的一些知识产权金融相关风险控制制度可供我国借鉴。尤其是资产保证价格收购机制,可以集约化地实现质押标的处置,更有利于知识产权运营,更大限度地发挥其财产价值。国外现有研究对知识产权质押融资风险控制法律制度的关注不多,主要也是其相应制度较为完善。另外,国外对于风险法学的研究具有相当长的历史,形成了诸多经典理论。无论是从系统的角度描述风险,还是从具体的角度化解风险,都有较成熟的理论支撑。尤其是法律对风险控制的作用,国外知名学者为此提供了丰富的理论基础,将为后续研究带来诸多启发。

综上,现有研究的贡献和留白为笔者提供了新的思路。我国知识产权质押融资风险主要为具体制度风险问题,且与法律制度缺失、漏洞及不适应密切相关。高风险的存在暴露了我国知识产权担保法律制度及其相关法律制度的不适问题,需要及时作出调整,以发挥法律在知识产权质押融资风险控制上的作用。

四、研究方法及创新

(一)研究方法

1. 规范分析法

规范分析法是法学研究中比较传统的方法。知识产权质押融资风险主要源于制度缺失及不适用,本书以现行制度为主要研究对象,必然涉及规范分析,需要对现行相关知识产权质押融资风险控制制度进行价值判断。在此基础上,对制度进行优化或调适也需要以法律安全、效率和公平为价值取向并一以贯之。此外,本书还需要以此方法解读相关制度的价值及功能。换言之,规范分析法是本书的主要研究方法,贯彻全书六章具体问题的研究。

2. 比较分析法

"比较法研究不仅旨在认知外国法律并进而反思本国法律,而且涉及不同法律体系、法律文化和法律制度的比较和借鉴,以及法律的跨国整合与全球治理。"[1] 比较分析要从理论模式到实践模式的现代转换和超越,更多关注具体法律实践问题,并以某种方法论述可能对各类实践法律人有用的问题。[2] 本书考察了美国、日本、英国等国家相关法律制度,采用比较分析法

---

〔1〕 高鸿钧:《比较法研究的反思:当代挑战与范式转换》,载《中国社会科学》2009 年第 6 期。

〔2〕 参见刘承韪:《比较法的兴衰之势与中国取向》,载《比较法研究》2013 年第 3 期。

分析和论证了域外制度能否为我国知识产权质押融资风险控制法律制度设计提供参考。此外，本书采用了比较分析法，考察了他国在知识产权评估、登记、处置、风险分担等方面的先进制度经验，在制度借鉴的基础上完善了我国知识产权质押融资相关制度设计。

3. 实证分析法

所谓实证分析，是运用数据、公式等对事物的实际情况进行分析，以此得出事物一般性及特殊性规律的研究方法。在此方法的运用方面，本书设计了政策结构化观察表，对各地就知识产权质押融资出台的政策实施情况进行了调研。本书对国家统计局、国家知识产权局、中国人民银行等官方网站公布的相关数据进行了分析，并在此基础上对试点城市进行了调研。另外，本书采用了实证分析法中的结构式访问调研方式，设计了访问提纲，对重庆银行、中国工商银行、三峡银行、中国农业银行等多家银行信贷工作人员进行了结构式访谈，以了解当前银行对于知识产权质押融资的态度、业务开展情况以及各银行相应的风险控制措施。

4. 类型化研究

类型化是一种对概念的不确定性进行弥补的方法，以确定类型化标准为核心，为得出研究结论提供路径。类型化通过开放式的思维模式，梳理各种理论和概念。将知识产权质押融资各阶段存在的风险类型化、种类化，从而找到各个阶段存在风险的特殊性，在制度优化上结合各阶段的特征，力求发挥知识产权本身的担保功能，充分实现知识产权财产价值。

（二）可能的创新之处

目前，学界关于知识产权质押融资的讨论重点在融资模式上，对于风险防控也主要运用的是管理学中的内部控制理论。鉴于既有研究或零散孤立或视角单一，或方法局限，本研究仍然可能存在以下几个方面的创新。

其一，研究视野方面。当前风险法学的研究还停留在理论层面，局限于法理学、侵权法、金融法等领域。本书以知识产权质押融资风险为例，证成了法律如何实现对具体风险的控制，在一定程度上拓展了风险法学的研究视野。

其二，理论贡献方面。本书从风险控制的一般理论出发，分析知识产权质押融资风险主要源于现有制度失灵。法律控制在制度失灵上的优越性,体现在外部法律制度为组织内部控制提供基础和依据。由此,确立了系统研究相关法律制度存在的问题及完善为知识产权质押融资风险控制的基本路径,在制度设计上以安全、效率及公平为基本价值取向,构建了知识产权质押融资风险控制法律研究理论体系。

其三,具体制度方面。本书结合知识产权质押融资的特点,对现行相关制度的现状进行了深刻的分析,指出了现行制度在知识产权质押融资风险控制方面存在的不足,并提出了相应的应对策略,尤其是在传统担保制度之外,就质押标的的评估制度、质押标的的管理制度以及质押融资风险的分担与化解机制的构建等方面,提出了不同于传统担保制度的新见解。

五、研究框架

本书围绕知识产权质押融资风险、现行制度问题和解决对策展开研究,共计六章,具体内容安排如下。

第一章“知识产权质押融资风险及风险控制”。首先,对相关概念进行了界定,随后对知识产权质押融资风险进行了界定,归纳了知识产权质押融资风险特征及主要类型。其次,揭示了知识产权质押融资十余年来陷入“政策热、市场冷”的发展困境的关键在于融资高风险的存在,论述了知识产权质押融资风险控制的必要性及主要控制机制。最后,通过对知识产权质押融资法律制度的功能以及完善法律制度对知识产权质押融资风险控制的意义两个方面的论证,阐明了知识产权质押融资风险控制与法律制度之间的关系,即通过法律制度控制知识产权质押融资风险,保障知识产权质押融资有序发展。

第二章“知识产权质押融资风险控制法律制度理论基础与价值取向”。首先,梳理了法律如何实现风险控制的相关理论。这些理论为知识产权质押融资风险法律控制提供了理论基础。其次,通过对相关理论的考察,结合知识产权质押融资风险的特征,确立了知识产权质押融资风险控制要以外部制度为基础,内部控制为补充的控制方案。具体对应到知识产权质押融资风险控制法律制度上,可分为以下三个层次:第一,知识产权质押法律制度调适;第二,风险分担机制的依法实现;第三,相关配套措施法律制度完善。最后,本章提炼了知识产权质押融资风险控制法律制度安全、效率、公平三个基本价值取向,统领后文具体法律制度的构建。

第三章"知识产权质押融资质权设立风险及其法律控制"。首先,归纳了质权设立阶段的两大基本风险。一是质押标的范围模糊导致的法律风险,二是知识产权价值评估风险。这两大风险的存在直接影响了质押标的的担保能力,成为阻却银行开展该业务的首要问题。其次,对其质权设立的具体风险及成因进行分析,发现相关制度存在不适用或缺乏等问题。最后,提出了相应的完善方案。坚持物权法定主义,对相应知识产权质押标的进行明确,不符合法律规定的,不能设立知识产权质权。知识产权质权登记和价值评估法律制度的完善对风险控制也至关重要,贯穿整个融资过程,鉴于质权设立是知识产权质押融资的首要环节,本章对此提出了相应的法律制度安排。

第四章"知识产权质押融资质权持有风险及其法律控制"。首先,对知识产权质权持有的具体风险进行分析归纳,主要表现为质押标的价值减损风险和质押标的管理风险。其次,对质权持有相关制度进行检视,发现存在外部制度不适和缺乏内部控制等问题。在现行知识产权质押法律制度下,知识产权质权人无法占有和管理质押标的,难以进行有效的风险控制。最后,基于知识产权质押融资质权持有过程中的风险及制度原因,优化了相关法律制度以及完善了质押标的管理制度。

第五章"知识产权质押融资质权实现风险及其法律控制"。本章主要探讨知识产权质权实现中的具体风险、风险形成的制度原因以及相应的法律控制路径。质权实现环节的主要风险为质押标的处置风险,包括不当折价和串通定价的风险、处置时间过长的风险和无法变现或不能足额变现的风险。当前,知识产权质押实现难以适用动产质权实现方式,准用抵押权实现方式更为合适。此外,当前的担保物权实现特别程序与知识产权质权登记制度衔接不上,且缺乏相应的质押物处置渠道。在制度优化方面,设置出质人特别义务、变通知识产权质权处置方式和修改知识产权质权实现特别程序为主要措施,增加质押标的处置渠道为辅助措施,以提高处置效率,保障质权有效实现。

第六章“知识产权质押融资风险控制配套机制”。无论知识产权质押法律制度设计得多么精细,债的担保仍会存在剩余风险的问题。风险控制配套机制的建立,有利于降低知识产权质押融资过程中的风险以及分散融资主体所承担的风险,混合担保机制、风险补偿机制以及保险机制均对知识产权质押融资风险控制有重要意义。混合担保中的政策性担保以及风险补偿机制均以政府为主导,缺乏市场动力,并非长久之计。而混合担保中的互助性担保、商业性担保机构发展有限且本身存在较高风险,将其引入知识产权质押融资,容易传递或扩散风险。完善知识产权质押融资保险成为一个新的趋势,为知识产权质押融资风险控制提供了可行路径。

知识产权质押融资是缓解中小企业融资难题的重要措施,其表现出的高风险使银行等金融机构格外谨慎,各地政策的积极推进没有从根本上解决融资风险问题。对知识产权质押融资各阶段具体风险的研究,有利于揭示制度问题进而解决问题。本书可能局限于当前微观性风险的研究而对系统性风险研究不足。这也是本书需要持续研究和进一步深化的动力。

第一章 知识产权质押融资风险及风险控制

一、知识产权质押融资及其风险

(一)知识产权质押融资

以财产交换价值为基础构建的现代担保制度,要求担保标的首先得是财产。波斯纳(Richard Posner)论证了法律上的财产必须符合以下三个条件:一是因稀缺而具有价值(价值性);二是能够属于某一特定主体,其具有一定排他性(排他性);三是可以相应对价让渡他人(转让性)。[1] 知识产权是人们对其创造的知识财产所享有的法律赋予的专有权利。世界贸易组织(World Trade Organization, WTO)在《与贸易有关的知识产权协定》(Agreement on Trade-Related Aspects of Intellectual Property Right, TRIPs)序言中也明确了知识产权属于私权范畴。知识产权的价值性、法律赋予的一定排他性以及其作为私权具备的可转让性等,使其成为典型的无形财产权,具备成为担保标的的可能。根据我国当前《担保法》《物权法》的相关规定,可以转让的注册商标专用权、专利权、著作权等其他知识产权中的财产权可以作为权利质押标的设定质权。在实务中,为了发挥知识产权财产价值,实现"知产"与"资产"的结合,形成了知识产权质押融资这种新型融资模式。知识产权质押融资本质上为有担保借贷,是债务人或第三人以其知

---

[1] 参见[美]理查德·波斯纳:《法律的经济分析》,蒋兆康译,法律出版社 2012 年版,第 42~49 页。

识产权设定质押获得资金的一种融资模式。[1] 就其融资形式而言,其属于债务性融资。债务人与金融机构签订贷款合同,在贷款合同中设置质押条款,或与知识产权权利人另行签订质押合同而形成借贷担保关系。金融机构按贷款合同约定发放贷款,借款人按期偿还利息和本金,借款人不按合同约定履行还款义务的,金融机构有权依法处置质押标的,并就质押标的拍卖或变卖款享有优先受偿权。

学界对于知识产权担保在我国担保物权法体系中的定位争论不休,相应地,对知识产权质押融资的界定大致形成了如下两种观点。一种观点认为,知识产权质押融资本质上属于权利质押,可以使用现有名称,继续适用质权制度;另一种观点认为,我国知识产权质押融资实质上属于权利抵押,应正名为"知识产权抵押",适用抵押权制度。本书姑且将上述两种观点概括为"原名论"和"正名论"。

在传统大陆担保物权法律制度体系中,抵押权与质权的区分以是否转移担保物的占有为标准。[2] 质权和抵押权均具有使债权人优先受偿的担保作用,但质权的留置效力对债权人更具担保效用。这主要体现为质权设定后,出质人丧失了对质押标的利用权利,"由质权人留置标的物,剥夺债务人之占有,造成债务人心理上之痛苦或生活上之不便,以压迫其从速清偿债务"。[3] 此外,"担保物留置作用,还体现为出质人权利行使之防止及其标的债权或其他权利之保存与价值之取得"。[4] 知识产权设定质权,其权利凭证仅仅是记载权利的载体,倘若是转移权利凭证的占有,第三人无法知晓权利已经转移,无法实现公示。知识产权出质后,出质人仍然可以自己使用该权利,只不过转让、许可他人使用需要受到质权人的限制。质权人并未控

[1] 参见冯晓青:《我国企业知识产权质押融资及其完善对策研究》,载《河北法学》2012 年第 12 期。

[2] 参见谢在全:《民法物权论》(修订 5 版),中国政法大学出版社 2011 年版,第 615 页;[日]我妻荣:《我妻荣民法讲义-Ⅲ-新订担保物权法》,申政武、封涛、郑芙蓉译,中国法制出版社 2008 年版,第 13 页;王利明:《物权法研究》,中国政法大学出版社 2013 年版,第 1114~1115 页;梁慧星、陈华彬:《物权法》,法律出版社 2010 年版,第 296 页。

[3] 谢在全:《民法物权论》(修订 5 版),中国政法大学出版社 2011 年版,第 296 页。

[4] 史尚宽:《权利质权之研究》,载郑玉波主编:《民法物权论文选辑》,台北,五南图书出版股份有限公司 1984 年版,第 865~866 页。

制知识产权,难以将准占有适用于知识产权质权上,质权人无法利用质权的留置效力来督促债务人履行还款义务。如此,知识产权质权的设定只适合选择登记公示的形式向公众表示其存在相应的权利负担。“对权利事实上的管理,意指行使该权利,并非仅只享有该权利的处分权或者限制出质人处分其权利。”[1]我妻荣教授认为:“知识产权质押,从公示方法的角度来看,它属于登记质权;从功能的角度来看,毋宁说它们近似于抵押权。”[2]知识产权质押设定后,除合同另有约定外,出质人继续使用知识产权,从功能的角度看,这类似于抵押担保。“依标的物的不同,可以将抵押权分为不动产抵押权、动产抵押权和权利抵押权,质权分为动产质权和权利质权。”[3]将原有担保物权制度中依登记公示方法设立的权利质权,如知识产权质权变更名称为知识产权抵押权。另有学者提出,抛弃“权利质权”的传统归类,将其归宿于权利抵押权,符合动产抵押、不动产抵押和权利抵押的分类。另外,我国《民法典》第432条规定了质权人妥善保管质物的义务,抵押权人则无此项义务,这一区分明显与抵押权与质权公示方法不同有关。若知识产权质权以登记作为公示方法,则质权人并不占有或准占有质押标的,保管义务无从谈起。如此,知识产权担保准用抵押权规则看似更合理。由此,持有“正名论”的学者认为知识产权质押实际上为知识产权抵押,[4]相应地,可将知识产权质押融资更名为抵押融资。

也有学者持不同观点,认为建立权利质押权制度一方面有利于发挥知识产权的特性,立法也便于操作,不必因限定质权与抵押权之间的区别而大费周章;另一方面可以促使担保制度形成体系,促进制度的完善。[5] 有学者提出,权利担保物权应当单独分类,使之与不动产担保物权、动产担保物权并列。[6] 但权利担保物权内部仍然需要用公示方法的不同而再次分为

[1] 高圣平:《民法典中担保物权的体系重构》,载《法学杂志》2015年第6期。

[2] [日]我妻荣:《我妻荣民法讲义-Ⅲ-新订担保物权法》,申政武、封涛、郑芙蓉译,中国法制出版社2008年版,第193页。

[3] 参见高圣平:《民法典担保物权法编纂:问题与展望》,载《清华法学》2018年第2期。

[4] 参见杨延超:《知识产权资本化》,法律出版社2008年版,第8页。

[5] 参见王吉法等:《知识产权资本化研究》,山东大学出版社2010年版,第213页。

[6] 参见[日]近江幸治:《担保物权法》,祝娅、王卫军、房兆融译,法律出版社2000年版,第64页。

权利抵押权和权利质权。另外,动产担保物权也需要用公示方法的不同分为动产抵押权和动产质押权,相互之间的规则重复和冲突,有违物权法的内部逻辑。如此,支持“原名论”的学者认为,知识产权质押融资无须更改名称,可继续适用权利质权制度。

我国担保物权法律制度体系以德国为蓝本。在《德国民法典》制定的年代,有形财产是当下社会的主要财富。当时,无形资产还未被充分发挥相应的财产价值,知识产权没有被当时的《德国民法典》特别重视。加之仓单、债权、股权、提单等都有相应的权利凭证,占有权利凭证就可以实现占有,这与动产的占有非常类似,因此,权利质押适用动产质押规则没有被及时发现有所不适。[1] 相关法律制度设计需要考虑制度成本的问题,以实现法律的效率价值。相关法律的修改也应体现法律的效率价值,将制度成本纳入修法问题中一并考虑。就我国当前担保物权制度完善而言,“要实现从多元动产担保物权到一元动产担保物权的制度变革,需要耗费的高昂的立法成本和法律实施成本,在将‘小修小改,尽量不改’确立为民法典编纂的基本原则下,对当前既有的担保物权体系做大的调整可能性不大”。[2] 本书赞同高圣平教授关于知识产权质押还是抵押的学术观点,与其另行区分,不如维系当前以公示方法不同所做的体系化区分,即抵押权和质权,再分别在抵押权和质权内部依客体的不同再作划分。另外,为了保持法律的延续性,其名称依然还是称为“知识产权质权”,法律上制度的安排与学说中的分类并行不悖。尽管随着知识产权财产价值的发挥,知识产权质押适用动产质押制度出现了诸多不适,但在法律名称上还是称作“质押”,以保持法律的延续性。对于当前的担保物权法中知识产权质权的尴尬,可以通过统一的登记公示制度进行克服。[3] 在具体规则适用上,可以调整优化,为知识产权质押设定与其特征相适应的法律规则。

知识产权自身的不确定性、时间性和地域性特征,使其作为担保财产表

---

[1] 参见谢黎伟:《知识产权融资担保问题研究》,社会科学文献出版社 2015 年版,第 253~254 页。

[2] 高圣平:《民法典担保物权法编纂:问题与展望》,载《清华法学》2018 年第 2 期。

[3] 参见高圣平:《统一动产融资登记公示制度的建构》,载《环球法律评论》2017 年第 6 期。

现出较强的价值不稳定性。首先,关于不确定性。知识产权的不确定性主要是指其价值的不确定性,影响知识产权价值的因素复杂且多元,以专利权为例,专利价值通常是通过实施、转让、许可等方式予以实现的。而上述实现过程又与企业本身的技术转化能力、经营管理能力、技术升级以及市场拓展能力等相关,同时,还受到外部法律保护程度、市场成熟度等因素的影响,难以对其价值作出静态评估,因而表现出价值不确定性特征。其次,关于时间性。法律对知识产权保护期限有所限定。例如,著作权的保护期限是作品完成到作者死后50年;外观设计专利和实用新型专利的保护期限是10年;发明专利的保护期限是20年;注册商标专用权的保护期限是10年,到期可以依法申请续展。知识产权期限届满则不再受到法律保护,相应作品、专利归属于公共领域。知识产权的时间性影响其价值,随着时间的推移,离保护期限越短,可能存在的价值就相对越低。上述知识产权本身的性质特征使其作为担保财产表现出较强的价值不稳定性。此外,知识产权基于其特性,使其本身的流动性低,相较其他质押物、质押权利更难自发形成交易市场。[1] 作为无形资产的知识产权在质权设立、质权保全和质权实现方面与其他资产存在巨大差异,这也成为传统法律难以适用于知识产权质押融资的关键所在。

(二)知识产权质押融资风险的界定

1. 知识产权质押融资风险的概念

英国经济学家弗兰克·H. 奈特(Frank Hyneman Knight)在1921年将风险和不确定性作了区分,认为风险的范围远远大于不确定的范围。[2] 奈特将风险界定为一种人们可知道其概率分布的不确定性。人们可以根据过去的经验推测未来的可能性,不确定性则是指人类无知的情形,因为不确定性表明人们不可能或从未发生过的事件,从而也是不可以推测可能性的。[3] 后来的研究者趋向于把不确定视为风险的主要来源,甚至在许多具体案例

---

〔1〕 参见钱坤:《专利权质押融资理论与实践研究》,社会科学文献出版社2015年版,第14页。

〔2〕 See Frank Hyneman Knight, *Risk, Uncertainty and Profit*, Boston, Houghton Mifflin Company, 1921, pp. 2-5。

〔3〕 参见[英]富兰克·H. 奈特:《风险、不确定性与利润》,王宇、王文玉译,中国人民大学出版社2005年版,第147~172页。

分析中将不确性与风险视为等同概念。[1] 国际标准组织(International Organization for Standardization, ISO)发布的 ISO31000《风险管理指南》(2018 年版)将风险定义为不确定性对目标产生的影响。其中,"影响"一词是指与预期积极结果或消极结果之间的偏差;目标包含了收益、财务健康、组织安全、系统安全等。在当前的研究中,风险主要指的是对未来结果的不确定性或损失。知识产权质押融资主要涉及融资企业和金融机构两方主体,往往实践中还涉及担保机构、政府机构、评估机构等多方主体。基于此,融资过程中各方参与主体收益和损失的不确定性,即为知识产权质押融资风险。就企业而言,该风险是指企业以知识产权质押融资而产生的丧失偿债能力的可能性和企业利润的可变性。[2] 该风险的本质是企业作为债务人负债经营所产生的经营风险。企业进行知识产权质押融资后,不论经营利润多少,债务利息是合同约定且在通常情况下不可变更的。企业现金流量随约定的利息而增加,利息费用的增速如果超过息税前利润增速,就会在一定程度上降低企业偿债能力。就金融机构而言,该风险是金融机构向企业放款后,企业无法按时偿还借款以及质押标的瑕疵、质押标的价值减损、质押权不能及时实现以及不能实现等风险,具体包括来自质押标的知识产权本身的风险和来自借款人的信用风险。就已经开展知识产权质押融资的银行而言,知识产权质押融资风险存在于整个融资过程,主要体现为银行利息收益的不确定性和坏账损失的不确定性。就提供补充担保的担保机构而言,知识产权质押融资风险是借款人偿债能力不足情况下承担还款责任的风险。就政府参与的融资项目而言,知识产权质押融资风险是借款人偿债能力不足情况下承担的补充责任的风险。尽管我国担保物权制度明确了公益性质的单位不能作为担保人为企业承担补充责任,但是实践中地方政府通过各种兜底方式参与项目,为企业提供补充担保。例如,一些地方政府设立了知识产权质押融资专项资金,这些资金直接用于贴息、嘉奖、融资费

[1] See Jack Hirshleifer and John G. Riley, *The Analytics of Uncertainty and Information*, Cambridge, Cambridge University Press, 1992, pp. 1-465.

[2] 参见苑泽明:《知识产权质押融资的风险、估价与对策——拓宽创新型企业资金瓶颈》,东北财经大学出版社 2010 年版,第 148 页。

用补贴、补偿银行损失。就知识产权评估机构而言,知识产权质押融资风险是由于知识产权本身特征导致的评估价值与实际价值不相符,可能负担的责任的风险。这主要是基于在当前已经开展知识产权质押融资实务中,地方政策要求评估机构对于过错评估等需要承担评估责任。就担保公司而言,知识产权质押融资风险是借款人届时不还款情况下承担责任的风险。就律师事务所而言,知识产权质押融资风险是律师事务所接受法律风险评估有误承担责任的风险。其主要是实务中律师事务所参与了质押标的权属问题的风险审查,如在融资过程中审查有误可能承担损失赔偿责任。综上,知识产权质押融资风险分散于每个参与主体及整个融资过程,且均是由于借款人偿债能力不足、质押标的价值减损以及质押权实现困难等引起的各种不确定性损失。

需要说明的是,拟采用知识产权质押融资的借款人普遍为中小微企业。知识产权质押融资模式也可以说是为缓解中小微企业融资难问题而产生的。小微企业的生命周期普遍不超过5年,中小企业的生命周期也较短。[1]一旦企业资不抵债,银行持有知识产权质权难以变现或者无法变现也就成为现实问题。从目前的制度设计来看,整个知识产权质押融资过程的风险主要是由银行等金融机构(资金提供方)承担。基于此,本书所讨论的风险及风险控制,主要以银行(债权人)为视角。现代银行风险可以划分为微观和宏观经济风险,微观经济风险主要指具体性业务风险,宏观经济风险主要是指系统性金融风险。[2] 由于当前知识产权质押融资体量小,占比低,目前尚未危及系统性的风险。因此,本书的知识产权质押融资风险建立在银行业务风险的基础上展开讨论。

2. 知识产权质押融资风险的特征

尽管知识产权质押融资的各阶段所表现出的风险各有不同,但与此同时,他们也具有一定的共有特征。研究各阶段风险共有特征,有助于认识风

---

〔1〕 参见王益锋、吴亚萍:《基于生命周期理论的小微企业发展》,载《科技进步与对策》2013年第2期;高松、庄晖、王莹:《科技型中小企业生命周期各个阶段经营特征研究》,载《科研管理》2011年第12期。

〔2〕 刘晓勇:《商业银行风险控制机制研究》,载《金融研究》2006年第7期。

险,以采取措施控制风险。

首先,知识产权质押融资风险具有客观性。风险是由不确定因素引起的,不确定因素在知识产权质押融资过程中是真实存在的,不以人的主观意志为转移。知识产权质押融资风险的客观性表现在质押标的权属不稳定的客观存在。质押标的权属的不稳定性使融资中自然存在潜在的法律风险。例如,某项专利权存续期间,可能会因他人提出异议,导致权利被撤销或被宣告无效。他人提出异议是一种客观存在的事实,不以质押人与质押权人的主观意志为转移,基于此,知识产权质押融资风险表现出客观性的特征。除上述质押标的权属不稳定的客观存在外,质押标的的价值不确定也是客观存在的风险,知识产权的价值受多方面因素影响,如制度、技术、市场等,不以质押人与质押权人意志为转移,使知识产权质押融资风险表现出客观性特征。

其次,知识产权质押融资风险具有偶然性。知识产权的无形性,决定了其作为质押标的无法实现被占有和直接支配。虽然对知识产权质押标的的使用,不发生有形的损耗,但更容易遭受侵权损害。知识产权不同于物的质押,质押权设立后依然可以授权他人使用,以使知识产权的价值获得最高的利用价值。然而,质押标的在被使用过程中,却可能遭受侵权,遭受侵权属于偶然性事件。因遭受侵权而导致质押标的价值减损的风险也存在一定的偶然性。诚然,偶然性和事物发展过程无直接联系,但其背后也往往存在一定的必然性。研究风险的偶然性,同时也应当尽可能地预防风险。

再次,知识产权质押融资风险具有不确定性。知识产权价值的不确定,决定了其风险的不确定。知识产权的权利范围需要法律予以界定,但是法律在界定权利范围时难以做到天衣无缝。例如,专利范围由权利说明书予以确定,然而权利说明书的内容是文字,对于其权利范围存在不同的解释方法。运用不同的解释方法,会直接影响专利权的范围确定,进而影响专利权的价值确定。另外,经济发展和技术进步也会影响知识产权的价值变化。著名的摩尔定律指出,集成电路可容纳的晶体管数量,约每 18 个就会增长一倍,性能也将提升一倍。[1] 新技术的发展,使旧技术很容易被取代。基于此,知识产权极容易受到影响因而导致质押标的贬值。当然,也可能存在增值的情况,如某作品的著作权价值随着传播影响力增强,质押标的也可能存在增值,由此带给质权人和质押人的风险表现出不确定性。知识产权价值的增值和贬损有可能存在转化的情况,事物的发生发展相互联系、相互制约,[2]也使知识产权质押融资风险表现出不确定性特征。

最后,知识产权质押融资风险具有损害性。只要存在风险,即可能给参与者带来损失。人们研究风险,也是因为其具有损害性,希望通过研究控制风险,降低损失或者把损失控制到最小限度。该融资风险可能给参与融资主体带来损失,其根源就在于质押人以价值不确定的知识产权作为质押标的担保自己或者他人获取资金,一旦债务人不能按期偿还贷款,那么参与融资的主体就可能遭受损失或达不到预期收益。以债权人为例,质押本身就是降低融资的风险损害性的,然而,知识产权质权的实现存在现实困难,折价、拍卖或者变卖市场不完整,实现不及时或者实现不能均会给债权人带来损害,会导致债权人遭受损失或无法达到预期收益的可能。

3. 知识产权质押融资风险的分类

知识产权质押融资风险分类标准不同,会产生不用形式的分类。基于风险是否源自主体内部,可以分为知识产权质押融资内部风险与外部风险:内部风险为企业、银行等参与主体的内部操作形成的风险;外部风险则指市场、制度、政策、环境等风险。在外部风险中,主要分为制度风险、技术风险和市场风险。知识产权质押融资以知识产权为标的,知识产权的性质与特征决定了知识产权质押融资风险区别于其他有形财产担保融资风险,表现为知识产权质押融资制度性风险、知识产权质押融资技术性风险和知识产权质押融资市场性风险。

第一,知识产权质押融资制度性风险。人们对计划与预期的结果背离

[1] 摩尔定律由英特尔公司的创始人之一戈登·摩尔经过长期观察得出。

[2] 参见中国注册会计师协会编:《公司战略与风险管理》,经济科学出版社 2009 年版,第 215 页。

程度进行评价时,风险是其中不可或缺的考量因素,[1]知识产权质押融资作为一种融资模式涉及经济、法律、政治等制度,制度在确立及发展过程中本身隐藏着风险。[2] 基于此,知识产权质押融资也存在因制度的原因形成的风险。除经济、政治、法律制度外,主要还涉及知识产权制度、担保制度以及金融制度。

在整个融资过程中,知识产权制度风险是其制度性风险的主要来源。首先,知识产权是法律创设的权利,其制度本身存在"内生性"风险,使整个融资过程表现出明显的制度性风险。[3] 我国的知识产权制度通过自上而下的强行运行容易导致法律实施效益不足的风险。知识产权价值、知识产权保护、知识产权交易市场的形成都体现了相应制度实施效益,其中,知识产权质押不被商业银行认可、知识产权变现难等都是知识产权法律实施效益不足的制度性风险体现。在如今世界贸易体制中,国际公约规定了较高水平的知识产权保护要求,包括发展中国家都需要比照公约制定相应的国内法律及相应政策。对于没有经历过知识产权保护过渡期和成长期的发展中国家来讲,立法层面虽然有所跟进,但是缺乏相应的制度构建和政策经验,加之社会知识和产权意识不足,导致了"对制度性规则的制度化违背"。[4] 知识产权制度的运转失灵,使知识产权制度的内生性风险暴露,表现为一种知识产权制度性风险。[5] 知识产权质押融资作为一种融资模式,以当前制度为基础,知识产权制度本身存在制度性风险,当然会使整个融资过程也伴随知识产权制度性风险。

我国知识产权质押融资源于对国外知识产权质押融资模式的借鉴,继而在不断尝试、不断创新中发展。我国担保物权法律制度均明确了可转让的商标权、专利权、著作权等知识产权中的财产权可以作为权利质押的标的

---

[1] 参见[英]安东尼·吉登斯:《现代性与自我认同:现代晚期的自我与社会》,赵旭东、方文译,生活·读书·新知三联书店 1998 年版,第 4 页。

[2] 参见[德]乌尔里希·贝克:《风险社会》,何博闻译,译林出版社 2004 年版,第 7 页。

[3] 知识产权内生性风险,指的是由知识产权制度本身导致的风险,并非质押融资过程新产生的风险,这些内生性风险会伴随整个融资过程,因此,在研究知识产权质押融资风险时应注意。

[4] [美]罗伯特·K. 默顿:《社会研究和社会政策》,林聚任等译,生活·读书·新知三联书店 2001 年版,第 86 页。

[5] 参见吴汉东:《知识产权的制度风险与法律控制》,载《法学研究》2012 年第 4 期。

进行质押融资。但是,实践中与此关联的一些权利似乎也具有质押融资的可能性,且往往因其更具操作性而被融资主体所接受。例如,2006 年《集结号》电影的融资案例中投资人“华谊兄弟”拟用电影的全球版权作质押向招商银行贷款,遭遇“未完成的作品”不能成为权利质押的标的、无法评估价值,且不能办理质押登记、无担保机构分担风险等多重困境。经多方协商,招商银行于 2006 年 8 月向华谊兄弟授信贷款 5000 万元,由“华谊兄弟”为拍摄完工担保,电影拍摄完成过审后,以《集结号》电影全球收益权质押,并建立了专项首款账户,版权收益直接汇入该专项账户。版权收益是一个预期收益,其并非法律法规明确的可以设立质押的权利。其属于知识产权相关的权利还是应收账款,法律没有给予明确界定。《集结号》的融资暴露了一定的法律风险,即质押人以非法律、法规明确的可以出质的权利出质,可能会导致质押合同无效的风险。尽管《集结号》创新融资顺利完成,银行也如期收回了本金和利息。但是,上述法律风险还是存在的。在实践中,知识产权质押融资模式的创新层出不穷,银行在这些创新模式中既是规则磋商者,也是实际参与者,融资主体们面对如此法律制度风险难以控制。理想的融资模式是符合现行法律的,不符合法律规定的融资模式就应当予以限制或者根本不能设立。实际上融资模式却可能是先于立法而存在的。早在 1837 年,美国就已经出现以商业秘密设定担保的融资案例。当时,一企业主以其拥有的“某种巧克力制作方法”商业秘密作为抵押发行债券融资。另一案例案情为:1884 年,威迪文钢笔的创始人路易斯 · 埃德森 · 威迪文(Lewis Edson Waterman)用钢笔专利作为抵押向其老主顾阿萨 · 普希曼(Asa Shipman)借得 5000 美元用以启动威迪文钢笔的制造生意。[1] 当时,这些知识产权设定担保融资时,并没有相应的担保制度明确其可以设定此种的担保。设定担保本身是为了降低融资风险,然而,如果该担保形式没有制度保障,那么担保就可能起不到降低风险的作用,反而会隐藏或者转移风险,一旦债务人违约风险就会暴露出来,担保也会形同虚设。但是,市场追求效率,在我国民商合一的立法模式下,商事领域的担保融资合同也遵循

---

〔1〕 Ian Ellis, *Maximizing Intellectual Property and Intangible Assets Case Studies in Intangible Asset Finance*, (19 July 2018), https://www.issuelab.org/resources/3304/3304.pdf.

民法中的“意思自治”,在“法不禁止即自由”原则下,知识产权质押融资模式创新成为市场主体与当前法律制度进行博弈的结果。基于此,知识产权质押融资伴随明显的制度性风险。

知识产权是法律创设的权利,其财产属性源自法律拟制。如专利权、注册商标专用权等知识产权的取得、许可、转让等均需相关部门进行依法确认。但由于商标、专利是形式审核制度,并不是对申请保护的知识产权进行实质侵权审查,即使获得了相关部门授予的权利证书也不能保障该权利的稳定性。倘若在质押过程中,质押标的涉及权属纠纷,最后被认定为侵犯他人权利,则会出现无效、停止使用等,使质押标的失去价值。由此,表现为一种权属风险。[1] 另外,基于当前企业自身知识产权保护力度有限,容易遭受侵权,如盗版、擅自使用等多种侵权乱象存在。被侵权期间可能会导致质押标的价值降低,维权时间可能长于融资期限,可能直到质权处置缓解,该质押标的还在维权中。由此,表现为一种侵权风险。最后,知识产权的公共属性使其可能涉及强制许可的问题,质押标的上存在负担必然影响其价值,也增加了质权人变现的操作难度,由此表现为许可风险。

第二,知识产权质押融资技术性风险。唯物史观认为,技术风险是客观存在的,并将其纳入社会发展的规律当中进一步考察,也使技术风险进入了人类的研究视野。英国社会思想家吉登斯指出,科学和技术的不断增强,会无可避免地给事物带来风险。[2] “技术在利益的驱动下,遵循市场和商业的规则进行交易,部分所谓的新的科研成果、新的高端技术、新的创造发明来不及进行精当的检验,用不着进行人文的分析就进入了生产和生活系统,人类生活的领域正变成一个现实的技术实验基地和巨大的推广应用市场,这些必然导致技术风险遽然倍增。”[3]知识产权质押融资技术性风险主要是指因技术发展使融资过程中形成的风险。知识产权与技术密切相

---

[1] 参见鲍新中、董玉环:《知识产权质押融资风险评价研究——基于银行视角》,载《南京审计学院学报》2016 年第 2 期。

[2] 参见[英]安东尼·吉登斯、克里斯多弗·皮尔森:《现代性——吉登斯访谈录》,尹宏毅译,新华出版社 2000 年版,第 191~192 页。

[3] 方世南、曾德贤:《技术风险的防范与管理:政府公共管理的重大课题》,载《苏州大学学报》2012 年第 1 期。

关,知识技术本身的有限性即为一种风险,即权利边界冲突带来的风险。以著作权为例,著作权的权利形成以及作品传播也受到技术的影响。例如,时下流行的以大IP小说改编为剧本,再拍成电视剧的模式越发受到欢迎。如果以某一流行IP小说版权作为质押标的进行担保融资,则可能遭受版权领域的"反向工程",使质押标的价值减损。又如,近几年人工智能技术飞速发展,在创作领域的应用提升了作品创作和传播效率,当然也使对作品的模仿、抄袭更容易。由此可见,技术的发展隐藏着许多侵权风险,这些风险可能使质押标的价值减损。

此外,与固定资产质押、抵押的担保形式相比,技术风险则是知识产权质押融资担保形式所特有的风险。影响技术风险的因素主要包括技术替代、技术再研发和技术流失。首先,技术的持续发展或技术路线的大规模改进,或者是技术标准的更新,研发出可替代的新技术,将使原有知识产权价值减损,甚至可能会变为零。在知识产权质押融资中,如质押标的为专利权,则存在技术进步替代现有技术的风险。以发明专利为例,质权设立后,后期存在类似发明专利,或者技术替代方案,或者新材料技术的发展使质押专利生产力降低,均可能使质押标的价值降低。其次,知识产权价值评估一部分由其再研发能力决定,再研发能力代表该技术在未来的发展潜力,潜力越高,被评估的价值肯定就越高。很多企业在花费高价引进先进的专利技术之后,由于缺乏自身的再研发能力,没有充分发挥知识产权价值,从而也给知识产权价值评估增加了风险。最后,以专利权为例,随着时间的推移,运用专利技术产品的销售,专利的保密性逐渐降低,造成一定的技术流失,增加了专利价值评估的技术风险。[1]

第三,知识产权质押融资市场风险。巴塞尔委员会于1993年颁布的《市场风险监管措施》将市场风险定义为"可能由于市场价格波动导致银行

---

〔1〕 参见彭飞荣:《知识产权融资风险规制研究——以专利权为中心》,法律出版社2018年版,第26页。

资产负债表内和表外头寸出现亏损的风险”。[1] 根据其定义,市场风险,是指由于基础资产市场价格的不利变动或者急剧波动而导致衍生工具价格或者价值变动的风险,包括利率、汇率、商品价格变动风险。其中,商品被定义为已经在或能够在一个二级市场交易的实物产品,如农产品、矿产品(包括石油)和贵金属。知识产权质押融资系银行贷款业务的一种,属于银行表内业务。由此,知识产权质押融资市场风险可以理解为由于质押标的市场价格波动导致的银行表内业务出现亏损的风险。也就是债务人到期不履行还款义务时,质权人(银行)在实现质权过程中质押标的价值与质押前相距甚远或者无法变现等带来损失的风险。

知识产权质押融资市场风险主要体现在两个方面:一是市场规模的变动,二是质押标的价格的变动。就质押标的市场规模而言,我国虽然有一些全国性的知识产权交易平台,但是运营效果远远达不到理想的效果,形式上的知识产权交易平台不等于知识产权交易市场的形成。知识产权自身的特征导致其缺乏市场流动性,从而使质押标的难以变现或者变现时间长。从这个方面来看,由于缺乏相应的交易市场,知识产权质押融资市场风险较大。就质押标的价格而言,影响质押标的价格变动的因素很多,包括宏观经济形势、政策变化、知识产权自身因素、知识产权交易市场等。知识产权作为一种无形资产,价值不稳定,且缺乏成熟的知识产权交易市场,也缺乏相应的商品价格形成机制,债权人在质押权实现过程中,容易遭遇质押标的价格变动甚至出现无法变现的市场风险。易言之,债权人可能面临市场难以接受知识产权这种商品或者被市场接受但价格不公平的情形。综上,银行(质权人)质权的实现受制于不完善的知识产权交易市场,质押标的价格难以确定。银行拥有此类担保物权,相较不动产担保而言更具市场风险。

除上述分类外,还可以基于知识产权的类型,分为著作权质押融资风险

---

〔1〕 巴塞尔委员会是全球银行业审慎监管标准的主要制定者,其职责是加强全球银行业的监管,提升金融体系的稳定性。巴塞尔委员会于 1975 年由 10 个国家发起成立,目前由来自 27 个国家和地区的银行监管部门和中央银行的代表所组成,会员包括阿根廷、澳大利亚、比利时、巴西、加拿大、中国、法国、德国、中国香港特别行政区、印度、印度尼西亚、意大利、日本、韩国、卢森堡、墨西哥、荷兰、俄罗斯、沙特阿拉伯、西班牙、新加坡、南非、瑞典、瑞士、土耳其、英国和美国。巴塞尔委员会的常设秘书处与国际清算银行均设在瑞士巴塞尔。参见巴曙松、金玲玲、朱元倩:《巴塞尔Ⅲ下市场风险资本框架的改革及中国商业银行的应用》,载《金融发展研究》2012 年第 1 期。

专利权质押融资风险、商标权质押融资风险以及其他知识产权质押融资风险。此外,还可以就上述类别进行具体分类。但基于上述分类存在共性,就研究知识产权质押融资风险控制法律制度而言,以区分共性和特性为主,本书主要基于知识产权质押融资风险特征、形成原因等分为知识产权质押融资制度风险、知识产权质押融资技术风险、知识产权质押融资市场风险三大类。

二、知识产权质押融资风险控制

(一)知识产权质押融资风险控制的必要性

风险的客观存在,使理论界和实务界均认识到控制、降低风险的重要性,并且认识到应该系统建立风险控制措施或制度,而非各主体单一地进行。[1] "我们不能消极地对待风险,风险总是要规避的。而积极的冒险精神正是一个充满活力的经济和充满创新的社会中最积极的因素。生活在全球化的时代里意味着我们要面对更多的、各种各样的风险。我们在支持科学创新或者其他种类的变革中,可能应该表现得更为积极些,而不能过于谨慎。毕竟,'风险'一词的词根在古葡萄牙语中的意思是'敢于'。"[2]吉登斯暗示了"敢于"对于"风险"的意义,揭示了风险需要控制,面对风险,找到规律解决问题,才能最大限度地克服由风险带来的负面影响。[3] 职是之故,可以说风险既有消极意义也有积极意义,风险的积极意义寓于其消极意义之中。"如何克服现行知识产权法律制度和法律秩序的先天性缺陷和潜在危机,提高风险意识,增强风险识别能力,寻求风险治理机制,是国际知识产权界共同面临的时代问题。"[4]有学者认为,风险控制是应该在市场繁荣时注重的部分,在市场萧条的时候才能体现出风险控制的效果和价值。[5]然而,在市场萌发阶段,风险就开始形成了。尽管当下表现不出系统性风险,但也存在客观的微观性风险。所有的具体性风险伴随市场的整个发展

---

〔1〕 参见[德]乌尔里希·贝克:《风险社会》,何博闻译,译林出版社2004年版,第84页。
〔2〕 [英]安东尼·吉登斯:《失控的世界》,周红云译,江西人民出版社2001年版,第32页。
〔3〕 参见杨春福:《风险社会的法理解读》,载《法制与社会发展》2011年第6期。
〔4〕 吴汉东:《知识产权的制度风险与法律控制》,载《法学研究》2012年第4期。
〔5〕 参见巴曙松:《培育新动力防止冲击叠加》,载《中国金融》2018年第14期。

周期，并非在市场繁荣时候才形成。因此，具体风险的防控应尽早进行。

1. 风险的直接反映：市场遇冷

自2008年《国家知识产权战略纲要》提出"引导企业采取知识产权转让、许可、质押等方式实现知识产权的市场价值"目标开始，国家知识产权局就确定在全国范围内实施了融资试点工作。2008年批复了第一批试点城市，2009年、2010年相继批复第二批和第三批。[1] 2011年、2012年、2013年又确立了一批试点城市。截至2014年12月，国家知识产权局已在全国29个城市开展知识产权质押融资试点、投融资服务试点及创建国家知识产权投融综合试验区，具体批次和参加试点的城市如表1-1所示。通过对地方政府出台的关于推进知识产权质押融资工作规范性文件考察，[2]地方政府多采用设立知识产权质押融资专项资金、出台相应的风险补偿政策以降低银行知识产权质押融资风险。包括但不限于给予融资企业贷款贴息、融资奖励、补贴担保费用、补贴评估费用等。[3] 然而，利好政策支持也没有真正拉动融资，知识产权质押融资金额有限。由于相关部门未公布著作权质押融资和注册商标专用权质押融资完整的统计数据，本书以知识产权质押融资金额相对最高的专利权质押融资数据为例，以示专利质押融资工作开展近年来的融资占比情况，详见表1-2。其中，2019年专利质押融资金额最高，达1105亿元，而当年的社会融资规模增量为256,735亿元，专利质押融资占比0.43%，体量较小。尽管从国家层面到地方层面都出台了相应政策促进知识产权质押融资，但是这种新型的融资形式并不被银行等金融机构看好。银行更愿意贷款给大客户，如国有企业和大型民营企业，相应地对中小微企业则表现出一种"惜贷"的态度。知识产权质押融资政策实施10年以来，遭遇了"政策热，市场冷"的尴尬境地。知识产权质押融资置身于制度不健全的环境下，知识产权自身风险与融资风险的叠加，融资风险高居不

---

[1] 国家知识产权质押融资试点城市第一批、第二批、第三批均由国家知识产权局正式发文批复。2011~2013年确立的试点城市，通过查询资料得知。参见丘志乔：《中国知识产权质押融资实证分析与研究》，知识产权出版社2018年版，第55页。

[2] 本书梳理了各地出台的关于推进支持知识产权质押融资规范性文件，见附表二。

[3] 参见宗艳霞：《知识产权质押融资财政支持政策分析与建议》，载《大连海事大学学报》（社会科学版）2016年第8期。

下。高风险的存在,使大部分商业银行对知识产权质押融资都采取了较为谨慎的态度,从而制约了该项业务的发展和推广,导致知识产权质押融资发展缓慢。

表 1-1　我国知识产权质押融资试点批次和试点城市

<table>
<tr><th>年份</th><th>批次</th><th>试点城市</th><th>试点进展</th></tr>
<tr><td rowspan="6">2008</td><td rowspan="6">第一批</td><td>北京市海淀区</td><td>验收</td></tr>
<tr><td>吉林省长春市</td><td>未见官网公布</td></tr>
<tr><td>湖南省湘潭市</td><td>验收</td></tr>
<tr><td>广东省佛山市南海区</td><td>验收</td></tr>
<tr><td>宁夏回族自治区</td><td>2014 年首笔融资</td></tr>
<tr><td>江西省南昌市</td><td>未见官网公布</td></tr>
<tr><td rowspan="6">2009</td><td rowspan="6">第二批</td><td>四川省成都市</td><td>验收</td></tr>
<tr><td>江苏省无锡市</td><td>验收</td></tr>
<tr><td>浙江省温州市</td><td>验收</td></tr>
<tr><td>湖北省宜昌市</td><td>验收</td></tr>
<tr><td>广东省广州市</td><td>验收</td></tr>
<tr><td>广东省东莞市</td><td>验收</td></tr>
<tr><td rowspan="4">2010</td><td rowspan="4">第三批</td><td>上海市浦东新区</td><td>验收</td></tr>
<tr><td>天津市</td><td>验收</td></tr>
<tr><td>江苏省镇江市</td><td>验收</td></tr>
<tr><td>湖北省武汉市</td><td>验收</td></tr>
<tr><td rowspan="4">2011</td><td rowspan="3">知识产权投融资办事试点区①</td><td>北京市中关村</td><td>验收</td></tr>
<tr><td>湖南省长沙市</td><td>验收</td></tr>
<tr><td>广东省顺德市</td><td>验收</td></tr>
<tr><td>知识产权质押融资试点</td><td>重庆市两江区</td><td>“一站式”知识产权质押融资平台②</td></tr>
<tr><td rowspan="5">2012</td><td rowspan="5">知识产权质押融资试点</td><td>福建省漳州市</td><td>至 2015 年年底</td></tr>
<tr><td>福建省泉州市</td><td>至 2015 年年底</td></tr>
<tr><td>山东省潍坊市</td><td>至 2015 年年底</td></tr>
<tr><td>安徽省蚌埠市</td><td>至 2015 年年底</td></tr>
<tr><td>四川省绵阳市</td><td>至 2015 年年底</td></tr>
</table>

续表

年份	批次	试点城市	试点进展
2013	知识产权质押融资试点	广东省	至 2016 年年底
		山东省滨州市	至 2016 年年底

①2010 年以后,国家知识产权局不再公布试点批次,仅公布列为知识产权质押融资试点的省市名称。

②参见张亦筑:《我市建立首个知识产权质押融资服务平台》,载《重庆日报》2012 年 9 月 25 日,第 3 版。

表 1-2　2012~2019 年专利权质押融资金额及占比

年份	2012 年	2013 年	2014 年	2015 年	2016 年	2017 年	2018 年	2019 年
专利质押融资增量/亿元	141	254	489	560	436	720	885	1105
社会融资规模增量①/亿元	157,631	173,168	164,133	154,062	178,160	194,445	192,584	256,735
专利融资增量占比/%	0.08	0.14	0.29	0.36	0.24	0.37	0.46	0.43

资料来源:中国人民银行、国家发展和改革委员会、中国证券监督管理委员会、中国保险监督管理委员会、中央国债登记结算有限责任公司和中国银行间市场交易商协会等,载中国人民银行:http://www.pbc.gov.cn/diaochatongjisi/116219/116319/3013637/3013639/index.html。国家知识产权局网公布的统计数据,载国家知识产权局网:http://www.sipo.gov.cn/tjxx/zlqzyhtdjxgxx/。

①社会融资规模增量是指一定时期内实体经济(境内非金融企业和住户)从金融体系获得的资金额。

知识产权质押融资作为一种新型的融资方式,为企业生产经营注入了新的活力。与动产、不动产等资产向银行抵押贷款的传统方式相比,银行在知识产权质押融资中所面临的风险更大。知识产权质押融资风险系具体业务风险,属于组织微观经济风险的范畴,其形成也主要是基于相关基础制度的不健全所导致的。通常而言，对于防控系统性金融风险采取外部监管机制与银行内部风险控制体系相结合，对于微观性风险（业务风险）的控制，银行采用的是内部控制的方式。然而，就知识产权质押融资业务而言，问题的关键在于基础制度不健全，外部监管和内部控制在此业务风险控制上显得无所适从。基于此，银行表现出浅尝即止的态度。各地银行开展知识产权质押融资业务，受国家和地方知识产权质押融资政策引导、地方政府搭建银企合作平台等因素影响，往往配备了相应的担保、补贴及风险补偿金。在这些兜底保障下，银行单笔业务风险有所下降，而促成融资的原因与知识产权质押无太大关联。知识产权质押融资高风险存在的根本原因在于基础制度的不健全，使无形资产担保市场发展缓慢，银行持谨慎态度，银行"惜贷"也情有可原。由此，从知识产权质押融资表现出的风险来看，基础制度的不完善阻碍了知识产权质押融资的发展。

尽管风险隐含不利，但其中也包含机遇。在经济学中，风险被定义为在不确定条件下经济主体遭受损失的可能性。质押本身是为了控制交易风险而设定的担保，然而，知识产权本身的不确定性使知识产权质押表现出不确定性特征，降低了质押本身的担保能力，以致知识产权质押成为融资主体最大的不确定条件。从理论上来看，风险与收益成正比是商事领域的市场规律。知识产权质押融资表现出的高风险意味着高收益的可能，也因此成为了国外风险投资关注的业务。然而，商业银行作为法定吸收公共存款的机构，承担着国民经济资源配置的重要任务。基于商业银行本身的功能和法律定位，与公共利益密切相关，对风险容忍度较低。为防止将风险传导到其他领域，银行的业务必然要贯彻审慎经营理念。银行作为金融中介，利用流动性错配及到期日错配的方式进行营利，需要全面的信息进行风险定价。在审慎经营下，银行往往偏好传统业务，对于高风险、高收益的投资模式还有待观望。另外，为缓解中小微企业融资难题，地方政府通常需要开展知识产权质押融资业务的银行控制贷款利率，难以实现真正的风险定价。

2. 风险存在的关联效应：增加融资成本

在知识产权质押融资过程中，由于知识产权本身的不确定性、无形性等特征，使整个融资过程伴随制度性、技术性、市场性风险。银行等金融机构要对中小微企业开展知识产权质押融资业务,为了控制风险,除知识产权价值评估外,通常还会对这些中小微企业展开信用调查。对于知识产权价值评估,由于金融机构缺乏专业评估条件,一般会委托第三方评估机构进行。但知识产权价值评估的难度较高、认可度较低,有可能存在两次以上的评估,根据融资市场规律,成本是由资金需求方承担,高风险的存在导致的多次评估增加了融资成本。

一般而言,中小微企业的融资金额相对大企业而言较低,而对每一个中小微企业信用能力的调查要付出成本,这些成本分担到融资金额上就相对显得较高。另外,由于知识产权属于无形资产,对于融资前质押标的法律风险审查、质押合同登记备案等都会相对耗费金融机构更多的成本,而这些成本都将会体现在融资费用和贷款利率中。金融机构为了降低风险的内部控制措施都将增加中小微型企业的融资成本,企业往往得不偿失,甚至不愿意考虑如此程序烦琐、成本高昂的融资方式。

具体而言,知识产权质押融资成本高表现在支付给第三方的融资费用高。首先,知识产权作为典型的无形资产,价值波动大,金融机构往往会采取第三方价值评估,甚至委托第三方机构进行风险评估。在实践中,金融机构通常会选取几家合作的评估机构进行两次以上评估,以确保结果的准确性。对于知识产权的法律状态,有些金融机构也会委托专业的律师事务所做尽职调查以降低质押标的的法律风险。上述委托评估的方式并没有列举穷尽,在实践中各种方式的评估都存在。一旦涉及评估、多方评估,必然导致融资费用的增加,而这些融资费用均是由迫切需要获得贷款的借款人来承担的。其次,知识产权质押融资成本高还表现在银行等金融机构通常为了降低自身的风险,并不会足额提供与质押标的评估价值等额的贷款,核定的贷款金额通常为知识产权质押标的的 30%,远远低于其他动产、不动产、无形资产的融资比例,且贷款的时间也较短。在我国已经开展的知识产权质押融资实践中,单笔贷款上限不超过 1000 万元,山东省 2016 年出台了政策要求科技型小微企业贷款上限不超过 300 万元,[1] 贷款期限通常不超过

---

[1] 山东省 2016 年出台的知识产权质押融资政策中规定,科技型小微企业贷款额度最高不超过 300 万元。参见《山东省科技型小微企业知识产权质押融资暂行办法》第 7 条。

2年。最后,知识产权质押融资成本高还表现在贷款利率高。按照风险与收益成正比例的原则,贷款利率则覆盖了每笔业务的成本、费用、风险损失等。由于知识产权质押融资法律制度不完善、知识产权交易市场不完善,银行的利率通常在贷款基准利率上浮了20%~30%。[1]

3.影响金融资源与中小微企业之间的配置关系

金融资源是现代经济的核心资源,若要有效发挥金融资源支持实体经济发展的作用,必须打通金融资源与实体经济的通道,让有限的金融资源流入所需要的产业、行业和企业去。[2] 在通常情况下,企业的短期融资或信贷资源主要是以企业的固定资产和营业收入为依据进行的配置。[3] 然而,对于科技型中小微企业,固定资产少,前期营业收入低,如此进行的金融资源配置与实际企业资产以及预期利润的相关性不高,表现为较低的融资配置效率,不利于企业的发展。在这种情况下,金融市场传导给商品市场的效应是,中小微企业的发展会受到抑制,而具有创新潜力的科技研发应用可能得不到有效的金融资源支持。

知识产权作为法律拟制的财产形式,其无形性特征决定了其与物质财产不同,其在被占有状态下无法直接产生利益,需要动态结合其他物质被产业化的情形下才可为人类使用。[4] 知识产权的生命在于应用,新的发明专利并非真正意义上的创新,将其运用于生产实践创造出新的经济价值才会赋予知识产权真正的价值。[5] 知识产权的运用,通常需要资金的支持。中小微企业从孵化到运营过程中,资金往往源于股东投资以及民间借贷,由于没有固定资产、完整的盈利流水以及缺乏相应的企业信用评估,银行往往是不愿意对其放款的。知识产权质押融资呈现出的高风险,影响了中小微企

---

〔1〕 参见宋伟、胡海洋:《知识产权质押贷款风险分散机制研究》,载《知识产权》2009年第4期。

〔2〕 参见蔡则祥、武学强:《金融资源与实体经济优化配置研究》,载《经济问题》2016年第5期。

〔3〕 刘小玄、周晓艳:《金融资源与实体经济之间配置关系的检验——兼论经济结构失衡的原因》,载《金融研究》2011年第2期。

〔4〕 参见杨千雨:《论我国知识产权融资许可制度之构建——以美国UCITA法的融资许可为借鉴》,载《法律科学》2014年第3期。

〔5〕 在美国经济学家约瑟夫·熊彼特看来,创新并非单纯的发明或技术革新,而有着更为广泛的含义,体现在产品、技术以及满足市场需求等各方面。从本质上可以称之为现有资源(技术、资金等)多方面新组合。参见[美]约瑟夫·熊彼特:《经济发展理论》,郭武军、吕阳译,华夏出版社2015年版,第2页、第55~57页。

业金融资源的获取。高风险的存在,使知识产权质押融资信息被市场误判,影响金融资源与中小微企业的配置关系。

(二)知识产权质押融资风险控制机制

所谓机制(Mechanism),来源于希腊语,通常被理解为物理学和机械工程学中的机械装置或构造,后来被运用到人文社科领域,以此表达某组织内部的结构和功能特征之间的关系。“风险控制机制可以被理解为是多个结构部分或变量组成、遵循一定方式对风险控制行为和活动产生影响,并随时间变化发生的相互联动过程及运行机体。”[1]对于知识产权质押融资风险而言,风险控制机制就是各种制度之间的结合,对知识产权融资风险进行整体管理以回避、转移、分散或者进行损失控制。这具体包括了外部控制和内部控制两种机制,这两种机制之间相互作用,以达到对风险的有效控制。

传统的风险控制是指政府或管理者采取各种措施减少或消灭风险事件发生的可能性,或者降低风险带来的损失。也有学者将风险控制定义为“组织在风险和收益期望组合既定的前提下,合理确保其经营过程符合其目标期望的过程”。[2] 本书的风险控制除上述基本内涵外,还有另一层特殊含义,即公平分配风险。其一,需要防止某一主体为了控制自身风险而向其他主体进行不当转移。其二,需要防止风险基于不稳定的因素扩散到公共领域,造成灾难性损害。奥诺尔的“获益平衡论”解释了风险分配正义的合理性。[3] 当前的知识产权质押融资风险主要落在了银行一方,需要制度设计改善这种不公平的分配风险模式。在风险公平分配的意义上,风险控制就是要防止风险传导到其他领域以及被分散到无辜的主体身上。

风险控制往往包括两个部分:一是外部控制,二是内部控制。具体而言,外部控制主要针对的是法律、经济、政治制度等外部环境中的风险,通常

---

[1] 刘晓勇:《商业银行风险控制机制研究》,载《金融研究》2006 年第 7 期。

[2] 丁友刚、胡兴国:《内部控制、风险控制与风险管理——基于组织的概念解说与思想演进》,载《会计研究》2007 年第 12 期。

[3] “获益平衡论”,是法国大法官托尼·奥诺尔提出的理论,该理论认为,风险和收益是应该成正比的,个人参与经济行为应该对自己的行为负责,但是在整体讨论风险控制问题时,应该考虑风险分配正义的问题。See Tony Honore,“The Morality of Tort Law: Questions and Answers”, in Tony Honore, *Responsibility and Fault*, No. 4 above, pp. 78-81. 转引自[英]珍妮·斯蒂尔:《风险与法律理论》,韩永强译,中国政法大学出版社 2012 年版,第 102~103 页。

的控制手段是制度结合相应的措施。内部控制指的是对企业分别就内部风险进行控制的各种措施,"是基于既定的企业目标以及固化的业务模式,对合规性风险、运营风险、财务报告风险的管理,不涉及之前的企业治理和目标确定,以及业务模式的选择"。[1] 在知识产权质押融资风险控制背景下,内部控制主要指的是企业对知识产权的风险控制以及银行对知识产权质押标的的风险控制。本书主要讨论的是风险控制中的外部控制制度,对内部控制也会有所介绍。

1. 外部控制机制

基于信息不对称的客观存在,知识产权质押融资既不同于其他物权担保的稳定性,又不具备知识产权交易市场制度等信任机制。通常的外部控制机制主要包括了法律制度、市场机制等。主要的形式表现为风险监管和信息披露。风险监管系对知识产权质押融资风险进行整体度量,并成立监管机构,对风险进行监管。外部控制的第一个层次是基础法律制度的健全。作为制度体系中顶层设计,法律制度具有很明显的控制优势。第二个层次是建立专门的风险监管机制,对知识产权质押融资市场进行监管、测量风险、压力测试等,防止风险传导到其他领域以及形成系统性风险。"金融监管正是试图通过瞄准这些因素中的潜在的脆弱性来降低金融行业的系统性风险。例如,资本充足率要求降低了单个机构面对外部冲击时的脆弱性;存款担保降低了一个机构出现故障时蔓延到其他机构的可能性;信息披露要求缓解了市场信息不对称问题。尽管这些因素在金融监管计划中的重要性随着时间而变化,但对系统性风险的基本关注点并没有发生实质改变。"[2] 风险的形成是从量变引起质变的过程,对风险关注的起点也应该有所提前。外部控制机制不仅是对系统性风险才发挥作用,而是一开始就从规范人的行为和稳定预期开始进行风险控制。

---

[1] 刘霄仑:《风险控制理论的再思考:基于对 COSO 内部控制理念的分析》,载《会计研究》2010 年第 3 期。

[2] 汪青松:《论个体网络借贷系统性风险的法律控制机制》,载《商业经济管理》2018 年第 11 期。

2. 内部控制机制

内部控制是风险控制的核心要素,尤其对微观性风险或者业务风险而言,属于最为主要的风险控制手段。[1]《有效银行监管的核心原则》在界定操作风险时指出:“银行最重大的操作风险在于内部控制及公司治理机制的失效。”[2]可以说,健全的风险控制机制,特别是业务风险的控制关键点就在于内部控制。一般而言,内部控制制度应符合全覆盖、制衡性、审慎性和相匹配四项基本原则。制度设计需要符合权责分明和权责相适应的要求,通过事先设定责任的方式,加强对具体事项的管理。组织人员均按照内部操作制度进行事项操作。实现银行金融资源最优配置,或者说达到银行利益的最大化,需要通过内部控制的方式就具体业务进行风险识别、定价等,继而估算出风险和收益比例。银行内部风险控制的基本内涵是银行对内部欺诈、造假行为和非授权活动进行事前防范、事中控制和事后评价的动态过程和机制。内部控制是建立在法律制度、市场机制等基础上的,不能替代完全的风险控制机制,更不能只强调内部控制而忽视外部控制机制。

我国推进知识产权质押融资十余年来,知识产权财产价值仍未得到重视,一直将知识产权质押融资风险视为中小企业的信用风险,并没有对此做出具有成效的内部控制机制。根据知识产权质押融资风险及其形成原因,本书所指的风险控制机制主要是外部控制机制,以及外部控制与内部控制的综合治理机制。

三、知识产权质押融资风险控制与法律制度

(一)知识产权质押融资法律制度的功能

1. 风险控制功能

就知识产权质押融资风险而言,无论是制度风险、技术风险还是市场风

---

[1] 我国《商业银行内部控制指引》第2条将内部控制定义为商业银行董事会、监事会、高级管理层和全体员工参与的,通过制定和实施系统化的制度、流程和方法,实现控制目标的动态过程和机制。我国《商业银行内部控制指引》将内部控制设定为商业银行为实现经营目标,通过制度和实施一系列制度、程序和方法,对风险进行事前防范、事中控制、事后监督和纠正的动态过程和机制。

[2] 中国银行业监督管理委员会《有效银行监管核心原则》自我评估小组编译:《有效银行监管核心原则》,中国金融出版社2012年版,第66页。

险,都来自人的行为。因此,风险控制可以通过对人的行为制约、激励、指引等来完成。道德、宗教、习惯等对人和其行为都有一定的风险控制功能,法律控制在强制和适用上都比其他控制手段更有效。基于此,法律成为风险控制的主要路径之一。[1] 需要指出的是,尽管法律具有普遍的约束力,但其在风险控制中并非万能的,这并不否定法律具有风险控制的功能。法律制度的风险功能体现在法律在一定立法目的指引下,作为一种特殊的社会规范所固有的性能或功用。法律制度的功能指向法律价值,法律价值体现为人们的一定需要,而功能则是满足这种需要的形式、方法和手段。法律制度包含了"冲突解决"和"改善规则"双重能力,具体而言,知识产权质押融资法律制度具有如下风险控制功能。

首先,知识产权质押融资法律制度中不可或缺的是担保物权法律制度和知识产权法律制度。"知识产权法律具有激励知识创新的制度功能,其私权的扩充与保护即是激励机制的法律表现。"[2]知识产权质押融资本质上是有担保的债,担保物权法律制度就是保障债的相对安全。因此,担保物权法律制度的健全是知识产权质押融资可以有效运行的基石。稳定的法律制度,具有控制风险的作用以及风险发生后具有定纷止争的功能。"有效应对风险社会的较为合理的媒介与方式正是通过法律的社会控制。与传统社会模式不同,风险社会中最为稀缺的价值需求即是对于确定性的追求,法律作为一种确定性的价值存在风险社会的运作中充当着最佳的调控模式。通过法律化解风险,通过法律吸纳风险,在此基础上将风险社会寓于法治社会的背景之中。"[3]

其次,法律控制是风险治理机制的重要手段,法律制度设计应重视其风险控制功能,并将其融入具体的法律规范中予以实现。[4] 法律在风险控制中的作用就在于直接规范可以人为管理每一个可能导致风险的细节。[5]

---

[1] 参见王学忠、张宇润:《技术社会风险的法律控制》,载《科技与法律》2008 年第 4 期。

[2] 吴汉东:《知识产权的制度风险与法律控制》,载《法学研究》2012 年第 4 期。

[3] 杨春福:《风险社会的法理解读》,载《法制与社会发展》2011 年第 6 期。

[4] 参见吴汉东:《人工智能时代的制度安排与法律规制》,载《法律科学》2017 年第 6 期。

[5] 参见[德]乌尔里希·贝克:《从工业社会到风险社会——关于人类生存、社会结构和生态启蒙等问题的思考》(上篇),王武龙编译,载《马克思主义与现实》2003 年第 3 期。

法律的规范性发挥一定的控制功能,通过法律给行为人稳定的预期,以此规范行为人的行为,尽可能地避免风险事件的发生。

最后,法律在知识产权质押融资风险控制中的功能至少可以体现在以下两个层次。一个层次是通过《知识产权法》《商业银行法》《担保法》《物权法》《合同法》《中小企业促进法》等法律直接对融资主体进行行为规范;另一个层次是通过与法律配套的法规、规章等规范性法律文件,影响融资主体决策和指导融资主体行为。

2. 宏观调控功能

首先,知识产权质押融资法律制度的宏观调控功能可以表现为优化资源配置。科技型、创新型中小微企业的固定资产少,持有的知识产权又缺乏资金支持投入转化,期望能获得银行的贷款,却又受到各种条件的制约。"在典型的银行贷款业务中,银行是否贷款,要看借款人能否自己或通过他人提供了其能接受的担保,如果借款人通过他人提供的担保,则只有担保人提供了符合其要求的担保时,银行才会向借款人发放贷款。"〔1〕银行囿于科技型、创新型中小微企业成长周期长、前期收益低,知识产权价值不稳定等各种风险因素的存在,对知识产权质押融资业务普遍持观望状态。继而,知识产权的转化缺乏资金的支持,以至于错过最佳期限。比如,专利技术本身也面临技术迭代更新的风险,有可能还没有投入运营就已经被取代了。再如,电影电视剧 IP,自身也面临市场风险,缺乏资金支持而错过了最佳拍摄期,被同类题材的其他剧作取代。在市场经济中,如何实现金融资源的最优配置,始终是经济发展中的核心问题。市场经济是法治经济,法律几乎全面渗透到经济生活当中。金融市场的稳健发展,需要完备的法律制度。"毋庸置疑,法律担负着实现资源最大限度优化使用和配置的社会目标。"〔2〕当前,金融资源配置不尽理想,科技型、创新型中小微企业面临融资难题,缺少固定资产担保,难以发挥企业知识产权财产价值。知识产权作为无形资产,具备权利质押的基础,然而却因高风险的存在,使得实践中知识产权质

---

〔1〕 许明月:《论现代担保市场法律规制的理念与模式》,载《中国法学》2013 年第 6 期。

〔2〕 丘志乔:《知识产权质押制度之重塑——基于法律价值的视角》,知识产权出版社 2015 年版,第 50 页。

押融资困难重重。科技型、创新型中小微企业的主要资金来源首先是股东出资,其次是民间借贷。当前现状表明,企业迫切需要正规金融资源的支持,实现知识产权成果转化。制度阙如,阻碍了知识产权与资本的结合。让金融服务于实体经济,拉动实体经济增长是我国经济增长的方式之一。然而,基于信贷配给理论和科技型、创新型中小微企业信息不对称以及企业成长周期相对较长而生存周期相对较短等因素的存在,中小微企业难以获得正规金融支持,呈现“金融排斥”现象。[1]

自党的十八届三中全会提出发展“普惠金融”以来,国家政策鼓励发展公平融资。相应地,中小企业也有公平获得金融资源的机会。“普惠金融”力求缓解“金融排斥”现状,实现金融资源的公平分配。“金融法制肩负着平衡金融安全与金融效率、调节社会财富分配和优化金融资源配置的任务,金融法制的变革与进化亦应围绕这些任务来进行,以实现金融市场经济功能和社会功能的统一。”[2]

其次,知识产权质押融资法律制度的宏观调控功能表现为规范和促进知识产权成果转化。就市场形成而言,宏观调控并非对市场机制的替代,也不否定市场机制的作用,而是不断与市场机制互相调整、促进的结果。知识产权质押融资法律制度的健全,将有利于知识产权交易市场形成,规范知识产权交易,继而实现知识产权成果转化。鉴于科技为一国经济振兴的重要推动力,各国都很重视产业结构的调整,注重发展高新科技企业,坚持走创新发展之路。根据成长阶段与成熟度的不同,科技型、创新型中小企业知识产权的转化通常会经历孵化期、创建期、扩张期、成熟期四个阶段。孵化期是指创业者只有产品的初步概念,需要继续投资研发来验证乃至完善此初步概念,并将其发展为具体产品的阶段。创建期是指已经开发出具体的产品,且产品在功能、特性、品质上通过客户初步验证,公司建立起初步生产线做小量试产的阶段。而扩张期是指产品已在市场小量销售,生产线的配置向规模生产发展。成熟期是指公司已建立量产规模生产线,并可以产生稳

---

[1] 参见吕劲松:《关于中小企业融资难融资贵问题的思考》,载《金融研究》2015 年第 11 期。
[2] 冯果:《金融法的“三足定理”及中国金融法制的变革》,载《法学》2011 年第 9 期。

定的收益的阶段。[1] 在科技型、创新型中小企业上述4个阶段中,资金的投入是必不可少的,资金断流可能会导致前期研发或者试产石沉大海,或者被其他企业趁机低价收购。

3. 制度激励功能

知识产权质押融资风险控制法律制度除具有上述风险控制功能和宏观调控功能外,还具有一定的制度激励功能。知识产权质押融资风险控制法律制度的激励功能表现在激励金融创新和技术创新两个方面。激励金融创新主要表现在风险控制制度的完善,给市场创造了良好的秩序,融资主体可以基于此进行金融创新,如知识产权证券化、知识产权信托融资、知识价值融资等。一般而言,技术创新以新型权利安排机制、创新激励机制和有效的市场机制等为基础,常常忽视了风险控制法律制度的技术创新激励功能。风险控制法律制度对技术创新的激励则表现为,风险控制法律制度为知识产权质押融资赋能,促进融资的顺利进行,为企业技术发展注入资金活力,为企业技术创新奠定基础条件。

另外,知识产权质押融资风险控制法律制度还具有对个体行为的激励功能。一般而言,市场供给与需求的平衡、经济增长需求与资源配置的平衡构成了经济的良性循环。经济学中有一个重要假设,即每个人都为"经济人",都具有追逐利益最大化的本能。"经济人对自己想要什么、不想要什最清楚。而一旦把个人的选择性交给他人,不管他们是政治家或是立法者,是再危险不过的了。"[2]在当前基础制度不完善的情况下,银行基于知识产权质押融资高风险的存在,直接排斥中小微企业,从而将金融资源分配给信用度高的大企业或者国有企业。即使有银行为中小企业开展了此业务,也必然设定了更高的融资条件。常见的如要求提供信用再担保、评估报告、企业持续盈利财务报表,提高贷款利率以及降低质押比例等。贷款企业基于上述各种条件,贷款企业在计算支出成本和时间成本后,难免会放弃知识产权

[1] 参见胡延玲:《科技型中小企业知识产权质押融资法律研究》,载《人大法律评论》2015年第1期。

[2] [英]亚当·斯密:《国民财富的性质和原因的研究》(上卷),郭大力、王亚南译,商务印书馆1972年版,第65页。

质押融资,选取其他融资模式。如此,融资主体双方都缺乏积极性。倘若各地政府为完成所谓的指标过于强势地推广知识产权质押融资,则会侵犯银行作为市场主体的选择权和决策权。[1] 健全知识产权质押融资风险控制法律制度,可以激励融资主体重燃对此模式的信心:一方面,激励银行放心放贷;另一方面,激励贷款企业积极申请贷款投入生产经营中,从而发挥知识产权的财产价值。

(二)完善法律制度对控制风险的意义

"从风险与法律两个主题交织的那天起,大多数法律人已经潜在地奉行了一种风险与安全的观察模式",[2] 主要考虑的是归责与预防这两个方面,传统的法律主要研究归责,而今逐渐也开始注重预防。法律对风险归责主要存在于传统的财产、合同、侵权领域,而今对风险的预防则主要存在于科学技术领域以及新兴行业。安全是法律追求的核心价值之一,因此,风险控制法律制度设计的核心要点就在于:风险现实化之前的预防与风险现实化之后的责任承担及救济。[3] 法律对风险的预防和归责,是控制风险的主要表现形式。当相关法律制度不足以解决风险事件时,保险机制也可以成为预防的重要补充手段。

法律对知识产权质押融资风险的关注,主要涉及现实中知识产权质押融资到底存在什么风险、融资主体在认知上对这些风险持有何种态度或防控措施、法律该如何实现对具体风险的控制等问题。因而,在具体的制度建设上,一是要探求知识产权质押融资风险本身的影响因素,如质押标的价值评估、价值减损、处置变现问题等。二是要探究风险形成机理,考虑整个融资不同阶段的具体问题。例如,对于融资过程中发生的侵权风险,需要考虑侵权人是否存在主观过错,是否影响质押标的价值减损,此价值减损的风险应该由谁承担,是否需要补充担保等。除上述问题外,知识产权质押融资风险的法律控制,还需要具体到整个融资过程当中,考察"贷前、贷中、贷后"三

---

[1] 参见丘国侠:《我国专利权质押问题及解决路径研究》,合肥工业大学 2015 年博士学位论文,第 26 页。

[2] Jenny Steele, *Risk and Legal Theory*, Oxford, Hart Publishing, 2004, p. 2.

[3] See Jenny Steele, *Risk and Legal Theory*, Oxford, Hart Publishing, 2004, pp. 3-5.

个阶段的特征。知识产权质押融资风险控制法律制度完善路径可以按照事前防范、事中管理和事后救济的三种基本路径进行。相应地,知识产权质押融资风险法律控制方式可以表现在质权设立阶段的登记与评估等方面、质权持有阶段标的管理方面以及质权实现阶段的处置方式等方面。

1. 完善法律制度有利于降低融资风险

知识产权质押融资相关法律制度的完善,有利于从总体上降低融资风险。法律具有规范性和强制性,其严格稳定的形式主义是知识产权质押融资风险控制中的首选措施。博登海默指出:“保护生活、财产和契约的安全,构成了法律有序化的最为重要的任务。”〔1〕一般而言,财产和权利的转让通常是以合同约定的方式进行的。在合同债权债务的关系中,债权人与债务人的合法权益自然成了法律保护的对象。债权人与债务人之间的利益博弈,也可能存在冲突的情形。当债权人与债务人利益发生冲突时,按照现代民商法的“交易安全优位于静的安全”,债权人的债权保护处于优先地位,如债权保全、债权担保、债权人抗辩权等制度都体现了债权人权利优先地位。继而,保障债权安全是促使交易主体采取担保的直接动因。如果债权处于非安全的动荡中,势必会影响交易的进行。尽管知识产权质押在形式上满足了债权担保的要求,但是质押标的本身存在的风险降低了其担保的能力。知识产权作为质押标的而产生的担保风险与融资风险叠加,可能导致交易处于未知状态。如前所述,知识产权质押融资是为了缓解中小微企业融资难题而形成的新型融资模式,参与主体主要是中小微企业和商业银行。我国《商业银行法》中维持资本安全是商业银行法的基本原则之一,以此为指导开展金融业务的银行,更需对新型业务提高警惕。〔2〕银行对风险的容忍度较低,在实践中相应的利息也不高,这种情况下,若交易仍处于未知状态,则银行就难以认可如此规模的风险。为弥补知识产权质押担保能力不足,完善相关法律制度,可从总体上降低融资风险,提高债权担

---

〔1〕[美]E. 博登海默:《法理学——法律哲学与法律方法》,邓正来译,中国政法大学出版社2004年版,第243页。

〔2〕《商业银行法》第4条第1款规定:“商业银行以安全性、流动性、效益性为经营原则,实行自主经营,自担风险,自负盈亏,自我约束。”

保的安全度。

在基础制度不健全的情况下，银行对企业信息过度采集和融资合同的长时间磋商，可能会导致融资效率的下降与融资成本的增加，继而导致中小微企业金融资源的供给不足和融资风险。[1] 完善知识产权质押融资风险控制法律制度，一方面可以缓解融资过程中的信息不对称性，降低交易主体收集信息和分析信息的成本；另一方面，可以规范融资主体行为，实现风险控制的集约化，减少融资主体为此支付的信息中介费用。在知识产权质押融资实践中，银行为了控制业务风险，往往会提高融资门槛，设置较高的条件，使可能本来打算以知识产权质押融资的企业基于流程、时间太长、融资比例低等因素，最后放弃了此种融资方式。中小微企业在创业阶段需要资金，以实现知识产权成果的转化，然而，企业由于缺少固定资产担保所以难以获取资金。知识产权质押融资高风险的存在，使银行提高融资门槛和降低融资金额，达不到企业的预期，从而放弃了这种融资方式。完善知识产权质押融资风险控制法律制度，可以有效降低融资成本，促进知识产权质押融资的有序发展。

2. 完善法律制度有利于分散融资风险

在风险的总量不变的情况下，分散融资风险的意义在于某一主体不至于无力承担损失。无论选择引入混合担保机制还是引入风险补偿机制，抑或是引入保险机制，其目的均为分散融资风险。风险分散机制的实施，需要以法律制度作为支持和依托，否则可能存在形式不合法的隐患，甚至直接阻碍其发挥效用。以债务人或第三人知识产权设立质押的方式使得债权人享有质权，这种法定的物权担保方式提高了交易的安全性。债权人可以基于担保物权的优先性，在债务人届时不偿还借款或者其他法定情形下就出质的知识产权财产价值优先受偿，相较普通债权而言多了一层保障。知识产权质押可以更相对有效地避免市场交易中的主观风险或者道德风险，有利于维护交易安全，保障特定债权的实现。[2] 然而，知识产权质押制度效仿

〔1〕 参见周兴云、刘锡良：《社会形态变迁与金融行为演化耦合研究》，载《社会科学研究》2015年第3期。

〔2〕 参见刘保玉、吕文江主编：《债权担保制度研究》，中国民主法制出版社2000年版，第26页。

物权质押制度存在理论障碍,我国现行担保物权法律制度对知识产权质押的规定较为宏观抽象,难以实际操作,也缺乏质押标的范围、提存、清偿制度等具体规定。因此,完善我国《民法典》《保险法》《中小企业促进法》《资产评估法》《商业银行法》《专利法》《商标法》《著作权法》等相关法律规定对保障知识产权质押融资交易安全具有重要意义。

此外,完善法律制度在分散融资风险的基础上,还有利于遏制风险不当转移或扩散。知识产权质押融资风险控制是一个复杂的工程,涉及各种风险控制的措施。这些措施是融资主体在实践中总结形成的,具有一定的可操作性。但是,这些措施往往是各主体在仅考虑自身利益的情况下形成的,可能会将风险转移到其他主体,侵害其他主体的利益。例如,银行为了降低自身风险,将风险转移给商业性担保机构,商业担保机构一开始着眼于赚取担保费用,为贷款企业提供了担保服务。当企业到期无法实现质权时,风险即由担保机构承担。商业性担保机构业务范围较广,知识产权质押融资的风险转移可能直接影响公司的正常运营。完善立法,可以防止风险不当扩散或转移,从而为知识产权质押融资风险控制创造良好的法律制度环境。

3. 完善法律制度有利于明确融资风险承担

知识产权质押融资风险主要指银行具体的业务风险,主要由银行承担。银行为了控制贷款风险,谨慎开展该业务,难以满足科技型、创新型中小企业融资需求。为了促进知识产权质押融资业务的开展,国家层面出台了相关文件强调风险控制的重要性,鼓励融资性担保机构为知识产权质押融资提供担保服务,探索建立质押融资风险多方分担机制。[1] 地方政府层面也相继出台了贴息、风险补偿等政策。[2] 以政府设立专项风险补偿金为例,当质权不能实现或不能足额实现时,则由风险补偿金的方式补偿银行的全部或部分损失。事实上,政府并非合理的融资风险承担主体。上述风险兜底式的责任承担方式,不符合市场经济发展规律。完善相关法律制度,有

[1] 参见国家知识产权局、国家发展和改革委员会、科技部、农业部、商务部等联合出台的《关于加快培育和发展知识产权服务业的指导意见》(国知发规字〔2012〕110号)。详见附录一。

[2] 相关政策性文件,详见附录二。

利于明确风险的承担主体。尽管政府对知识产权质押融资的促进和监管具有举足轻重的作用。与此同时,政府的促进和监管也具有局限性。过度的政府干预和监管会侵犯融资主体的经营权,降低市场自身风险抵御能力,不利于市场的形成。另外,过多的政府干预,也可能引发融资主体政策套利,将融资风险直接转移给政府。因此,还需要通过完善法律制度明确政府的职责及促进监管限度,保障政府监管依法进行,防止和减少政府对知识产权质押融资风险控制的不当干预和权力"寻租"行为,维护融资主体合法权益,使知识产权质押融资风险控制依法进行。知识产权质押融资风险控制法律制度体系的建立,需要对《担保法》《物权法》《保险法》《资产评估法》等多部法律进行调适完善。立法的完善,也有利于融资主体明确相关合同的约定,有利于损失发生后明确责任的承担。在此意义上,明确责任承担主体,规范市场秩序,保障知识产权质押融资有序开展。

本章小结

知识产权本身具有的不确定性及价值难以确定等特征导致了知识产权质押标的价值的不确定性。在整个质押融资过程中,质押权设立时质押标的价值评估存在风险,质押权持有过程中存在质押标的价值减损风险,质押权实现过程中存在难以及时处置、权利瑕疵难以界定等风险。这些风险在已有融资模式中就已经暴露出来,在未来模式创新过程中可能会被放大,甚至导致新的融资模式缺乏可操作性。如何控制融资过程中的风险,成为当前研究的重点所在。本章在梳理相关概念的基础上,试图证成知识产权质押融资风险的存在与风险控制以应对风险的必然路径,阐释知识产权质押融资过程中风险形成机理,揭示知识产权质押融资风险及其风险控制法律制度意蕴。本章在提出问题基础上,确立了风险控制法律制度体系构建的整体思路,为后文研究奠定基础。

第二章　知识产权质押融资风险控制法律制度理论基础与价值取向

一、知识产权质押融资风险法律控制理论基础

(一)法哲学视角下的知识产权质押融资风险控制

风险具有损害性,大量研究成果表明,面对风险,如果不加以控制,可能会瓦解人类所建立的秩序和文明。[1] 如何预防、管理、降低、转移或者化解风险的课题,逐渐进入人们的研究视野。在降低或者化解风险的诸多方法中,法律控制占据重要位置。风险的不确定性凸显了法律的稳定性、普适性、强制性等制度优势,使法律在风险控制方面起主导性作用。在风险控制实践中,无论是大陆法系还是英美法系,法律都被认为是一种解决问题的方法或者标准,在风险控制法律制度体系下,行为人知道什么是合法的行为和什么是非法或违法的行为。诚如第一章所述,知识产权质押融资风险属于具体性风险。法律如何实现具体性风险控制,法哲学中的“目的论”和“因果论”为此提供了理论基础。

1.“目的论”的风险控制观

法哲学中的“目的论”源于哲学秩序论,其在风险控制方面似乎有顺理成章的理论基础。在“目的论”看来,“作为一种技术性规范,法律似乎可以有任何调整目的。法律在摆脱它可能有的任何社会根源的同时,也得到解

---

〔1〕 参见杨雪冬等:《风险社会与秩序重建》,社会科学文献出版社2006年版,第11~19页。

脱，成为一个有目的的管理机制”。[1] 在“目的论”中有一个重要的假设，即风险的发生本身存在内在的逻辑。尽管风险具有客观性和不确定性，但“目的论”仍相信有一定的规律可循，然后找到规律，就可以控制风险。“目的论”认为，风险控制可以被设定为一个个有内在逻辑的行动目标。[2] 人们往往较为偏好用“自我中心主义”来考量自己与外界的关系。在面对风险的损失和不确定性时，人们在实践中形成了一些风险控制的方法，并试图将这些形成的风险控制方法通过多次博弈纳入社会秩序中。人们在风险控制实践中形成的思维是，可以设置一种框架，在这种框架中确定问题所在、预测其结果、衡量和选择解决方案，以形成有效的风险控制措施。[3] “目的论”将这些风险控制经验进行归纳总结，并认为可以将这其中具有统一效用的通过立法广泛实施，以降低人们在具体风险控制中的成本。由此看来，“目的论”认为法律是风险控制的重要手段。例如，我国《民法典》中将动产质押中的占有作为质权设立要件，规定谁负有质押标的保管义务以及标的发生毁损、灭失时的救济措施及相应责任，以实现对债权风险的控制。

对于知识产权质押融资风险的客观存在，虽存在人的可控空间，但绝非以某个人的意志为转移。法律应体现不以人的意志为转移的客观规律，在此意义上，就要防止某些风险控制目的的滥用和肆意立法，以此避免相应的立法被社会进化和制度发展所淘汰。或许，把强调形式合理的法律制度纳入到风险控制的目的中，从某种程度上可能降低具体风险。但是，对于“目的论”的运用始终要防止滥用法律的形式理性掩盖风险控制背后的不合理目的，这种掩盖的行为不仅无法达到风险控制的效果，还将危及法律制度本

---

〔1〕 参见[英]罗杰·科特瑞尔：《法律社会学导论》，潘大松译，华夏出版社 1989 年版，第 53 页。

〔2〕 “目的论”是中西方传统哲学中主要的秩序论模式之一，目的论主张一切作用型关系和过程都是有规律的，苏格拉底和柏拉图信奉外在目的论，亚里士多德则倾向于内在目的论，德国法学家鲁道夫·冯·耶林(Rudolf von Jhering)在其颇有影响力的著作《法律：作为实现目的的一种手段》(*Law as a Means to an End*)中，提出了在形式上，没有无原因的行为，也没有无目的的行为，认为法律是一种实现目的的手段。参见赵仲牧：《目的论、因果论、辨证论——中西方传统哲学中的三种秩序论模式》，载《云南大学学报》(社会科学版)2003 年第 4 期；何勤华：《耶林法哲学理论评述》，载《法学》1995 年第 8 期。

〔3〕 参见[英]珍妮·斯蒂尔：《风险与法律理论》，韩永强译，中国政法大学出版社 2012 年版，第 210 页。

身。因此,在“目的论”视角下,利用法律制度进行风险控制是需要时刻保持警醒的。[1] 知识产权质押融资风险主要源自知识产权本身的不确定性,以法律制度的形式控制风险,实际上也是不可能完全达到目的的。我们不得不承认人在思维上存在有限理性的客观事实,即使是在目的论视角下研究风险控制法律制度,也无法完全达到控制所有风险的目的。基于此,知识产权质押融资风险控制法律制度不是万能的,仅能在可控的范围和类别上作一些贡献,制度理性不能完全克服未知风险。

2.“因果论”的风险控制观

“因果论”通常是从事物内部来研究风险问题的,即探寻风险发生的原因,并由此推导相应的责任人,由相应的责任人承担风险发生后的损失。在“因果论”看来,若前因不发生,也就不会出现后果。换言之,即没有风险事件,则没有损失。如此说来,我们最好将坏的事物连根拔起,以彻底消除风险源。这在法律制度中,主要体现在侵权责任法领域,运用“肇事者原则”来分担和界定责任。在这个意义上,则把风险导致的损害通过法律对肇事者进行事先约束,以此来控制风险。在“因果论”视角下,知识产权质押融资风险的控制看似很简单,即是谁制造了风险就应由谁来承担损失赔偿的责任。例如,质押融资过程中质押标的价值减损,达不到相应的信用担保效力,就考虑是否要求债务人提供补充担保;银行在质权实现中发现质押标的价值与其市场价值不符,就考虑追究评估机构赔偿责任等。上述都是基于风险发生的原因考虑的损失承担问题,以此控制融资风险。但是,知识产权的价值减损,除了人为因素,还有其他不可控因素,如市场波动、技术升级等。对于无法找到责任人的损失如何进行归责,“因果论”并没有给出很好的回答。

3.“目的论”和“因果论”在风险控制中的思维分殊

“目的论”和“因果论”对于风险的思考,实质上均着眼于解决现在与未来的关系,属于典型的法哲学研究路径。尽管“因果论”和“目的论”的研究思路各不相同,但无论是“因果论”,还是“目的论”,都为知识产权质押融资

[1] 参见曾明生:《西方法哲学中的目的论初探》,载《江西社会科学》2007年第2期。

风险控制法律制度研究提供了思路。相对而言,"因果论"更重视损害责任承担,而"目的论"则较重视风险的预防。然而,在面对知识产权质押融资风险控制问题上,它们的解释力都遇到了一定挑战。

两种思维方式其实都对法律制度寄予了过高的期望。具体而言,"因果论"忽视了复杂的原因之间的相互影响。知识产权质押融资风险本身是知识产权风险、融资风险等聚集叠加的风险,受到制度、技术、市场等多方面的影响。在这种多语境下,往往牵一发而动全身。例如,某项专利技术在质押融资过程中遭遇了侵权,侵权行为人是具有过错的人,看似是导致专利技术价值减损的直接原因。然而,事实上,该专利技术价值是否贬损却受市场波动、技术更替、知识产权管理等多方面因素的影响。事实上,质押标的贬值了,其担保信用不足了,就算是对该专利技术进行拍卖以此偿还借款,价值也不足。此时债权人面临的损失,由谁承担责任?根据"因果论",我们难以在法律制度中去设定相应的赔偿责任,既不可能要求专利侵权人进行赔偿,也无法就专利侵权的赔偿金额进行提存。因此,"因果论"作为知识产权质押融资风险控制法律制度研究的理论基础还不足以解释融资过程中的风险控制问题。同样,"目的论"也无法完成这个艰巨的任务。在"目的论"的假设中,风险本身存在必然的规律。例如,金融监管法律制度设置的目的就是控制金融风险,避免金融危机。就知识产权质押融资风险控制而言,论证风险控制目的的正当性是可以实现的,但是对于目的实现的方式,目的论还是存在局限性。

(二)法经济学视角下的知识产权质押融资风险控制

1. 风险—效益经济分析

20世纪中后期经济学在法学领域的渗透,产生了基于成本—效益分析框架的法经济学研究范式。法经济学主要采用的是风险与效益的分析方法,对风险的认识、评估、防控都保持经济理性主义,并借助统计学的量化分析方法实现对风险概率的量化评估。在法经济学视角下,面临风险必须进行抉择时,人的理性在考虑事物本身的价值的同时会考虑控制风险所付出的成本问题,以计算风险与收益比例,选择在所有可能中自身收益最高的方案。[1] 首先表现在风险控制法律制度对行为人决策的影响。在此基础上,维持事物本身的价值以及体现人的理想判断价值,就成为相关法律制度设计的核心,具体可表现为法律责任的确定且可预见。在后来的经济学理论中,认为如此预设存在问题。就不同行为人而言,事物的价值判断标准不同。行为人是依据效用而非价值进行抉择的,应当以效用而非收益来做抉择。当效用和成本成反比时,行为人在面临风险抉择时就会表现出偏好风险的行为。其次,法律对风险的控制还表现在监管和规则上引导人的行为。例如,《保险法》中保险规则的设计,都力求实现有效的再投资,在尽可能纠正影响主体和机构的认知偏差后,引导人们通过成本—效益分析选择是否进行保险。

基于此,合理的风险控制法律制度不仅仅具有促进人交易的作用,还具有给人相对稳定的预期的作用。在风险收益模式下,侵权法、保险法、合同法都是很好的风险分配工具。然而,与知识产权质押融资密切相关的知识产权法、担保法、物权法、中小企业促进法、商业银行法、资产评估法却没能在此方面给予融资主体合理的预期。当前的知识产权质押融资是通过合同形成的平等法律关系,融资主体难以基于合同关系对知识产权本身的风险进行风险收益的分析。在知识产权质押融资过程中,知识产权侵权、市场波动等风险具有偶然性、客观性、不确定性。对于这些风险的承担,需要法律确立将损失分配给能以最低成本承担这种风险损失的一方或者需要引入保险机制等类似的制度。这不仅确立了融资主体之间关于偶然性风险的分担规则,还给跃跃欲试打算开展知识产权质押融资的企业、银行、担保机构等以明确的指引。通过确定的风险分担法律制度,提高融资效率,保障知识产权质押融资的有序开展,缓解中小微企业融资难题。

风险—收益分析法为当前的知识产权风险研究提供了很好的研究思路,这种分析方法不但可以有效促进风险控制法律制度的完善,还可以有效检验政府知识产权质押融资促进政策中设立的风险补偿机制、混合担保机

[1] 参见彭飞荣:《法律与风险:基于卢曼“二阶观察”方法的观察》,载《清华法律评论》2011 年第 1 期。

制以及保险机制是否有效。

2. 风险量化评估

法经济学借助统计学研究方法，在风险控制方面致力于研究事物发生的概率以及风险评估中的量化评估。概率、数量成为人们进行风险控制以及如何控制的明确标准，为风险控制研究提供了思考的方式。[1] 在风险量化评估技术上，既不解释过去也不规定将来，仅仅为当前的选择提供具体依据。风险量化评估是将潜在的危险按照风险的规模或者水平进行排序，为行为人决策提供参考。人们曾经一度希望存在一种纯粹的统计学模式的风险量化评估。历史上，曾经有学者希望以统计为基础的技术能够引导环境监管决策者得出客观适当的解决方案，且指出风险量化评估的分析来自安全分析专家。也正基于此，风险量化评估的局限性也从中暴露出来。[2] 安全分析专家出具的报告是否符合真正的事物发展走向，这涉及风险暴露是否完全、计算公式及过程是否正确等因素。风险的意义已经从提供统计信息而扩展至具有技术意义，对行为人的决策有一定的积极意义。在许多人来看，认可个体在风险商洽中的角色，尤其是识别和解决风险问题的技能，似乎有助于打破风险量化评估的统计学僵局。[3] 风险量化评估经常被当作一种纯粹科学的风险控制方法。通过风险量化评估可以解释这种技术量化是如何与风险的可接受性形成互动的。并且，风险量化评估可以与行为人的风险偏好等特定观念联系起来。风险量化评估除受到专家的影响外，还受到工程方法的影响。在风险量化评估运用到环境监管前，其主要出现于设计和制造领域，其是以严格控制的参数为基础，其可靠性可以根据精算意义上的证据得到验证或者修正。[4] 在风险量化评估中，人们运用负面

---

〔1〕 See Mary Douglas, "Risk as a Forensic Resource", *Daedalus*, Vol. 119, No 4, Fall 1990, pp. 1–16.

〔2〕 See P. Stardom, *Risk, Environment and Society*, Buckingham, Open University Press, 2002, p. 15.

〔3〕 参见[英]珍妮·斯蒂尔：《风险与法律理论》，韩永强译，中国政法大学出版社 2012 年版，第 175 页。

〔4〕 See G. McDonell, "Risk Management, Reality and the Precautionary Principle: Coping with Decisions", in R. Harding and E. Fisher eds., *Perspectives on the Precautionary Principle*, Sydney, Federation Press, 1999, p. 192. 转引自[英] 珍妮·斯蒂尔：《风险与法律理论》，韩永强译，中国政法大学出版社 2012 年版，第 200 页。

结果来认定风险,并计算出这些风险的概率或者概率区间。基于此,风险量化评估通常被视为风险监管的基础,成为监管者们对风险的回应依据。

在法经济学视角下,知识产权质押融资风险可以视为一种可计算和可测量的客观存在,可以借助经济学方法和统计学量化分析作出科学的测评。银行在内部控制制度设计中,可以选用风险量化评估方法。会计学、管理学等领域对知识产权质押融资风险控制的研究,多采用风险量化评估的方法。当前,在知识产权质押融资风险控制中,也已经开始风险量化评估实践。例如,上海张江高新科技园区一家做集成电路设计的企业将专利质押给上海浦发银行拟进行知识产权质押融资,向银行贷款 500 万元。浦发银行委托浦东知识产权中心对该项专利的价值进行了评估,同时,委托了天津知识产权交易中心和上海知识产权交易中心对该项技术的市场流动性及交易成本进行了风险量化评估。[1]

(三)法社会学视角下的知识产权质押融资风险控制

乔纳森·西蒙(Jonathan Simon)以美国为例,讨论了 19 世纪到 20 世纪前半叶的劳工事故和保险问题。从法社会学的视角讨论了风险预防原则、成本收益分析以及其他风险控制策略中的特殊背景和制度,在法律制度方面论证了风险与防控之间的关系,并论证了法社会学视角下法律就具体风险控制的可行性问题。[2] 戴娜·斯科以慢性污染为例,论证了以法社会学视角研究风险控制制度的可行性,解释了在多重风险背景下,法律如何应对这些风险。法社会学研究进路可以归纳为研究当前的制度、社会环境、人们认知等因素,从而找到风险存在的原因,从而回归制度、社会环境、人们认知等,通过解决制度问题、优化社会环境以及增强人们认知等方式来形成风险控制法律制度。可以看到,人类社会与文明进步的背景下,社会制度与组织的不断完善中,人们总结出了经验,即以理性的制度设计尽量克服人的率性而为。[3] 正如通常的情况那样,最成功的风险管理技术往往成为模板,影

---

〔1〕 参见韩钢、李随成:《高科技中小企业专利技术质押融资业务的信贷合约设计》,载《科技进步与对策》2012 年第 6 期。

〔2〕 See Jonathan Simon, "Risk and Reflexivity: What Socio-legal Add to the Study of Risk and the Law", *Alabama Law Review*, Vol. 57, No. 1, Fall 2005, pp. 119-139.

〔3〕 参见姚建宗:《法学研究及其思维方式的思想变革》,载《中国社会科学》2012 年第 1 期。

响类似的风险将如何得到管理。法社会学视角下的风险控制，仿佛是试图论证风险补偿法的一般理论，社会保险法就是其成果之一。

在法社会学视角下，研究知识产权质押融资风险控制问题将其置于大的社会背景下。对于知识产权质押融资风险的认识，就不应仅局限于本身的风险以及从具体的风险去分析原因和寻找对策。在法社会学视角下，尤为主要的是考虑知识产权作为财产被社会接受的情况，只有被社会认可其为可流通的财产，知识产权交易市场才可繁荣起来，知识产权交易市场的繁荣才可调动知识产权的流通，知识产权的市场流通将促进其财产价值的实现。知识产权财产价值的实现，自然就可以发生担保的效用。而关于知识产权质押融资的评估风险、市场波动风险、质权变现风险便随之化解。基于此，在法社会学视角下，知识产权质押融资的重点在于知识产权财产价值的实现，法律如何促进知识产权财产价值的实现将成为知识产权质押融资风险控制法律制度的研究切入点。

（四）系统论视角下的知识产权质押融资风险控制

1. 系统论的风险控制观

系统论是一种以系统为研究对象，强调整体进行研究的方法和理论。该研究方法和理论也为社会科学研究所用，但就风险控制研究而言，系统论并没有直接指出如何进行风险控制或者表明其风险控制观。但可以在系统论的经典著作中找到其对风险控制法律制度构建的态度以及相应的研究进路。

美国社会学家塔尔科特·帕森斯（Talcott Parsons）指出，在分化的系统中，所有子系统都必须被予以实现的各种特别的成就，现在又要再次在系统的层面上由系统形成特定的功能来予以实现，这只会产生一种相反的作用。[1] 不可想象的结果分散问题在分化的社会中越来越多，而且难以通过多功能单元到单功能单元重构的方式得到解决。单功能实现上只是研究和决定生成过程中的一种分析视角。也就是说，单视角研究问题尽管解决了现实的问题，可能又引发出另外的风险，且另将此类风险扩散到其他领域。

---

〔1〕 参见[德]尼克拉斯·卢曼：《法社会学》，宾凯、赵春燕译，上海人民出版社 2013 年版，第370 页。

不过,还是需要通过这种研究视野上的限制,单视野的风险研究才会推进法律政策的秩序功能的实现。“当然,在高效立法的情况下也会产生特定的风险,尤其是那些短效的、仅适用于个别情境和未来特定利益的立法。”[1]

德国社会学家尼克拉斯·卢曼在帕森斯的行动系统论基础上提出了系统论。他将风险概念与决策以及决策机制的正当性密切联系起来,探讨如何推行依法的风险管理、怎样认定决策者的责任等相关问题,并为其提供了重要研究线索和分析框架。[2] 卢曼指出,片面地坚持单一的研究范式可能导致不可承受的风险。规范机制可以将可承受的不确定性进行归类或有所扩大。一方面,这是由于对期望的反事实透支(Überziehen)的可能;另一方面,也是由于偶然性事实在条件上存在一定的牵连。法律上期望的规范性可以消除由不端行为带来的风险,并同时会引起社会文化的改进。[3] 尽管法律制度内部也可能出现风险,制度规范之间存在冲突或者不适用的问题。但法律制度内部也存在一定的学习能力,可以通过认知性机制构建,完成其规范性条款修复。另外,卢曼在其著作《法社会学》中指出,政治与法律具有相对较高的普遍化能力和较易进行的制度化能力,这些能力有利于风险制度的建立。规范性期望是反事实的期望,因此在与现实联系时就容易被透支,规范结构就成为社会进化的风险承担者。而事实上,社会永远不可能是一个法律制度,如一个契约;不过,当法律将充满社会的进化成就——如政权、和平、程序、有效契约以及货币加以稳定之后,它就被象征为一种法律关系。法律使期望带有了或然的、可能还有些异常的与现实不同的有效性。也就是说,法律有助于在期望的层次上消除或然性。在这个意义上,它有利于吸收在不稳定期望中的风险。卢曼认为,期望风险可以由现行法律制度予以回应或者吸收。[4] 决策与风险存在关联,风险对于决策而言是未来式

---

[1] 参见[德]尼克拉斯·卢曼:《法社会学》,宾凯、赵春燕译,上海人民出版社 2013 年版,第 372 页。

[2] 参见季卫东、程金华主编:《风险法学的探索——聚焦问责的互动关系》,上海三联书店 2018 年版,第 8 页。

[3] 参见[德]尼克拉斯·卢曼:《法社会学》,宾凯、赵春燕译,上海人民出版社 2013 年版,第 395~397 页。

[4] 参见[德]尼克拉斯·卢曼:《法社会学》,宾凯、赵春燕译,上海人民出版社 2013 年版,第 361~362 页。

的，未来可能发生的损害源于决策。在卢曼看来，法律无法实现功能整合和社会控制，但可以对人们的预期进行规范，从而实现对具体风险的控制。[1]赞同卢曼学说的中国学者钱学森认为："法学是社会控制的一个杠杆，而社会是一个巨大系统，因此必须进行系统的研究。"[2]学界将系统论在法学领域的应用分为三个层次，即法律制度系统化、法律技术系统化、法律系统化。法律制度的系统化，可以克服部门法律制度应对风险的局限。在当前社会风险积聚叠加的复杂背景下，对某一领域风险的研究也不应局限于某一部门法领域。风险问题的研究本身就超越了部门法研究视野。知识产权质押融资风险属于具体性风险问题，却涉及民法、经济法、民事诉讼法等部门法，包括但不限于《民法典》《商业银行法》《资产评估法》《著作权法》《商标法》《专利法》《中小企业促进法》等。基于上述理由，对知识产权质押融资风险及风险控制法律制度的研究，也应该拓展开来进行系统化的研究，从基础法律制度优化入手，构建知识产权质押融资风险控制法律制度体系。

2. 系统论视角下知识产权质押融资内部风险控制与外部风险控制之互动协调

如第一章所述，我国知识产权质押融资发展的"瓶颈"在于其风险高，融资主体积极性低。而该风险形成的主要原因在于质押标的本身的风险，限制了质押标的担保能力。知识产权作为质押标的存在的风险与质押融资风险产生叠加效应，增加了知识产权质押融资风险控制的难度。知识产权质押融资的风险主要集中在质押标的价值评估、质押标的市场价值波动、质押标的变现三个方面。在系统论视角下，知识产权质押融资风险法律制度控制体现在两个方面，一方面，法律需要解决自身制度不完善以及制度矛盾等引发的风险，为知识产权质押融资提供良好的外部环境；另一方面，法律作为融资主体内部风险控制的指引，需要解决融资过程的信息不对称、融资成本高等问题。

---

〔1〕 参见[德]尼克拉斯·卢曼：《社会的法律》，郑伊倩译，人民出版社 2009 年版，第 67 页；[德]托马斯·莱赛尔：《法社会学导论》（第 5 版），高旭军等译，上海人民出版社 2011 年版，第 113 页。

〔2〕 该观点系钱学森在 1985 年召开的全国首次法制系统科学讨论会上作题为《现代科学技术与法学研究和法制建设》的主题发言时提出。参见熊继宁等编：《法制系统科学研究：全国首次法制系统科学讨论会论文选》，中国政法大学出版社 1987 年版，第 11～13 页。

以银行为主的金融机构，通常认为知识产权质押融资风险是业务开展和质押标的管理过程中客观存在的、不确定的、可能导致损失的问题。银行在内部风险控制方面也作过尝试，包括贷款利率调整、坏账管理、业务监管等。在风险控制手段中，银行的内部控制缺乏外部法律制度的支持可能会降低内部控制的力度。另外，内部控制缺乏法律制度支撑，也难以实施。法律在维护融资市场秩序、控制风险等方面起系统性作用。因此，银行、担保机构、保险机构等金融机构都对法律的外部控制寄予厚望。

知识产权质押融资风险客观的存在，不是当前银行的内部控制措施可以直接解决的问题。对知识产权质押融资风险的有效控制，需要建立在完备的知识产权质押融资基础法律制度上，实现外部控制与内部控制的有效结合。当前，银行不敢贸然开展该融资业务的主要问题在于外部控制的不足，基础法律制度的缺失是当前问题的核心。以系统论为视角，构建知识产权质押融资风险控制法律制度，随之，银行的内部控制机制才会发挥作用。当前，银行将知识产权质押融资风险当作普通的信用风险，其认识有待完善。因此，在外部控制完善的基础上，实现外部控制与内部控制的有效互动，是知识产权质押融资风险控制的基本方向。

3. 系统论视角下知识产权质押融资风险控制法律制度建设的三个层次

私法自治是商事交易风险控制的基本法理，但是基于知识产权质押标的之特性，融资主体难以凭借内部控制来进行防控，知识产权质押融资机制容易陷入僵局。“作为替代，国家干预就变得不可或缺，并需要综合运用技术和法律手段加以应对。”[1]风险行为的需求定理具有强大的解释力，能够成功地将部门法上的风险控制纳入系统的分析框架，散乱分布于各部门法的风险控制机制，基于风险行为的需求定理表现出“多位一体”的风险控制体系。“多位”主要有三个层级：第一个层级为一般控制，第二个层级为控制补充，第三个层级为专项控制。“一体”即多个位阶的风险控制制度将构成一个完整的风险控制法律体系。它们相互之间也表现出一定的关联性、层次性和结构性。[2]

---

〔1〕 宋亚辉：《风险控制的部门法思路及其超越》，载《中国社会科学》2017 年第 10 期。

〔2〕 参见宋亚辉：《风险控制的部门法思路及其超越》，载《中国社会科学》2017 年第 10 期。

随着中国人民银行货币紧缩政策的开展,2011 年以来我国中小微企业“融资难”问题突出。[1] 为解决该问题,在政府政策推进下我国知识产权质押融资应运而生。知识产权质押融资缺乏相应的登记制度改革,法律制度也不健全,缺乏有效的评估体系。知识产权本身的风险表现为知识产权制度风险、侵权风险、市场风险等。对于法律如何控制知识产权质押融资风险,上述不同分析路径可以简化为风险—安全、风险—效益、风险—社会等不同研究进路。根据不同的研究进路,呈现不同的法律制度设计,可能出现切割式、片段化的分析和制度设计。系统论的风险控制观,为知识产权质押融资风险控制提供了清晰的研究思路。在以往的研究中,对知识产权质押融资风险的研究通常是站在银行或者企业各自的角度,通常用的都是管理学中的内部控制理论。在以往的研究视角下提出的风险控制措施,就某一主体而言,可能是转移了风险或者化解了不必要的损失。但对于全部融资主体以及社会整体而言,则有可能存在“风险转移”,这种风险转移浪费了社会成本,并没有对风险公平合理地进行控制,减少整体的损失,以实现资源的优化配置。但是在系统论视角下,知识产权质押融资风险控制法律制度研究应当倡导整体性、综合性和资源优化配置。知识产权质押融资风险往往是牵一发而动全身,我们要注意知识产权的特征与其作为质押标的的担保风险,以及这些风险对社会整体的影响,这不仅是企业融资的问题,也关乎整个知识产权制度运行的问题,更关乎社会创新的问题。因此,在系统论视角下,知识产权质押融资风险控制法律制度的功能不仅是规范,还包括调节金融资源配置、风险分配以及利益平衡等功能。在系统论视角下,知识产权质押融资风险控制法律制度体系的建设包括如下三个层次。

第一个层次为优化基础法律制度。在比较法上,国外已经形成较为系统的知识产权质押制度。尽管学界及实务界都认为知识产权作为权利质押存在一定的问题,并认为其应在《民法典》编撰中有所体现,但具体制度设计仍需要再研究。[2] 质押制度本身是一种保障交易安全的法律制度。知识

---

〔1〕 参见韩钢、李随成:《高科技中小企业专利技术质押融资业务信贷合约设计》,载《科技进步与对策》2012 年第 6 期。

〔2〕 参见何敏:《知识产权客体新论》,载《中国法学》2014 年第 6 期。

产权质押融资表现出如此高的风险,需要探索知识产权作为质押制度存在哪些问题,这些问题的存在是否阻碍了知识产权担保功能的实现,从而加剧了融资风险。在第一个层次的法律优化中,分析现有的相关法律制度存在哪些不适或缺陷,从而进行优化或调适。

第二个层次为完善相关法律制度。知识产权质押融资中的评估问题、登记问题、管理问题、交易市场问题、监督问题等均造成了融资风险的形成。法律如何实现对具体风险的控制,需要供给健全的制度规范。就上述问题而言,相关立法存在制度衔接、缺失等问题,主要涉及《资产评估法》《民事诉讼法》《商业银行押品管理指引》《专利质押登记办法》《著作权质押登记管理办法》《商标质押登记管理办法》等多部法律法规的优化。

第三个层次为建立知识产权质押融资风险配套机制。知识产权质押融资在我国政策拉动下依然发展缓慢,市场占有率不足,各地政府出台了相关政策分散融资风险,从而吸引更多的银行开展此业务。这些风险分担机制存在哪些利弊,是否发挥了其相应的作用仍有待研究。知识产权质押融资风险的主要问题在于基础法律制度的不适应,在完善基础法律制度的基础上,实现知识产权质押融资风险分担机制与法律制度相衔接,扫清政策实施的法律障碍。

二、知识产权质押融资风险控制法律制度的价值取向

在法学研究中,价值取向是法律制度设计中不可避免的问题。无论是西方法学研究还是中国法学研究,无论使用何种研究方法,价值取向都是需要重点研究的问题。在西方法学研究视野中,罗斯科·庞德(Roscoe Pound)曾指出:"在法律史的各个经典时期,无论在古代或近代世界里,对价值准则的论证、批判或者合乎逻辑的适用,都曾是法学家的主要活动。"[1]柏拉图(Plato)曾在其著作《法律篇》中指出:"每个人都清楚,立法工作是很重要的事情,可是,如果在一个秩序良好的国家安置一个不称职的官吏去执行那些制定得很好的法律,那么这些法律的价值被掠夺了,并使荒谬的事情大大增

〔1〕[美]罗斯科·庞德:《通过法律的社会控制——法律的任务》,沈宗灵等译,商务印书馆1994年版,第55页。

多,而且最严重的政治破坏和恶行也会从中滋长。"〔1〕柏拉图认为,法律价值是指法律应起的积极作用。托马斯·阿奎纳(Thomas Aquinas)在谈到法律的正义性时也使用到法律价值的概念,他认为:"人类的意志可以根据共同的同意使本身并不违反自然正义的任何事情有法律价值。"〔2〕阿奎纳认为法律价值指的是法律的正当性问题。基于上述论述,法律价值可以表示为法律价值标准、法律价值目标和法律价值评价标准。国内法学研究中,卓泽渊指出,"法的价值是法的制度的必需"。〔3〕沈宗灵认为,法律价值可以包含以下三层含义:第一层次是指法律促进哪些价值;第二层次是指法律本身有哪些价值;第三层次是指不同类价值之间或同类价值之间发生矛盾时,法律根据什么标准来进行价值评价。〔4〕法律作为一种行为准则,应该就利益及利益冲突问题进行评价,属于法律价值取向问题。就知识产权质押融资法律制度而言,负载多种价值及不同的价值取向,表现为公平、正义、安全、秩序、效益等法律基本价值。在这些价值取向中,结合知识产权质押融资风险控制法律制度设定之目的,本书认为,安全、效率、公平是其基本的价值取向。

(一)知识产权质押融资风险控制法律制度的安全观

安全价值是知识产权质押融资风险控制法律制度的首要价值取向。安全与风险是事物的两个价值面向,安全是风险的对立面,也是风险控制的目的。然而,风险中存在收益,收益中也存在风险,现代商业活动要确保无风险,即不进行某种交易。市场主体在安全与风险的博弈中,要实现收益,动态平衡可以表现为高安全性和低风险性。另外,尽管风险控制追求的是低风险,但无论制度设计如何精妙仍然存在剩余风险的问题。知识产权质押融资风险属于商业银行的具体业务风险,无论制度设计得如何精妙,仍然不能排除意外事件发生的可能性。法律制度设计的目的是保障融资的相对安全,不能不良贷款频发导致系统性风险。由此,知识产权质押融资风险控制

---

〔1〕西方法律思想史编写组编:《西方法律思想史资料选编》,北京大学出版社 1983 年版,第 26 页。

〔2〕[意]托马斯·阿奎纳:《阿奎纳政治著作选》,马清槐译,商务印书馆 1982 年版,第 138 页。

〔3〕卓泽渊:《论法的价值》,载《中国法学》2000 年第 6 期。

〔4〕参见沈宗灵主编:《法理学》,高等教育出版社 1994 年版,第 46 页。

法律制度设计应当体现安全价值，但不能以绝对的安全（零风险）为价值导向。

首先，在担保法律制度上，以安全价值为导向，着重发挥知识产权本身的担保能力，实现知识产权质权保障债权安全的制度功能。知识产权的财产性价值，使其可以作为担保财产，让普通债权与担保制度相结合。在债务人无法偿还借款的情况下，以知识产权变现金额使债权人优先受偿。这种制度设计弥补了债务人无法偿还借款的情况下债权人所遭受的损失，以此保障融资安全。知识产权质押融资的本质是有担保的借贷，债权属于请求权，是债权人请求债务人为特定行为（清偿债务）的权利。[1] 在相关制度设计上，逻辑结构应以债权安全为本质，最主要的就是债务人的给付义务。[2] 担保法律制度的功能之一即保障债权安全，在债务人清偿能力不足时，以折价、拍卖、变卖等方式就质押标的处置变价实现优先受偿。担保法律制度属于知识产权风险控制法律制度中的基础制度，应该以安全为价值目标，贯彻到每个环节的具体制度设计中。在具体制度设计上，一方面，应当促进债务人履行债务，主动实现债权；另一方面，应以质押标的变现救济债权损失，被动实现债权。

其次，在商业银行质押物管理、知识产权评估、质权登记等相关法律规范上，也应以安全价值为导向。知识产权作为质押标的本身的安全，在很大程度上决定了融资业务的安全。安全性是现代银行法基本原则之一，"我国《商业银行法》将安全价值置于商业银行经营原则的首要地位，在立法上集中体现为审慎经营和审慎监管的理念"。[3] 质押物管理即属于审慎经营安全的体现。在知识产权作为质押标的的贷款业务中，质押标的的存在与否、瑕疵与否、价值变动等都影响债权的安全。相应地，在质权设立环节中，范围确定、评估、登记相关法律制度也应符合安全价值的需求，避免制度漏洞及衔接问题。在质权持有环节，质押标的管理或监督相关制度的完善，也应

---

[1] 参见郑玉波：《民法债篇总论》，台北，三民书局股份有限公司2004年版，第2页。

[2] 参见龙卫球：《债的本质研究：以债务人关系为起点》，载《中国法学》2005年第6期。

[3] 岳彩申、张晓东：《风险与安全的重新平衡：银行法律制度的新走向》，载《金融法学家》2009年第1期。

以安全价值为导向,避免质权保全不能、监管不力等情况的发生。在质权实现环节,需要防止拍卖人恶意串通降低标的物价值,损害权利人利益,以尽可能地降低融资风险。

最后,安全价值也应贯彻到配套机制相应的法律规范中。混合担保机制、风险补偿机制以及保险机制的设置是为了控制风险,不能放大、扩散风险到社会公众。在融资活动中,必然涉及参与主体相关信息收集及处理的问题,信息安全也是风险控制需要关注的问题。整个融资过程包含质押标的价值评估、登记公示、拍卖变卖等环节,这些环节均可能触及知识产权的具体内容。相关人员应当遵守职业道德,不得泄露相关技术方案、材料、内容等,企业的知识产权与商业秘密有一定的关联性。囿于相关技术保护措施有限,制度设计和实施应该考虑质押标的信息安全等问题。另外,在质权处置环节还涉及知识产权有效实施等问题,如果需要出质人转移技术方案、辅助具体方案实施,在保障质权人质权实现的基础上还需要考虑出质人商业秘密保护等企业信息安全问题。

(二)知识产权质押融资风险控制法律制度的效率观

效率又称效益,原为经济学常用概念之一,指的是成本与收益之间的比例情况。[1] 随着法律与经济生活的互相渗透,效率也被纳入法学研究领域,并作为重要的价值考量因素。法律效率,是指法律的制度、实施的成本和其实际成效之间的比例关系。[2] 法律效率的价值,是指法律能够使社会或人们以较少或较多的投入,获得较少或较多的产出,以满足人们对效率的需求。[3] 在法经济学对于风险的研究中,学者们不再一味地讨论效率与安全价值之间的博弈。尽管安全价值在风险控制中占有首要地位,但是,人们在无安全保证前提下不采取行动的观念就可能导致效率的低下。风险与收益的并存,使人们在面对风险时,不行动就失去了利益的可能。因此,在面对风险时,行为人应该进行理性地计算,衡量收益与成本,当收益大于成本时,就可以为之。1947 年美国联邦上诉法院勒・汉德(Learned Hand)法官

---

〔1〕 参见张文显:《法学基本范畴研究》,中国政法大学出版社 1993 年版,第 273 页。
〔2〕 参见刘金国、舒国滢:《法理学教科书》,中国政法大学出版社 1999 年版,第 289 页。
〔3〕 参见卓泽渊:《法的价值论》(第 2 版),法律出版社 2006 年版,第 206 页。

在“美利坚合众国诉卡洛尔拖船公司”一案中确立了“汉德公式”。在判断船主有无过失问题上,汉德法官认为任何船只都有脱锚的风险,可能会对周边船只造成损失。船主是否承担过失责任,应该考量该船脱锚的概率(Probability,简称P)、船只脱锚后给其他船只造成的损失(Loss,简称L)、足够的预防措施将会给船主增加的成本或负担(Burden,简称B)。仅在 B<PL 时,船主才承担过失责任。[1]

1. 关注制度实施效率

制度经济学以资源有效配置和提高制度效率为目标,将此运用到法学理论研究中,则表现为法律制度安排及实施的效率。美国经济学家罗纳德·哈里·科斯(Ronald H. Coase)在其《社会成本问题》一文中指出:“法律制度归根结底是受效益原理支配的,法律安排实质上是以效益为轴心的。”[2]在动产质押法律制度中,以转移标的物的占有为要件,质权人通过对标的物的控制督促债务人偿还债务,以控制交易风险。在此种制度设计中,除了占有改定的形式下出质人不能利用标的物,质权人囿于条件限制也不一定能实现标的物的使用价值,就此层面而言,质押标的物价值难以得到最大的发挥。我国当前知识产权质押融资法律制度尽管属于权利质权,但大多参考了动产质押法律制度。在知识产权质押融资中,其标的系可转让的知识产权财产权,基于知识产权的无形性特征,无法转移占有。因此,知识产权质押融资中限制使用与风险控制无法形成直接关联,法律制度设计无须限制出质人继续利用知识产权,而应促进出质人使用知识产权将其转化为经济效益以控制债权风险,这可以视为知识产权质押融资风险控制法律制度的效率价值的一个方面。此外,效率价值在经济学上关注的是成本和收益之间的关系。其体现在法律制度设计上,需尽可能地考虑制度背后隐藏的成本问题,以提高制度的实施效率。基于此,知识产权质押融资风险控制的制度成本就成为主要考虑的问题。其一,知识产权的无形性特征导致了质权人无法通过直接占有的方式控制质押标的,进而借鉴了不动产质

---

〔1〕 参见[美]威廉·M. 兰德斯、理查德·A. 波斯纳:《侵权法的经济结构》,王强、杨媛译,北京大学出版社2005年版,第94~117页。

〔2〕 卓泽渊:《法律价值》,重庆大学出版社1994年版,第16页。

押中的登记公示制度。在登记公示制度中,涉及登记机关和登记程序等问题,增加了权利质权的制度成本。其二,知识产权具有法律效力上的不确定性和价值的不稳定性。质权设立后,质押标的价值的变动直接影响其担保能力。为了控制持有过程的风险,需要对质押标的进行一定的监督或管理,包括但不限于监控质押标的的法律状态和价值状态,如此,就产生了管理成本。另外,知识产权质权在融资过程中价值的确定通常需要借助于第三方专业机构的评估,这就必然产生评估成本。其三,知识产权质权的实现可能出现折价、变卖、拍卖的问题,相关费用均是需要考虑的问题。

综上,在知识产权风险控制法律制度设计上应该注意上述列举的几个成本问题,尽可能地降低制度成本,兼顾融资风险和融资效率问题,以发挥相关法律制度的效率价值。

2. 关注知识产权运用效率

发展知识产权质押融资业务,一方面,可以缓解中小微型企业"融资难、融资贵"问题;另一方面,可以促进知识产权的运用,以推动创新型国家建设。当前知识产权质押融资呈现出的高风险特征降低了商业银行的积极性。提高银行的积极性,为企业注入资金获利,将知识产权转化为生产力,使风险控制成为必要。如前所述,法律控制在风险控制中具有重要地位。保障知识产权的财产价值的发挥是整个风险控制法律制度构建的重点。知识产权财产价值的实现,在于知识产权的运用。提高产品的市场占有率,推动新成果再创造,是整个知识产权风险控制法律制度建设应该关注的。[1] 我国每年的专利申请率、商标申请数量可观,现存有效的知识产权数量庞大,然而却面临运用不足的问题,专利人把申请到的专利、商标予以闲置,未能及时将知识产权转化为生产力。以专利技术为例,参考世界知识产权应用的先进经验,企业通常在取得专利之后,结合商标等形成自己的知识产权战略,通过市场推广标准以抢占市场。[2] 这些企业有自己的知识产

[1] 参见丘志乔:《中国知识产权质押融资实证分析与研究》,知识产权出版社 2018 年版,第 133 页。

[2] 参见陈欣:《国外企业利用专利联盟运作技术标准的实践及其启示》,载《科研管理》2007 年第 4 期。

权管理团队,通过审查、稽查等方式统计知识产权应用率以及潜在的应用率。[1] 基于此,风险控制法律制度的整体布局,需要考虑知识产权的运用效率,制度设计上以提高知识产权运用效率为价值取向之一,保障风险控制法律制度整体目标的实现。

(三)知识产权质押融资风险控制法律制度的公平观

知识产权质押融资属于市场经济活动,相应法律制度也应满足经济公平的要求。经济公平包含了主体资格平等、过程自主和结果公正合理。[2] 将公平原则运用到知识产权质押融资风险控制法律制度中,一方面,体现为参与主体融资机会获取的公平;另一方面,体现为融资风险责任承担的公平。

1. 融资机会的公平

《中小企业促进法》的立法宗旨在于保障企业发展有良好的制度环境,促进企业健康有序发展。[3] 在当前经济形势下中小企业面临生存危机,为企业提供良好的融资环境是法律和政策的共同任务。《优化营商环境条例》也明确规定,商业银行等金融机构在授信中不得设置不合理条件,不得对民营企业、中小企业设置歧视性要求。[4] 鉴于科技型、创新型中小型企业规模小,缺乏可用于抵押、质押的动产、不动产资产。而这些企业又急需资金的支持,以促进企业知识产权成果的转化。对银行等金融机构而言,由于当前知识产权质押法律风险高、知识产权交易市场不完善、知识产权价值不稳定等,科技型、创新型中小型企业的信用风险比较高。大型企业本身拥有的动产、不动产等可用于担保的资产数量可观,且与商业银行等金

---

〔1〕 一些企业申请专利、商标的目的并非马上进行应用,而是为自己的知识产权战略做准备,以保障企业将来某一产品的最佳市场占有率等潜在利益。

〔2〕 参见刘作翔:《公平:法律追求的永恒价值——法与公平研究论纲》,载《天津社会科学》1995 年第 5 期。

〔3〕 《中小企业促进法》第 15 条规定:"国务院银行监督管理机构对金融机构开展小微型企业金融服务应当制定差异化监管政策,采取合理提高小型微型企业不良贷款容忍度等措施,引导金融机构增加小型微型企业融资规模和比重,提高金融服务水平。"第 19 条规定:"国家完善担保融资制度,支持金融机构为中小企业提供应收账款、知识产权、存货、机器设备等为担保品的担保融资。"第 22 条规定:"国家推动保险机构开展中小企业融资的征信产品和服务,开发适应中小企业分散风险、补偿损失需求的保险产品。"

〔4〕 参见《优化营商环境条例》(国令第 722 号)第 26 号。

融机构有长期的来往合作,商业银行等金融机构如果将有限的金融资源偏向于大型企业,无论以何种形式进行融资,对银行等金融机构而言,其信用风险都相对较小。在这种情况下,银行等金融机构出于自身利益最大化考虑,自然选择将有限的金融资源分配给风险较小的大型企业。基于此,科技型、创新型中小型企业便处于融资弱势的地位。这种情况的出现主要是由于“在我国历史上采用了金融抑制、优先发展大型国有企业的发展战略下,我国金融市场存在结构性矛盾。单靠市场自发调节,无法解决体制性问题”。[1] 制度完善不能仅作原则性规定,还需要对上述企业在融资中可能遭遇的不公平待遇作进一步调整。具体表现为在知识产权质押融资过程中,不得忽视知识产权质押标的价值,不得搭售理财、保险产品,不得要求科技型、创新型中小企业以贷转存、存贷挂钩,购买配套承兑汇票,不得在质押标的担保能力充足的情况下额外要求企业法定代表人或者股东承担个人连带保证责任,从而在根本上消减银行等金融机构对科技型、创新型中小企业融资的歧视。

2. 风险分配的公平

融资主体追求自身利益最大化是其作为“经济人”的本性,同时也是推动市场发展的动力。法律不应该也无法改变“经济人”的逐利性,而应从制度层面对主体的合法利益进行保护。[2] 融资主体具有利用风险的动机,风险与收益在金融领域的应然状态下是成正比的。那些看似“低风险、高收益”的融资项目或者商业模式,实际上是将风险隐藏或者转移给了其他主体。我们进行风险控制的机能之一是要挖掘被掩盖的真相,维护公平的市场秩序,平衡利益。不可能说,企业进行知识产权质押融资,把风险转移到银行,或者说银行本身对风险的容忍度太低,又将其转移给保险机构或担保机构甚至政府。融资主体如此的表面举措,仅解决了自身表面问题,是将风险隐藏或者转移到自身以外,并未将此风险问题暴露,也未给予其他参与主体公平选择的权利。

---

〔1〕 李瑞雪:《小微企业融资公平保障法律制度研究》,西南政法大学 2016 年法学博士学位论文,第 106 页。

〔2〕 参见李昌麒主编:《经济法学》,法制出版社 2007 年版,第 43 页。

知识产权质押融资风险控制法律制度的公平价值主要体现在风险与收益相适应的公平,不至于出现为了促进知识产权质押融资,金融机构零风险的情况。"零风险"只有在交易不进行的情况下才可发生。因此,需要塑造风险承担与获取收益相适应的公平理念。相关法律制度的构建要符合风险与收益相适应的公平原则,不得通过立法将风险分配给不应该承担的主体一方。风险承担与收益获得保持动态平衡,才符合风险与收益相适应的公平原则。当前,知识产权质押融资风险主要积聚在银行等金融机构一方,而且还隐藏了企业知识产权在被拍卖或变卖过程中出质人可能遭受损失的风险。知识产权质押融资风险控制法律制度的完善需要暴露相应的风险,给予融资主体公平选择的机会。当前,为了拉动知识产权质押融资,一些地方政府给融资企业做担保或者设立风险基金,但这些措施并不符合风险与收益相适应的公平原则。如果让地方政府为知识产权质押融资坏账买单或者兜底,则非长久之计。现代社会呈现"三元结构",从市场经济角度来看,表现为市场机制起基础性作用的三方协调。"市场机制关注供求、选择、价格、竞争与风险,是集体选择和公共选择的根基,是被各项事物发展证明为最具效率的资源配置方式。"[1]当前的知识产权质押融资发展和风险控制是政府政策推动进行的,存在诸多问题。各地知识产权质押融资相关政策虽然缓解了科技型、创新型中小企业融资难题,克服了银行目前开展此业务的风险,但是也影响了相应市场机制的形成。政府兜底、设立风险基金等措施对金融体系的发展造成了人为的干预,扭曲了风险与收益相适应的市场机理,造成了银行对知识产权质押融资风险定价的无所适从。风险与收益通常共生共存,承担风险是获取收益的前提,知识产权质押融资风险控制法律制度必须遵循风险与收益相适应的公平原则。

本章小结

本章梳理了法律如何实现风险控制的相关理论,论证了法律如何实现具体风险控制的问题,为知识产权质押融资风险法律控制提供了理论基础。

---

[1] 方林佑:《主体身份、政府角色和中介组织地位——关于我国高等教育市场机制的研究》,湖南师范大学 2013 年博士学位论文,第 1 页。

知识产权质押融资风险存在特殊性,其主要源于制度设计。担保法律制度设计的目的之一即为控制交易风险,保障交易安全。就知识产权质押融资风险控制而言,原有担保法律制度存在不足,忽视了知识产权在质押过程中存在的价值不确定、容易遭受侵权等问题,这些问题直接影响其担保能力,故需要结合知识产权作为质押标的本身的特征进行完善。相应法律制度的完善可降低融资风险。当前,银行对知识产权质押融资风险并未专门制定统一的内控措施。一方面,当前一些银行提高融资门槛、变相融资模式等措施不利于知识产权本身价值的实现,需要立法进行规范,防止风险扩散和传递;另一方面,银行内部控制需要以外部法律制度为依托,才可实现内部控制与外部控制的结合。风险控制是一个复杂庞大的过程,尽管知识产权质押融资风险在现阶段只是微观性的业务风险,但是基础法律制度和配套机制均是不可或缺的,制度建设和完善应当系统地进行,从基础法律制度的优化与完善入手,继而为配套制度奠定立法基础。具体对应到知识产权质押融资风险控制法律制度上,则为以下三个层次:第一个层次为优化基础法律制度;第二个层次为完善相关法律制度;第三个层次为建立知识产权质押融资风险配套机制。此外,本章还提炼了知识产权质押融资风险控制法律制度安全、效率、公平三个基本价值取向,统领后文具体法律制度的构建。

第三章　知识产权质押融资质权设立风险及其法律控制

一、知识产权质押融资质权设立风险的具体表现

(一)质押标的范围模糊风险

知识产权质押标的不同于一般的权利质押标的范围那般明确,其本身的特性使质押标的存在范围模糊问题,这直接导致银行在质权设立过程中面临如下两个方面的风险。

第一,可质押的知识产权种类范围模糊。世界各国法律对知识产权的规定不尽相同,知识产权的分类也存在差异。就最基础的知识产权类别而言,专利权、注册商标专用权以及著作权是目前世界各国都承认的知识产权种类。其他的还有诸如商业秘密、集成电路设计图、植物新品种、地理标志等,各国保护水平不同,有的被纳入知识产权保护范围,有的没有被纳入其保护范围。另外,同一种类的知识产权也因多种原因表现出不同的形态以及不同的价值。基于此,知识产权作为质押标的,除了考虑法律应然的规定,还需考察知识产权作为质押标的的实际担保能力。有学者提出,对于尚未具体化的知识产权财产权,质权人不可能依据直接取得或拍卖的方式实现质权,不能设立质押。但倘若要求所有知识产权必须订立了出版、许可使用等合同且产生了具体可持续收益才能设立质押,那么知识产权质权将毫

无意义。[1] 我国担保物权法律制度中的知识产权质权规则简单,仅概括性地设置了质押条件,并没有对其具体的范围进行明确,给实务操作带来了风险。

在实践中,人们发现知识产权的实际担保能力与法律明确的知识产权有一定区别。例如,在电影《集结号》版权质押融资案例中,拍摄完成的《集结号》电影可以依法设定质押,但是对于企业融资需求而言,是在拍摄前缺乏资金,但未来的版权许可使用更具实际的担保能力。招商银行最后同意授信放款,也是在后期《集结号》拍摄完成后,以其预期的收益进行的质押,并要求电影版权方在招商银行设立专用账户,用于收取电影版权许可费用。该专用账户受质权人的监管,收取电影版权许可费用的方式相当于"提存"。尽管《集结号》融资成功,招商银行也在按期收回本金的同时获取了可观的利息收益,然而这种方式的法律风险极高。倘若融资企业没有按时还款,银行要变卖、拍卖该电影版权的前提是享有合法的质权。质押合同的无效情形中就包含了质押标的违反立法规定,质押标的不符合我国《担保法》《物权法》的规定,即存在相应的法律风险。其他知识产权质押融资也存在相应的情况,具有实际担保能力的可能是与知识产权相关的其他权利。如专利、商标许可使用与许可费用直接关联,就许可费用设立担保属于应收账款质押的范畴,在设立阶段如果不明确质押标的,即存在相应的法律风险,可能直接导致质押合同无效,影响质权的效力。

第二,知识产权质押标的自身范围模糊。我国立法在具体权利质押范围问题上,只作了概括性规定,即要求是可转让的财产权范围,不包括知识产权人身权在内。在质权设立阶段,质押标的权利负担不明确,也会导致相应的风险。质押标的本身存在的许可使用、强制许可等权利负担问题会直接影响其价值。以著作权为例,著作权的取得不需要登记,授权他人使用也不一定要经过登记机关登记备案,可以以意思自治的方式进行流通。倘若企业以某一著作权的全部财产权出质,银行也接受了该质物,企业出于急需资金之考虑,配合银行办理了质权登记。但实际上,该著作权在出质之前已

[1] 参见钟青:《权利质权研究》,法律出版社 2004 年版,第 251 页。

经将其发行权许可给另一企业。由此,银行在接受质押标的时,是按照其全部价值进行的综合估算,没有将其存在的权利负担计算在内,如此,在该质权设立时就已经隐藏了权利负担,质权人并不知情,从而埋下了巨大的风险隐患。在理论上,银行作为质权人可以通过质押合同约定的方式,要求出质人遵循诚实信用原则,主动披露风险,以此降低质权的设立风险。但在实际操作中,知识产权单个权利本身包含多种权利,且可以分开行使。普通担保物"分身乏术"的事情,知识产权都可能实现。由此,将某一项单独的权利许可给他人使用,都可能对知识产权本身价值造成影响,从而给质权带来了不确定性,隐藏着诸多风险。

(二)质押标的价值评估风险

质押作为一种旨在减少违约的有效信用风险缓释工具,被实践证明其可以增加银行等金融机构在违约项目中回收贷款、减少损失。只要借款人信用质量严重下降,银行等金融机构就可依据融资合同触发质押标的变现,以减少损失。[1] 质押标的价值评估是信贷业务发展过程中产生的一种内部风险控制措施,在信贷流程和全面风险控制中发挥着重要作用。质押标的价值评估也是巴塞尔新资本协议的基础,更是金融机构内部评级高级法被认可的前提。[2] 量化质押标的担保能力,除了可以避免虚假质押,还可以降低因借款人违约给金融机构产生的损失率,降低风险资本的占用比例。知识产权质押标的的价值评估是风险控制中不可或缺的一部分,作为金融机构贷前调查的重要环节,一方面,直接影响金融机构作风险定价;另一方面,也影响出质人的质押比例和具体融资金额。质押标的价值评估风险不仅仅出现在质权设立环节,也涉及质权持有环节中的动态监管以及质权实现过程,可以说伴随整个知识产权质押融资过程。由于本章是讨论知识产权质押融资质权设立是整个融资过程的第一环节,笔者将评估风险的

〔1〕 参见詹原瑞:《银行信用风险的现代化度量与管理》,经济科学出版社 2004 年版,第 75 页。

〔2〕 金融机构内部高级评级法指的是巴塞尔协议中关于金融机构信用风险估值的评级方法(Internal Rating-Based Approaches,IRB),IRB 根据复杂程度可以分为初级法和高级法。根据内部评级法的规定,银行将账户中的风险分为:公司业务风险、国家风险、同业风险、零售业务风险、项目融资风险和股权风险。在高级法中,期限不是 3 年的风险暴露,其风险权重违约概率和期限水平应作上下调整。风险暴露的风险权重 RWc,可表示为违约概率、违约损失率和期限的函数:$RWc=(LGD/50)\times BRWc(PD)\times[1+b(PD)\times(M-3)]$,或 $12.5\times LGD$,取较小值。

内容置于此章进行讨论。

一般动产、不动产等有形资产短期内在市场中的价格是趋于稳定的，而且同类财产在市场中的价格也相对接近，这些资产的价值评估也相对容易确定。但是，知识产权则不同，由于其特殊性以及知识产权商品化程度较低，尚未形成较有规模的知识产权交易市场，其市场价值的确定没有量的保证和数据的支撑。〔1〕此外，对知识产权价值的评估已经超出了普通商业银行的业务能力，市场上一些评估机构虽然开展了知识产权价值评估业务，也获得了无形资产评估资格，但是在具体的评估中，还是存在价值评估不准确、以委托双方确认的方法进行评估的缺陷。因此，当前的评估风险仍然由银行承担，且是银行自身难以进行内部控制的风险。知识产权价值评估也会受制度、技术、市场等因素的影响，情形比较复杂，评估出来的价值往往也存在较大的差异，因此，对拟进行质押融资的债务人和债权人都构成了较大风险。〔2〕

对知识产权质押标的的价值评估，是知识产权质押融资前风险控制的重要环节。根据担保财产风险情况，通常将其分为无风险资产类担保财产和风险类担保财产两大类。知识产权质押标的属于典型的风险类担保财产，需要考虑其价值可能出现波动的情形，以便计量预期损失和非预期损失。〔3〕将两者分开之后，可以进行风险—收益的考核。考核的指标是基于资本的风险调节收益，然后可以设定各个借款人的风险限额，从而准确进行风险定价。尽管知识产权质押标的的价值评估在融资风险控制方面起不可或缺的作用，面对知识产权质押标的的特殊性，很难计算出其预期损失和非预期损失，从而也难以对其进行风险定价。

实践中普遍存在如下情况。例如，某项知识产权估价为 20 万元，却可能以 200 万元的价格进行交易，买受人利用此知识产权创造出高于 200 万元的收益。这种情况反映出知识产权价值评估并不等于其实际财产价值。价

---

〔1〕参见张弛：《从法律视角论知识产权质押融资风险控制》，载《银行家》2007 年第 12 期。

〔2〕参见彭飞荣：《知识产权质押融资风险规制研究——以专利权为中心》，法律出版社 2018 年版，第 85 页。

〔3〕参见张峰：《预期损失在贷款定价和准备金计提中的应用差异及影响》，载《新金融》2012 年第 9 期。

值评估本身与客观价值可能存在差异,真正的价值确实是在市场交易中决定的。[1] 知识产权作为质押标的,价值评估难体现在如下几个方面。

首先,知识产权价值不易确定。知识产权自身的特征使其价值在交易之前只能通过评估才可以确定,而其价值评估是资产评估界公认的难题。[2] 在知识产权质押融资中,知识产权价值认定一直是融资主体共同的难题。受权利状态、企业知识产权管理、权利获取的成本、市场现状、政策等方面的影响,知识产权价值并不稳定甚至波动大,因此,难以对其作出一个全面的、客观的、动态的价值判断。另外,依据我国《专利法》《著作权法》,专利权和著作权都有相应的法定保护期限,随着时间的推移,在权利相应的剩余保护期限里,其价值可能会越来越小。专利和商标即便是已经依法申请注册,还是存在被撤销或者宣布无效的可能性,这都将导致相应的知识产权价值巨减,表现出较强的不稳定性。除上述情况外,突发事件的发生也会影响知识产权价值。例如,一些产品的质量问题会直接影响其商标的价值,[3]企业的过错行为也可能导致相应的专利技术价值减损。[4]

其次,缺乏统一的知识产权价值评估规则。中国资产评估机构指出,知识产权质押融资风险控制最关键的环节是知识产权价值评估。在知识产权价值评估实务中,主要以传统的有形资产评估中的收益法、成本法和市场法为主要评估方法。[5] 然而,由于知识产权本身的特殊性以及其价值受时间、环境、使用目的和当事人情况等多重因素影响,有形资产评估方法难以适用,导致以此评估出的知识产权价值在知识产权质押融资前认可度不高。

最后,欠缺专业权威的知识产权价值评估机构。就企业一方(出质人)而言,其对自身知识产权的评价较高。而就银行(质权人)而言,由于隔行如隔山,其很难对质押标的的价值进行专业、真实的评价。银行对该融资持谨

---

[1] 参见郑克中:《客观效用价值论》,山东人民出版社 2003 年版,第 142 页。

[2] 参见刘伍堂:《知识产权质押贷款评估实务》,载《中国发明与专利》2007 年第 12 期。

[3] 例如,三鹿奶粉因三聚氰胺事件,导致企业商誉降低,直接影响了三鹿商标的价值。

[4] 参见杨延超:《知识产权资本化》,法律出版社 2008 年版,第 121 页。

[5] 尽管中国资产评估协会已经建立了包含《资产评估准则——无形资产》《专利资产评估指导意见》《商标资产评估指导意见》《著作权资产评估指导意见》的以资产类型为基础的“1+3”准则框架,对知识产权资产评估行为起到了基础规范和指导作用。但是,由于知识产权资产的特殊性,知识产权评估实践中仍然存在参数选择口径不统一、资产运用市场难以确定等许多难点和问题。

慎态度的原因之一是我国目前还缺乏专业的、权威的知识产权评估机构，其希望能存在像房地产评估机构那般的知识产权专业评估机构，经其评估的知识产权价值既能够被融资主体认可，也能被市场认可。评估执业主体对各地行政机关依附较高，但行政依附高并不等于其专业度高，加之执业人员素质参差不齐，在一定程度上影响了知识产权评估的质量。2017 年首个国家级专业知识产权评估认证中心成立，该中心应用人工智能技术自主研发了专业评估系统，实现了专利质量评价体系与估值方法相结合。在大数据及人工智能基础支撑下，评估能力及准确性有所提高。[1] 尽管在实践中，在各地政府引导下成立了不少知识产权评估机构，但这些机构有极强的行政依附性，且专业度不高。此外，仍然缺乏权威的知识产权质押融资价值评估机构。

二、知识产权质押融资质权设立风险的制度成因

（一）物权法定主义下知识产权质权种类及范围不明

我国遵循物权法定主义，知识产权质权在我国当前担保物权法体系中属于权利质权，系准物权，也理应符合物权法定主义的要求。[2] 考察各国立法情况，依法可以转让的商标专用权、专利权、著作权中的财产权均可以成为担保标的。我国《民法典》第 440 条统一了之前分散在《物权法》和《担保法》中有关权利质权的规定。《民法典》第 440 条第 4 款明确可以设立质权的知识产权种类包括可以转让的注册商标专用权、专利权、著作权等知识产权中的财产权。《民法典》第 440 条第 4 款沿用了《物权法》第 277 条关于知识产权质权的规定，对可以设立质权的知识产权种类并没有完全列举，给其他知识产权种类预留了可解释的空间。《民法典》第 123 条明确将作品、发明、实用新型、外观设计、商标、商业秘密、集成电路布图设计、植物新品种等列入了我国知识产权的种类。根据上述两个法律条款，商业秘密、集成电

---

[1] 该中心是由国家知识产权局中国专利技术开发公司发起、经国家工商行政管理总局授权批准的，专业从事知识产权评估和企业价值分析的权威认证机构。目前，国专知识产权评估认证中心已成立北京、江苏、辽宁、河北、山东、广西、吉林等 7 家省级分中心，发展势头十分迅速。参见舒朝普：《中国首个国家级知识产权评估认证机构成立》，载《中国外资》2017 年第 3 期。

[2] 参见《民法典》第 116 条。

路布图设计、植物新品种等其他知识产权可否设立知识产权质权，根据上述两个法律条款规定，只需满足可以依法转让和属于财产权这两个条件即可，理论上看似不存在任何障碍。然而，权利质权的设立，关乎登记、评估等多个环节，所有操作均依赖法律制度规定，没有规定，便存在质权登记困难、评估困难等问题。止步于此，其他法律法规对此也未作详细的说明或解释，相应地实务操作便会存在诸多难题。

我国当前立法未就知识产权质押标的作出明确的界定，仅在权利质权相关条款中概括性地将其描述为可以转让的知识产权财产权利。立法未对具体的知识产权质押标的种类和范围进行明确，给融资实务带来了诸多风险。首先，何种知识产权可以设定质权，以及设定质权的知识产权的具体范围是什么，这些都直接影响融资实务中的具体操作。其次，知识产权质押标的在出质时，已经许可给他人使用，许可使用的方式、许可使用人、许可期限、相应的许可费用等情况会影响将来质权实现时的变价金额，质权人有权知晓其情况。以著作权为例，著作权的取得和转让采登记对抗主义，授权他人使用也不一定要经过登记机关登记备案，当事人可以自行交易。倘若企业以某一著作权的全部财产权出质，银行也接受了该质物，企业出于急需资金的考虑，配合银行办理了质权登记，但实际上该著作权在出质之前已经将其发行权许可给另一企业。由此，银行在接受质押标的时，是按照其全部价值进行的综合估算，没有将其存在的权利负担计算在内，质权设立时即埋下了的风险。最后，知识产权出质后可能涉及合理使用、强制许可等限制，会影响其作为质押财产的担保力问题。上述三种情形表明，知识产权出质需要明确的规则指引质押融资实践。我国知识产权质权设立采登记生效主义，具体的质押标的规范可以通过登记法律制度予以明确。遗憾的是，我国当前的知识产权质权登记制度立法不足，相应的规范性文件也未就质押标的种类及范围进行明确。

（二）知识产权质权登记公示制度缺陷

在现代担保交易法律制度中，登记公示被视为担保权人控制交易风险的工具。[1] 担保交易登记公示,可以让公众知晓某财产上存在负担的情况,一则可以保障担保交易的安全,保障该担保权不会因第三人主张权利受到损害;二则可以让第三人知晓某财产上存在的负担,再决定是否继续交易。知识产权隶属于权利质权,而权利质权又与动产质权共同构成了质权制度。动产质权以占有质物为特征,通过质权人对质物的占有,实现公示质权存在和留置质物之目的。与物权相比,知识产权的客体无形,权利与权利载体不存在一一对应关系,因此,占有的形体意义在知识产权中全然丧失。知识产权本身的特征,决定了其质权无法通过占有的方式实现公示。物权变动应当与权利取得保持一致,知识产权的取得方式除商业秘密和著作权外,通常都需要经过申请和登记取得。基于此,知识产权出质时,其公示方式只能是登记而非占有。

我国知识产权质权登记工作起步较晚,曾出台过多部规范性文件用于规范登记工作,至今尚未形成统一的知识产权质权登记法。当前,关于知识产权质押登记的法律依据散见于《民法典》《著作权法》和国家知识产权局、国家知识产权局商标局(原国家工商总局商标局)以及国家版权局出台的部门规章和规范性文件。就著作权质押登记而言,主要依据是《著作权质权登记办法》;[2]就商标质押登记而言,主要依据是《注册商标专用权质权登记程序规定》;[3]就专利质押登记而言,主要依据是《专利权质押登记办法》。[4] 上述文件确立了不同知识产权质权对应的登记机关,相应的登记程序和要求的内容都不尽相同。倘若同一融资项目涉及不同种类的知识产权出质,登记手续会变得十分烦琐且复杂。[5] 在"摸着石头过河"的尝试中,知识产权质权登记制度存在不少有待解决的问题。这主要表现为以下

---

〔1〕 See Harry C. Sigman, "Perfection and Priority of Security Rights", in Eva-Maria Kieninger, ed., *The Future of Secured Credit in Europe*, Horst Eidenmueller: De Gruyter Recht Press, 2008, p. 149.

〔2〕 该办法自2011年1月1日起施行,原《著作权质押合同登记办法》同时废止,与《物权法》对著作权质权设立要求相一致,符合《物权法》的公示、公信原则。

〔3〕 该规定自2009年11月1日起施行,原《商标专用权质押登记程序》予以废止。与《物权法》相应规定相统一。

〔4〕 该规定于2010年10月1日起施行,原《专利权质押合同登记管理办法》予以废止,现行规定与物权法相关规定一致。

〔5〕 参见赵亮、张辰:《我国知识产权质押论析》,载《科学管理研究》2015年第4期。

几个方面。

其一,登记机关分散。我国知识产权质权设立采登记生效主义。根据当前知识产权质权登记制度,不同权利质权的登记机关不同。办理商标权质押登记的机关为国家工商总局商标局,现为国家知识产权局商标局;办理专利权质押登记的机关为国家知识产权局;办理著作权质押登记的机关为国家版权局。[1] 尽管当前商标权和专利权质权的登记机关已经统一为国家知识产权局,申请人可以在各地知识产权局申请登记,但是著作权的登记机关依然是国家版权局,三大登记机关并没有实现统一。在知识产权质押融资实务中,银行为控制融资风险,通常要求企业以其全部的知识产权进行质押。全部知识产权质押涉及多种权利的质押登记,登记机关不同,材料要求也各不相同,需要申请人到不同登记机关申请登记,增加了申请人的登记负担。此外,登记机关不统一还增加了交易相对人的查询难度。银行若要查询借款人的整体知识产权出质情况,还需向不同的登记机关提交书面查询申请,增加了担保交易的查询成本。

其二,关于登记程序和内容问题。通过比较《著作权质权登记办法》、《注册商标专用权质权登记程序规定》以及《专利权质权登记办法》,发现不同种类的知识产权登记程序各不相同。就登记程序和内容而言,上述三个知识产权质权登记规范性文件各有可取之处,但也分别存在以下几项不妥之处。首先,关于知识产权评估价值报告。《商标专用权质权登记程序规定》要求申请人必须提交有关质押标的价值的材料,可以为价值评估报告或双方认可价值的文件。[2] "登记是对物权变动的一种公示,而评估时对价值的确定,其与公示没有关系。登记机构从事的是将权利记载下来并予以公示的行为。"[3] 由此,不应强制性要求申请人提交有关质押标的价值的材料。有观点认为,出质的知识产权价值不应作为登记内容,即使其属于登记内容也无须以价值评估为质权设立的必要条件。[4] 商标权质权登记与著

[1] 《深化党和国家机构改革方案》实施后,商标、专利、地理标志等知识产权管理均由知识产权局负责,但截至 2021 年 1 月 1 日,仍未建立统一的知识产权质押登记系统。

[2] 参见《注册商标专用权质权登记程序规定》第 4 条第 6 款。

[3] 王利明:《物权法研究》(上卷),中国人民大学出版社 2007 年版,第 337 页。

[4] 参见高圣平:《物权法与担保法:对比分析与适用》,人民法院出版社 2010 年版,第 383~384 页。

作权、专利权质权登记相比，并不存在特殊性，因此应统一登记程序，无须强制性提交有关商标权价值的文件。其次，关于质押期限。《著作权质权登记办法》规定了质押期限为登记内容。[1] 但实际上，根据我国相关立法规定及司法解释，出质人和质权人约定的质押期间或登记部门要求登记的质押期间对质权的存续不具有法律上的约束力。[2] 因此，“著作权出质人与质权人约定或者登记机构登记的质权行使期限无效”。[3] 综上，质押期限不应作为著作权质权登记内容。最后，关于登记机关的审查和通知义务。登记机关的审查和通知就质权人风险控制而言至关重要。登记机关作为知识产权行政管理部门具有信息方面的优势，其审查结果可谓质权人的“晴雨表”，为质权人继续质押融资与否提供了决策参考。由此，形式审查尽管效率较低，但安全性较高。但仅《专利权质押登记办法》涉及了登记机关的通知义务。[4] 故应进一步明确登记机关的审查及通知义务，最大限度地降低质押融资风险。

其三，著作权质权登记生效与权利变动方式不一致。知识产权属于无形资产，质权公示应符合其权利变动规则和交易习惯。我国专利权、商标权的许可转让需要经过管理机关登记备案，因此，以专利权、商标权设立质权采用登记生效的方式与它们的权利变动方式相符合。而著作权的取得不需要经过登记，授权使用和转让也采登记对抗主义。当前，立法的著作权质权登记生效与其转让的登记对抗存在冲突。例如，在知识产权质押融资实践中，对于作品著作权的质押，无论是《著作权法》规定的法定作品类型，还是《计算机软件保护条例》中规定的软件作品，均是自作品完成创作时自动取得。作品的登记与否，并不是著作权取得的必要条件。按照现行法律规定，若以著作权设立质权，必须进行登记，质权自登记之日生效。著作权质权登记后，由于可以不经登记自行转让、授权他人使用，作为质权人无从知

---

〔1〕 参见《著作权质权登记办法》第7条第5款。

〔2〕 参见《物权法》第202条、《最高人民法院关于适用〈担保法〉若干问题的解释》第12条第1款。

〔3〕 陈文学、高圣平:《著作权质权登记程序研究——兼及〈著作权质押合同登记办法〉的修改》,载《学术研究》2011年第2期。

〔4〕 参见《专利权质押登记办法》第19条、第20条。

晓授权和转让的情况。著作权的授权使用会影响其本身的价值,存在价值减损之可能。由于著作权授权使用采登记对抗主义,出质人完全可以不经质权人同意直接许可且不进行登记,质权人无从得知其许可的真实情况,难以控制融资风险。综上,著作权质权登记生效主义不仅与权利变动规则相冲突,还难以发挥交易风险控制的功能。

(三)知识产权价值评估制度存在不足

现实中,知识产权价值评估通常受到科技、经济、法律等客观因素的影响,评估情形复杂且难度大,评估出来的价值往往也争议较大,对银行来说更是充满风险。由于评估风险关涉银行方的直接利益,因而在融资开始前,银行方有权了解,甚至参与到具体的知识产权价值评估,以确定融资金额,对可能存在的风险进行事前控制。难以量化知识产权质押标的价值,就无法确定质押物担保能力,可能存在空押、虚押的风险。知识产权质押融资一方面将缓解中小微型企业融资难问题,另一方面将推动金融创新,质押物价值评估是贷前审查的必要程序,对促进企业融资、保护金融机构信贷资产安全和维护金融市场的健康发展有重要的作用。[1] 但现实中,银行往往难以评估知识产权价值,要么与企业约定价值,要么放弃评估选择直接对企业进行综合信用的评估。导致这种局面的原因,一是知识产权本身特征导致的,二是缺乏相应有效的价值评估制度。[2] 知识产权质押融资评估制度缺陷主要表现在以下几个方面。

1. 知识产权价值评估主体准入条件低

我国的资产评估起步于1989年,至今只有30年历史,无形资产评估起步更晚。与知识产权发达国家相比,我国知识产权价值评估理论还缺乏系统、深入的研究。评估风险控制的首要环节,在于评估机构和评估人都需要具有专业的评估资质和较高的评估水平。作为专业的价值评估主体必然要了解知识产权的权利构成与相应的市场行情。好比专利代理人要从事相关

---

〔1〕 参见蒋玉林主编:《商业银行抵质押评估方法与实务》,知识产权出版社2014年版,第1页。

〔2〕 我国当前关于资产评估规范散见于《资产评估机构审批管理办法》(财政部令第22号)、《财政部关于印发〈资产评估准则——基本准则〉和〈资产评估职业道德准则——基本准则〉的通知》(财企〔2004〕20号)、中国资产评估协会颁布的各项资产评估具体准则、资产评估指南和资产评估指导意见等文件当中,缺乏具体的知识产权价值评估制度。

工作,首先需要具备从业资格,即专利代理人资格。如此,才可对专利进行深入的了解,以专业的能力撰写权利说明书、准备相应材料等申请专利。同样地,专利的价值评估也类似,需要对专利本身有足够的了解,以及对同类别专利及其价值要有足够的认识,以便更专业地进行价值评估。当前的知识产权价值评估重点主要在财务方面,对相应资质有所要求。以专利价值评估为例,就专业评估机构而言,没有设置特别的资格准入要求,诸如需要包含多少专利代理人、专业评估人等,也没有要求专利评估人应具备专利代理人资格或其他类似的资格要求。

知识产权评估专业性强,对技术性要求高。我国 2016 年才开始实施《资产评估法》,但该法并未就知识产权等无形资产评估机构进行特别的资质要求。只要是依该法取得评估资质的评估师和评估机构就可以处理评估事务,包括对不动产、动产、无形资产、企业价值、资产损失或者其他经济权益进行评定、估算,并出具评估报告。[1] 对于评估人员,只要求专科以上学历的人通过统一的评估师考试即可。[2] 并未对知识产权专业评估师作其他要求,不像专利代理人必须是有理工科专科学历以上的人才可从事,且需要通过全国统一的专利代理资格考试,同时需要有 2 年以上专利技术或法律工作实务经验。在实践中,知识产权评估机构专业化水平不高,从知识产权评估业务来看,主要是企业知识产权申请、登记、权利状态等,并不涉及技术分析。评估机构也是普通的市场主体,过度的恶性竞争也会让它们失去自我,所以需要通过制定科学的评估机构准入机制,既不盲目相信国际知名机构,也不完全排斥国内评估机构。[3] 当前,评估制度中对知识产权价值评估主体准入条件设置过低,容易造成评估价值与实际价值相差大、评估结果认可度低等问题。这些问题直接影响了知识产权质权人的利益,增加了其融资风险。

---

〔1〕 参见《资产评估法》第 2 条、第 15~21 条。

〔2〕 参见《资产评估法》第 8~12 条。

〔3〕 参见孙超:《应收账款融资的制度选择及风险防范——金融危机背景下的反思》,载《北京理工大学学报》(社会科学版)2010 年第 4 期。

2. 缺乏评估机构选择程序及技术标准

质押标的价值评估风险的直接承担者是质押权人,主要为银行等金融机构。质押标的价值评估时,价值评估高低直接影响贷款金额的高低。因此,在质押标的价值评估时希望选择长期合作的评估机构。在实践中,银行会指定一家或者多家评估机构供出质人选择。就债务人而言,尽管质押标的的价值评估不会直接导致企业风险,但会影响融资金额,融资金额的多少会间接影响企业生产经营。债务人是评估费用的承担人,也有权参与选择评估机构。如前所述,在实践中知识产权质押融资往往有政策性担保机构或其他担保机构参与,评估机构的选择是融资前置工作,担保人往往没有参与评估机构的选择。而质押标的价值评估涉及融资金额,与担保人担保额度也有关联。因此,当前实践中仅采取由银行一方指定评估机构的做法,缺乏其他参与主体的意见表达,不利于各融资主体内部风险控制。

当前的《资产评估法》也未就知识产权价值评估作出专门的技术性规定。对于质押标的价值的评估,在有市场的前提下,按市场价格定价。例如,对于房地产抵押的价值评估,在没有市场的情况下,按照同类质押标的的市场价格进行定价。[1] 知识产权价值与其他有形资产的不同之处在于其价值并不是必然与成本成正比的。知识产权与其他财产具有很大的不同。以资产折旧为例,一般的有形资产如车辆、机械等随着时间流逝有一定的折旧,其折旧率计算也有相应的依据,但是就知识产权价值而言,很有可能随着时间的流逝价值增加。[2] 例如,商标在运营过程中,随着宣传投入、产品质量、企业声誉等逐渐发挥出其更高的财产价值。传统的无形资产评估主要采用成本法,因而使知识产权价值难以体现其真实价值。由于知识产权这种特殊资产缺乏专业的认识,当前也没有针对知识产权特征制定专门的会计准则和技术标准,难以对其进行客观专业的评估。[3]

---

〔1〕 参见中国人民银行发布的《贷款风险分类指导原则(试行)》和住房和城乡建设部发布的《房地产估价规范(试行)》都有类似的按市场价格或同类质押物市场价格进行评估。

〔2〕 See Bruce S. Schaeffer, Susan J. Robins, " Valuation of Intangible Assets in Franchise Companies and Multinational Groups: A Current Issue ", *Franchise Law Journal*, Vol. 27, No. 3, 2008, p. 185.

〔3〕 我国 2009 年 7 月 1 日起实施的《资产评估准则——无形资产》是由中国资产评估协会制定的行业规范,比较侧重技术层面的规定,没有全面的规制资产评估、信息披露、评估报告使用、责任承担,因此它不能适应目前我国知识产权质押融资中无形资产评估的客观需要。

3. 知识产权质押融资评估的信息披露不足

一般的资产评估分为前期、中期和后期三个阶段。前期的主要工作是明确评估业务基本事项、签订业务约定书、编制评估计划;中期的主要工作是现场调查、收集评估资料和评定估算;后期的主要工作是编制和提交评估报告、工作底稿归档。[1] 评估可以是单方委托,也可以是双方共同委托,都有参与评估的权利。但是,由于知识产权价值评估过程较专业,权利人(出质人)往往会予以配合,银行(未来的质权人)却很难真正参与其中,仅是拿到评估报告后才知道其中的信息。由此,就知识产权价值问题,评估报告中的信息披露就显得尤为重要。另外,评估报告中信息披露的完整度、客观度和真实度直接影响质权人对其认可的程度。[2] 然而,颇为遗憾的是,《资产评估法》并没有赋评估机构以信息披露的义务,也没有涉及评估报告信息披露的问题。

在《资产评估准则——无形资产》和《专利资产评估指导意见》这两份文件中有涉及一定的知识产权价值评估信息披露的问题。其中,《资产评估准则——无形资产》有 4 条内容规定信息披露问题,指明需要披露的内容为有关评估报告声明的内容、有关评估项目的内容、有关无形资产的内容以及有关评估方法的内容。由于不同知识产权价值评估的需求不同,相应的披露要求就不同。《专利资产评估指导意见》中有 3 条内容涉及评估信息披露问题,前两条内容皆较简略,只在第 37 条具体规定了 7 项需要披露的内容。[3] 相较原则性的条款,这条规定相对更具有可操作性,可用于专利价值评估中指导评估机构进行信息披露。但是在实际操作中,这些规定仍显得较单薄,不具有对知识产权价值评估的广泛应用性。上述规定只作出了

---

[1] 参见《资产评估准则——基本准则》第 13 条。

[2] 参见彭飞荣:《知识产权融资风险规则研究——以专利权为中心》,法律出版社 2018 年版,第 95 页。

[3] 具体内容包括:(1)说明评估对象的详细情况,通常包括专利资产的权利属性、使用权具体形式、法律状态、专利申请号及专利权利要求等;(2)描述专利资产的技术状况和实施状况;(3)说明对影响专利资产价值的法律因素、技术因素、经济因素的分析过程;(4)说明专利的实施经营条件;(5)说明使用的评估假设及限定条件;(6)说明专利权许可转让、诉讼、无效请求及质押情况;(7)说明有关评估方法的主要内容,包括评估方法的选取及其理由,评估方法中的运算和逻辑推理方式,各重要参数的来源、分析、比较与测算过程,对初步价信结论进行分析并形成最终评估结论的过程。

一些原则性及简单的规范，并没有就知识产权价值评估工作实际作出具体的信息披露规范。

三、知识产权质押融资质权设立风险的法律控制

（一）知识产权出质种类及范围的厘清

无论知识产权质押融资模式搭建得如何复杂，其本质还是一种有担保的债权。明确质押标的范围是质权设立的重要环节。由于知识产权质押标的具有价值不稳定的特征，在知识产权质押融资实践中，银行等金融机构为了降低自身风险，所接受的质押标的通常是较稳定的知识产权，且常常在贷款银行设定专用账户，以方便对贷款企业的资信状况进行监控。立法明确了知识产权质押标的范围，可以给融资实务一个明确的指引，以降低质押标的选择的法律风险。[1]

2021 年 1 月 1 日开始实施的《民法典》"物权编"在物权法定主义的基础上，增设了无居民海岛所有权、居住权等新的物权种类，在坚持既定物权变动模式下，修改了其中部分规则。尤其对于农地承包经营权担保融资的市场做法予以了肯定，删除了禁止抵押财产范围中"耕地……集体所有的土地使用权"，为农地金融预留了可能的空间。可以看出，在当前金融创新背景下，《民法典》既可谓坚持了物权法定原则，尽制度的最大可能控制交易风险，又为新的融资担保模式预留了一定空间，提升了我国金融担保制度的国际竞争力。[2] 遗憾的是，《民法典》"物权编"却未对知识产权担保制度进行修改。诸如，对于尚未解决的知识产权设立质权问题，可以在将来的其他法律和司法解释中予以解决。本书亦持秉承物权法定主义的观点，在不突破物权法定主义的制度前提下，在将来的修法中完善可以设立知识产权质权的种类；在统一登记制度中要求明确知识产权出质的范围。

1. 明确知识产权质权种类

根据我国相关法律规定，作品、发明、实用新型、外观设计、商标地理标

---

〔1〕 参见孙超：《应收账款融资的制度选择及风险防范》，载《北京理工大学学报》（社会科学版）2010 年第 4 期。

〔2〕 高圣平：《〈民法典〉物上担保制度的发展与社会变迁》，载《探索与争鸣》2020 年第 5 期。

志、商业秘密、集成电路布图设计、植物新品种等都属于知识产权客体。上述知识产权都具备相应的财产权利性质,但并非所有的知识产权均可以成为质押标的。可以作为质押标的的知识产权必须具备两个条件,一是可以转让,二是可以公示。在实务中,则又以商业秘密、未来著作权、邻接权等知识产权为主要争议点。

首先,关于能否设立商业秘密质权的问题。商业秘密具有财产权利的属性,但是其专有性较弱,其保护期取决于权利人的保护措施,一旦泄密或者被非法窃取,权利就不复存在。商业秘密具有知识产权财产权利的属性,即具备可以转让这一出质要求。关于公示,有学者认为可以参考美国的融资担保声明制度,以商业秘密设立质权时,仍然可以通过登记方式完成质权公示。在操作上,可以与其他知识产权设立质权时有明确的信息不同,只需要登记出质人和质权人的姓名、具体商业秘密名称和担保的债权三种信息,且登记机关予以保密即可。另有观点认为,上述操作是对物权公示原则的误解,知识产权质权登记的意义在于告诉其他人此权利上存在负担,不仅要让第三人知道某一公司的商业秘密已经出质,而且要让第三人知道具体是哪一商业秘密存在权利负担。但仅登记上述信息则无法使第三人知晓具体哪些权利存在负担。本书认可商业秘密无法通过登记完成质权公示的观点,商业秘密设立质押无法通过登记完成公示使其不具备知识产权质押标的的条件。商业秘密的不公开性,使其权利的取得与变更无法通过登记完成,而其出质自然也无法通过登记完成公示。此外,在实际操作层面,无法完成商业秘密的处置变现。处置变现不可避免地涉及权利价值评估、折价、拍卖和变卖,无论以哪种方式均需要对具体权利进行描述,商业秘密一旦公开则不具有相应价值。而不公开权利内容,试想哪位买受人会在不知权利边界的情况下参与购买。因此,商业秘密不可以设立知识产权质权。

其次,关于能否设立"未来著作权"质权的问题。"未来著作权"是未来作品著作权的简称,未来作品即作者正在创作或者将要创作的作品,或者尚未完成的作品。[1] 实际上,"未来著作权"并非我国法定的知识产权种类。

---

〔1〕 参见李明德、许超:《著作权法》,法律出版社 2009 年版,第 143 页。

其在实务中的运用,虽发挥了一定的融资担保功能,但引发了诸多讨论。以“约稿出书”“未来电影版权”为代表的未来著作权利用方式在实践中得到了广泛运用,但发挥其交换价值的担保融资功能依然受到很大的限制。在上文提到的《集结号》融资案例中,就涉及以未来形成的著作权进行质押融资的问题。在当前知识产权质押法律制度下,“未来著作权”明显不能成为质押标的。[1] 但是,这种期待利益是否在融资实践中存在适用的可能,答案是肯定的。实际上,“未来著作权”涉及的期待利益是源于出质人自身信用。将“未来著作权”纳入知识产权质押标的范畴的支持观点,得到了多位学者的支持。[2] 支持“未来著作权”可以设立质权的学者,多以浮动抵押的理论予以论证。[3] 本书并不赞同“未来著作权”出质适用浮动抵押理论,浮动抵押有范围,而“未来著作权”的基数可能是零。在质权实现环节,如果完成或没有按照约定完成作品,“未来著作权”价值不能实现,有违担保制度维护交易安全的目的。本书认为,“未来著作权”仅是一种期待利益,融资实践的运用并非基于知识产权质权的制度设计。在实务中,“未来著作权”融资模式的设计是基于合同约定的方式,先通过信用担保或其他担保的形式签订融资合同,到后期期待利益成为现实时,即著作权完成时再设立质押标的,以确定的著作权进行登记完成质权设立。《民法典》第 440 条实际上对上述问题作出了回应,将“现有的以及将有的应收账款”纳入了可设立权利质权的范畴。另外,《民法典》第 427 条允许担保财产的概括描述,看似为“未来著作权”预留了空间,“但并非所有的未来财产均可设立担保物权,担

---

〔1〕 参见费安玲主编:《比较担保法——以德国、法国、瑞士、意大利、英国和中国担保法为研究对象》,中国政法大学出版社 2004 年版,第 417 页。

〔2〕 支持未来版权纳入知识产权质押标的范畴的观点,可参见谢黎伟:《知识产权质押融资问题研究》,社会科学文献出版社 2015 年版,第 270~272 页;郭娅丽:《版权质押融资的实践困境及制度破解》,载《知识产权》2017 年第 1 期;王立武:《影视作品著作权担保融资的法律问题研究》,载《山东社会科学》2010 年第 8 期。

〔3〕 浮动抵押是指企业、个体工商户、农业生产经营者可以将现有的及将有的生产设备、原材料、半成品、产品抵押,当债务人不履行到期债务或者发生当事人约定的实现抵押权的情形时,债权人有权就实现抵押权时的动产优先受偿。有学者认为在权利质权体系也可以设置“浮动质押”的制度,未来著作权质押即属“浮动质押”。参见李琛:《“民法典”编纂中未完成作品出质制度的构建》,载《科技与法律》2016 年第 5 期;参见谢黎伟:《著作权质押的困境和出路》,载《现代法学》2010 年第 6 期。

保合同和登记簿上担保财产的记载尚须达到合理指明标的物、使担保财产可得特定的程度”。[1] 在融资实务中，为避免质权设立风险，银行应在合同中对将有的应收账款质押予以明确，具体操作可包括指定的收款账户登记备案、给债务人发通知等事项。综上，在知识产权质权设立风险控制视角下，“未来著作权”并非知识产权质押标的，在物权法定主义下应予以限制。在实务中，基于不同“未来著作权”完成情况，通过担保合同设计，将“未来著作权”收益作为“将有的应收账款”予以变通处理。

最后，关于能否设立邻接权质权的问题。邻接权作为作品的派生性权利，具有财产价值和可让与的特征。我国《物权法》已经确立了著作权财产权可以设立质权，广义的著作权包括邻接权，由此，可以依法设立邻接权质权。但是，狭义上，著作权与邻接权是两种不同的权利。大陆法系国家普遍认为著作权与邻接权是两个彼此对立的概念。[2] 基于此，有学者认为，在著作权和邻接权两类权利上，仅在立法技术上可以将之规定于一部法律中，但不能将著作权规范完全准用于邻接权，[3] 由此，出现了邻接权质权否定论。否定论认为，邻接权的权利主体都具有特定的资格或者条件，不具有这种资格或者条件的主体不能享有或行使这些权利，并且邻接权的行使还要受著作权人的制约，具有极强的人身性特点，缺乏让与性，因而它不能用于质押担保。[4] 尽管邻接权人的权利行使受原作者权利影响，在大多数情况下，有关人身权仍然归原“作者”所有。但是，并不是由于邻接权的人身性极强导致其不能作为质押标的，而是由于其人身权性质的复杂性，致使其转让设质较著作权更烦琐、复杂。不可否认，邻接权的取得与在先著作权相关。邻接权的获得、许可、转让一般需要取得在先权利人的同意，在先权利人有权分享利益。另外，邻接权范围相对较窄且保护期限相对较短。[5] 尽管邻接权存在诸多限制，但在理论上，邻接权人在取得著作权人同意以后依然可以依法转让或设质。有学者曾对《物权法》第 223 条第 5 项中的“注册

---

〔1〕 高圣平：《民法典物权编的发展与展望》，载《中国人民大学学报》2020 年第 4 期。
〔2〕 参见吴汉东等：《知识产权基本问题研究》，中国人民大学出版社 2005 年版，第 283 页。
〔3〕 参见李雨峰、王迁、刘有东编著：《著作权法》，厦门大学出版社 2006 年版，第 9 页。
〔4〕 参见刘阅春：《知识产权质权制度研究》(第 2 版)，法律出版社 2016 年版，第 125 页。
〔5〕 参见吴汉东等：《西方诸国著作权制度研究》，中国政法大学出版社 1998 年版，第 150 页。

商标专用权、专利权和著作权等知识产权”中的“等知识产权”作出扩大解释,认为“邻接权”属于广义的著作权的范畴,或至少是知识产权的范畴,其原因是依照《建立世界知识产权组织公约》第2条第8项的规定,知识产权的范围有如下几类:一是文学、艺术和科学作品,即著作权;二是表演艺术家的演出、唱片或录音篇和广播节目,即邻接权;三是人类经过努力在各个领域的发明;四是科学发现;五是工业品外观设计;六是商标、服务标志和商号名称及标识;七是一切在工业、科学或艺术领域中的智能活动所产生的其他权利。[1] 因此,邻接权属于《物权法》第223条第5项(现为《民法典》第440条第5项)所称的“著作权”或“知识产权”,在形式上可以作为质押标的进行融资。[2] 关于版权担保部分,美国法认为在担保协议的条款中应当分别注明是对版权本身加以担保还是及于修订版本及邻接权利。[3] 由此可以看出,美国允许对于邻接权利享有担保权益。

此外,考虑到技术发展和融资实践,邻接权有望最大限度地发挥知识产权的财产价值。“技术的发展赋予了邻接权制度的生成土壤和发展空间,广义的邻接权客体包含了那些有思想的表达但又不构成作品的内容。邻接权相应法律规定已经成为伴随技术发展而出现的新形式‘作品’保护之兜底条款。凡是不能成为著作权客体的作品,均可考虑纳入邻接权客体范畴进行保护。”[4]未来的新型邻接权中承载着投资人的利益诉求,财产价值有望得到更大的发挥和利用,满足融资担保的要求。本书认为,邻接权倾向于纯粹的财产权,随着传播技术的开发和普及,邻接权的价值日渐增长,从今后修法的趋势来看,邻接权上设立质押应当允许,应该将邻接权纳入知识产权质押标的的范畴。

---

[1] 依据世界贸易组织所签订的《与贸易有关的知识产权协议》,知识产权主要包括著作权及与其相关权利、商标权、产地标示、工业设计、专利权、集成电路布局、未揭露的营业秘密。

[2] 参见高圣平:《物权担保新制度新问题理解与适用》,人民法院出版社2013年版,第359~360页。

[3] 参见杨延超:《知识产权资本化》,法律出版社2008年版,第125页。

[4] 许明月、谭玲:《论人工智能创作物的邻接权保护——理论证成与制度安排》,载《比较法研究》2018年第6期。

2. 明确知识产权出质的范围

知识产权出质,即以该知识产权全部的财产权利设立质押,属于"一对一"担保模式。一旦知识产权质权设立,其所有的财产权利均受到限制,以实现质权人对质押标的的风险控制。然而,在融资实务中,已经存在了以知识产权相关的财产权利出质的情形,主要包括两种情况。其一,出质人以某一知识产权中的单项权利出质。例如,国家版权局公布的质押程序明确规定,可以就著作权的发行权、放映权单独设立质权。[1] 其二,某一知识产权许可使用权人以其许可使用权出质。需要指出的是,尽管与知识产权相关的上述许可权利都具备财产价值,也具备一定程度的可让与性,但以其设立质押本质上属于收益权质押的范畴,不再属于知识产权质押。基于融资实践,本书认为需要在立法上明确这些与知识产权相关的权利质押规则。

首先,关于专利许可使用权能否设立质押。专利权分为以下三种:"发明"是指对产品、方法或者其改进所提出的新技术方案;"实用新型"是指对产品的形状、图案或其结合所提出的适于适用的新技术方案;"外观设计"是指对产品的形状、图案或其结合以及产品的色彩与形状图案或其结合所提出的适于手工业上应用的新设计。这三种权利都是财产权,具有可让与性,因此,专利权是我国担保物权法律制度明确规定的可以出质的权利。实践中关于专利权相关的权利能否成为质押标的,尚且存在争议。专利的许可使用分为强制许可使用和约定许可使用。专利权的强制许可体现了专利权的受公益限制性。我国专利权的强制许可可分为三种情况:第一种是未能以合理条件取得实施许可权的强制许可;第二种是从属专利的权利人要求实施专利,却受到基本专利的权利人不合理的阻却,因此,赋予从属专利权人以强制许可使用权;第三种是国家出现紧急状态、非常情况或者以公共利益为目的的强制许可。[2] 强制许可的立法目的在于限制专利权人的专有权利,确保公众使用专利权的权利,以维护社会公共利益,促进科学进步。但是,强制许可使用权也有一定的限制,表现在强制许可使用权有一定的范

[1] 国家版权局 CPCC 版权登记大厅专门办理著作权质权登记,且国家版权局特别说明可以就某一著作权的全部财产权利出质,也可就发行权、放映权等单独财产权利出质。

[2] 参见《专利法》第 48~50 条。

围和时间,获得强制许可使用权的主体不享有独占的实施权,且无权再允许他人实施。[1] 强制许可使用权的主体是特定的,如果允许其转让或者设定质权,则超出了法律的本意,因而强制许可使用权当然不得成为质权的标的。约定许可使用包括独占许可使用、排他许可使用和普通许可使用。独占许可是指专利权人许可被许可方在合同约定的时间和地域范围内,以合同约定的使用方式对专利进行独占性实施,专利权人不能再许可第三人以同样的方式实施该专利,而且专利权人自己也不得实施。排他许可也称独家许可,持有该许可证的被许可方在约定的时间和地域范围内享有以约定的使用方式对专利的排他实施权,专利权人不得就该专利技术再许可任何第三人实施,但专利权人自己有权在该地域内实施其专利技术。因此,排他许可所排他的是除专利权人和被许可人之外的第三人。普通许可是指专利权人许可被许可人在合同约定的时间和地域范围内,按合同约定的使用方式实施该专利,专利权人不仅自己可以实施该专利,而且可以许可第三人实施。许可权体现了知识产权的特征,即可以多人同时使用知识产权,因此,许可使用权在知识产权的动态利用中属于利用知识产权的使用价值。可以明确的是,许可使用权是一种财产权,具有交换价值,因此,其作为质权客体的基本要素是具备的。

本书认为,许可使用权是一种基于合同而取得的权利,存在一定特殊性,以其出质需要经过许可人的同意。我国台湾地区有学者提出,"许可使用权带有一定的属人性,这种属人性表现在契约中重视交易相对人之个人特质。例如,人寿保险契约、租赁契约、借贷契约等在上述契约中,被保险人、承租人、借用人的身份比较重视个人特质,在智慧财产权授权契约中,不论是授权人或是被授权人,当事人的特质是非常重要的。比方说,假若授权的标的是一个发明专利,若授权人变更,则很可能因为缺乏标的技术之工程师,而无法履行将技术移转给被授权人之义务,若被授权人变更,则很可能未具备授权人要求之资格、能力,无法达到原授权人所期待被授权人利用其市场地位,扩大该产品市场的期待。承认授权契约具有属人性的结果,会使

---

[1] 参见《专利法》第 53 条。

得当契约当事人发生变动时,授权契约的缔约基础发生动摇,因此他方可以取得终止契约的权利”。[1] 专利权的价值主要是在其利用中体现的,而实施的效果对于专利权人非常重要。专利权的实施效果很好,就会进一步开拓专利市场,从而给专利权人带来更大的经济利益。因而被许可方的资质和能力很重要,如果未经专利权人同意许可使用专利权,客观上会对专利权人的利益造成损害。《日本专利法》第77条第4款规定,“仅在得到专利权人许可时,独占实施权人方得就其独占实施权设定质权,或者对他人许可普通实施权”。其第94条第2款规定:“普通实施权人仅在得到专利权人承诺的情况下,方得对该普通实施权设定质权。”[2] 因此,参照其他国家和地区的立法例,专利许可使用权可以设定质权,但是应当得到专利权人的同意。

其次,关于共有专利的份额能否单独设立质押。共有专利主要基于共同发明和继承而产生。所谓共同发明人或共同设计人,是指两个或两个以上的对同一发明创造的实质性特点共同作出了创造性贡献的人,既包括共同完成发明创造的人,也包括共同完成实用新型或外观设计的人,统称为共同发明人。本书认为,共有专利可以约定共同发明人的份额,可以成立按份共有。民法上对于共同共有的发生都有特殊规定。例如,夫妻共同财产等都是通过身份或约定而成立的共同共有。就专利权而言,约定共有份额与缴纳专利费或者转让专利权之后的分配利润密切相关。因此,其与传统的共同共有不同,共同共有只有在共有关系解体后,才能对共有物进行分割。通说认为,在共有关系存续期间,共有人对于共有物没有应有份额。或者说,只有潜在的份额,只有在共有关系解除时,才能得以实现。基于专利权本身的特殊性而言,专利权的份额如果允许不经其他共有人同意即可单独设定质权或者转让,就会影响其他共有人的利益,因此,共有专利可以设定质押,但须经其他共有人的同意。

再次,关于商标许可使用权能否设立质押。商标是表彰商品之标志,在

---

〔1〕 赖文智:《智慧财产权与民法的互动——以专利授权契约为例》,台湾大学法研所2000年硕士学位论文,第109~110页。转引自刘阅春:《知识产权质权制度研究》(第2版),法律出版社2016年版,第116页。

〔2〕 参见[日]我妻荣:《我妻荣民法讲义-Ⅲ-新订担保物权法》,申政武、封涛、郑芙蓉译,中国法制出版社2008年版,第193页。

具有表明商品来源及商品品质之功能的同时,也是产品信誉与顾客信心间的媒介。商标专用权的设质是商标专用权设定质权的行为。商标权设立质押必须依照商标的转让方式进行。我国商标权的许可使用包括三种方式,且商标的许可使用较之专利权的许可使用更有特殊性。[1] 商标权的许可使用对商标权人来讲,可以充分利用商标的使用价值,从而进一步扩大商标的知名度。对于被许可人而言,可以借助他人商标的信誉拓展销路。如果不控制被许可人的商品或服务的品质,则对许可人来讲,将面临商标信誉丧失的危险;而且商标权人也有义务向公众保证其商品品质具有同一水准,从而对被许可人商品品质继续加以监督控制,以免消费者利益受到损害。[2] 由此,本书认为,商标的许可使用更强调被许可人的信誉、生产技术等因素,如果允许不经商标权人同意即可将许可使用权出质,对于商品品质的掌控将无从谈起,进而会影响商标的声誉和消费者的利益,因此,许可使用权出质应当征得商标权人的同意。

最后,著作权中的部分权利能否单独出质。著作权是作者对其创作的文学、艺术和科学作品依法享有的专有权利。著作权的内容包括精神权利和财产权利两方面。精神权利是著作权人基于作品的创作而享有的受法律保护的精神利益,也被称为著作人身权。财产权利是著作权人基于支配、利用其作品而获得财产利益的权利,也被称为著作财产权。由于英美法系和大陆法系的法律化传统和社会背景不同,著作权的立法价值取向也有所不同。一般而言,大陆法系国家崇尚天赋人权、个人自由和个人权利本位的思想,认为作品是作者人格的延伸和外化,作者与作品不可分割,著作权在本质上是个人主义的,是作者与生俱来的人权在著作权法律关系中的体现。基于这些价值理念,大陆法系国家对作者的精神权利作了详尽的规定,如法国颁布的《表演权法》和《作者权法》。[3] 而英美法系通常将著作权理解为

---

〔1〕 商标权的许可使用在早期是被禁止的,其原因就在于非商标专用权人使用他人注册商标会导致商品出处混淆,有欺骗消费者的嫌疑。参见曾陈明汝:《商标法原理》,中国人民大学出版社 2003 年版,第 76~81 页。

〔2〕 我国《商标法》第 4 条第 1 款规定:"商标注册人可以通过签订商标使用许可合同,许可他人使用其注册商标。许可人应当监督被许可人使用其注册商标的商品质量。被许可人应当保证使用该注册商标的商品质量。"

〔3〕 参见张玉敏主编:《知识产权法学》,法律出版社 2011 年版,第 101~102 页。

一种经济财产权,体现在其法律中缺乏对有关作者的著作人身权的保护。[1] 著作人身权包括发表权、署名权、修改权和保护作品完整权,而财产权则包括使用权和获得报酬权两个方面,具体包括复制权、发行权、展览权、表演权、播放权、制片权、演绎权等。依照知识产权质权的基本原理,著作权中可供出质的只能是财产权部分。由此,一般而言,著作权质权不包含人身权部分,是指就某一著作权的全部财产权利设立的质权。因而,就著作权某一人身权利单独设置,自然无法设立质权。但是,对于著作权中的单项权利能否出质,法律没有进行明确。单独的发行权、复制权、展览权、表演权等具有可让与财产权利的特征,著作权人以某项单独权利出质,理论上是可行的。但是,若以被授权的复制权、发行权、展览权等出质,则需要取得著作权权利人同意。另外,以单独权利出质的,必须在质押合同中明确权利的具体范围,以防止该权利在出质时受到限制。质押合同没有就著作权范围进行明确的,视为以该著作权全部财产权利出质。

(二)完善知识产权质权登记制度

1. 构建统一登记制度

基于当前知识产权质押实践需求,应当建立统一的、高效率的、低成本的知识产权登记制度。[2] 美国和加拿大两国均建立了统一且有效的登记制度,该制度旨在解决由何机构登记以及如何登记,担保权益公示的内容有哪些,如何确定优先权,以及担保权益所覆盖的具体资产有哪些等问题。其做法是以成文法的形式建立知识产权担保权益登记系统,支持在线搜索。其适用范围还包括知识产权专用权转让、许可使用、租赁使用等。适用规则系统严格按照登记优先(登记在先者享有优先权)规则确定其优先权,即登记的让与优先于未登记的让与。

(1)区块链技术促成

自2008年中本聪第一次提出区块链(Blockchain)概念起,至今日已历经十余年发展,虽然无论学界抑或实务届对"区块链"的概念并未统一界定,但这并不妨碍该技术在各项领域中的发展与应用,其已成为大数据人工

---

[1] 参见吴汉东主编:《知识产权法学》,北京大学出版社2000年版,第91页。

[2] 参见徐同远:《担保物权论:体系构成与范畴变迁》,中国法制出版社2012年版,第275页。

智能科技背景下的重要发展趋势，正在引领全球新一轮技术变革和产业变革，可深刻改变人类生产和生活方式，已然成为经济增长的新动能。区块链是分布式数据存储、点对点传输、共识机制、加密算法等计算机技术在互联网时代的创新应用模式。[1] 区块链技术具有去中心化、不可篡改性、自带时间戳等特征，与登记所要求的“公示”“可信”等需求完美契合。区块链技术在统一登记系统构建中，可实现将智力成果相关权利信息（如权利证书、许可证书等）上传到链上的密码和时间标签等数据存储在分布式的数据节点上，系统的数据块由所有节点共同维护。如此，互联网上就存在多份原始凭证备份，一旦某处更改，所有的数据节点均随之记录，因此，单独的篡改信息就显得毫无意义。区块链技术在电子登记系统中的应用，可以有效降低登记成本。

（2）相关立法推进

在当前技术融合发展趋势下，区块链技术已经应用到政务领域。在区块链自治机制下，其对权利的记载甚至可能会取代部分登记机关的效用，使公示的方式不再需要经过登记机关确认。因此，区块链本身的自治机制与登记的法律效力存在一定冲突。确保区块链上内容的真实性和合法性还需要技术和制度的共同促进。

本书认为，一方面，区块链登记系统需要由登记机构主导构建；另一方面，登记系统的运行需要受到法律的规制。一旦登记系统出现技术问题，就需要设计相应的补充措施，如赋予当事人申请异议等权利。因此，就保障公示的合法性、真实性、高效性而言，登记机构作为登记主管部门依然有存在的必要。

对于构建统一登记制度，具体的实现路径为：第一，统一登记机构。第二，统一制度名称，《著作权质权登记办法》《专利权质押登记办法》《注册商标专用权质权登记程序规定》三部部门规章名称统一采用“质权登记程序规定。第三，统一登记程序规范，增加登记事项、登记期限、登记的优先效力等

---

〔1〕 参见工业和信息化部信息化和软件服务业司、国家标准化管理委员会工业标准二部指导，中国区块链技术和产业发展论坛编写：《中国区块链技术和应用发展白皮书（2016）》，经济日报出版社2016年版，第12页。

规定。[1] 2020年1月1日开始实施的《优化营商环境条例》中规定，国家推动建立统一的动产和权利担保登记公示系统。[2] 值得一提的是，《民法典》删除了动产抵押和权利质押的具体登记机构。[3] 尽管《民法典》并未就统一动产抵押和权利质押登记制度作出授权规定，没能成为《优化营商环境条例》中相关统一登记系统事项之上位法规定，但这一举措为将来建立统一登记制度预留了空间。第四，关于质权设立登记事项。本书认为，将来的统一登记制度不仅要明确范围，还需要明确知识产权出质时应向登记机关提交在先授权使用等影响质押标的价值的所有情况。而出质后的授权使用应经过质权人同意，并进行登记备案。

2. 著作权登记对抗与其质权登记生效之冲突解决

关于著作权质权登记生效主义与其自身权利变动登记对抗主义之间的冲突，最可能的办法是在《民法典》《著作权法》这两部法律中予以解决。我国《著作权法》明确规定作者自其作品创作完成之日取得著作权，其取得、转让采登记对抗主义。学界诸多学者认为应遵循"举重以明轻"的法理，将著作权质权登记生效修改为登记对抗。[4] 本书认为，该观点值得商榷。尽管变更著作权质权登记生效为登记对抗，与著作权权利变动登记对抗相一致。但却与其他知识产权质权登记生效有别，一方面，给实务中多种类知识产权混合质押业务操作造成困难；另一方面，也有违知识产权质权制度的整体安排。在实务中，著作权授权使用和转让等交易活动也愈发注重权利来源，为控制交易风险，多要求著作权人出示权利登记证书方可进行交易。在知识产权纠纷案件中，著作权登记证书也是权利人主张权利保护的依据。质权设立制度设计，不仅要考虑其制度体系的逻辑自洽，还需要考虑实施效果。法律体系上的逻辑问题会随着法律实施效果，在日后的修法中逐渐得以修正，而非本末倒置，为了逻辑自洽而罔顾立法的目的。对于上述争议的解

---

〔1〕 参见丘志乔：《中国知识产权质押融资实证分析与研究》，知识产权出版社2018年版，第152页。

〔2〕 参见《优化营商环境条例》第47条第2款。

〔3〕 参见《民法典》第232条、第234~236条。

〔4〕 参见赵英：《权利质权公示制度研究》，中国社会科学研究院2009年博士学位论文，第185~186页；高圣平：《物权担保新制度新问题理解与适用》，人民法院出版社2013年版，第370~373页。

决,始终是要在修法中得以具体落实。《民法典》第444条仍然采用了原《物权法》关于著作权质权设立登记生效的规定。[1] 如此来看,似乎在《著作权法》中将著作权权利取得变动制度变更为注册,方能取得两全其美的效果。这样,既解决了逻辑体系问题,又便于融资实务操作。2020年11月11日通过了《著作权法》第三次,但并未解决上述冲突问题。《著作权法》虽未直接回应上述冲突问题,但其增加的作品登记制度已经表明了该法对作品登记的鼓励。[2] 随着技术的发展,出现了越来越多的"作品"形式,需要完备的登记制度区分保护"财产型版权"和"自由利用型版权"。将来"财产型版权"权利的取得、授权使用和转让制度有将登记作为必要条件的趋势。[3] 综上,本书认为著作权质权设立必须经过公示,以切实防控交易风险。区块链技术的不可篡改性可有效解决知识产权记载的公示问题。在区块链、人工智能等新一代信息技术风险尚未得到有效控制之前,登记生效是最合适的方案。

(三)完善知识产权价值评估法律制度

2016年《资产评估法》的实施,对资产评估行业有重要意义。该部法律的实施在体现与时俱进的制度创新的同时,也给知识产权价值评估留下了立法和司法解释的空间。[4] 如何在相关法律法规中体现知识产权价值评估监管要求和专业要求,是一项复杂的系统工程。鉴于《资产评估法》对知识产权价值评估规范的不足,有必要在将来的《资产评估法实施细则》中予以完善。

1. 提高知识产权价值评估主体准入条件

评估机构是就其出具的评估报告对外负法律责任的主体,然而,当前的

---

〔1〕 参见《民法典》第444条第1款规定:"以注册商标专用权、专利权、著作权等知识产权中的财产权出质的,质权自办理出质登记时设立。"

〔2〕《著作权法修正案(草案)》第3条规定,作品可以向国家著作权主管部门认定的登记机构办理登记。该草案第26条规定:"以著作权出质的,由出质人和质权人向国家著作权主管部门办理出质登记。"该条款中,作品登记用的是"可以",出质登记则依然是和现行《物权法》中对著作权质权登记生效的规定保持一致。

〔3〕 参见[日]中山信弘:《著作权的权利限制》,载高林龙、山村量一、竹中俊子主编:《知的财产法:理论的探究》,日本评论社2012年版,第276页。转引自曹源:《比较法和产权视角中的人工智能创作物》,载《中国版权》2017年第4期。

〔4〕 参见俞明轩:《资产评估行业监督管理制度的历史性突破》,载《中国资产评估》2017年第8期。

《资产评估法》却降低了评估机构及其从业人员的准入门槛,对于专业的评估机构和人员都未作具体的要求。知识产权价值评估属于专业的评估项目,对于评估机构和评估人员应当设置专业的要求。首先,作为专业的价值评估主体,必然要了解知识产权的权利具体情况及相应的市场行情。以专利价值评估为例,评估机构应当具备一定数量的专业专利价值评估人员。本书认为,专利价值评估可以借鉴专利代理人的要求。换言之,从事专利价值评估的工作人员,除了要获得全国性评估师资格,还应具备知识产权评估从业资格。例如,专利价值评估从业资格可以通过考试取得,具有专利代理人资格的可以免试相应科目。其次,知识产权价值评估机构应获得财政部颁发的《资产评估证书》,并受知识产权管理部门和行业协会的双重监管。与之类似的专业机构,如律师事务所的设立须经过批准,并受司法局和律师协会的监督和管理。

2. 健全知识产权价值评估程序和技术要求

首先,关于委托程序。由于银行在融资项目中存在相对的优势地位,其在评估机构选择上具有绝对的话语权,因此委托评估对于当前的知识产权质押融资实务来讲只是形式,通常都是银行或当地政府指定了合作的评估机构。另外,随着融资模式的演进,实践中往往有政策性担保机构或其他担保机构参与,评估机构的选择是融资前置工作,担保人往往没有参与评估机构的选择。而质押标的价值评估涉及融资金额,与担保人担保额度也有关联。本书认为,为了平衡相关参与主体的利益,以最大限度控制评估风险,需要赋予所有参与主体都具有协商选择知识产权价值评估机构的权利。尤其是应在融资实务中,真正保障出质人参与选择的权利。其次,关于评估方法。在设立阶段,知识产权质押融资价值评估应评估其市场价值。在质权实现阶段,应评估其清算价值。根据具体的知识产权选用分析收益法、市场法和成本法,专业评估人员在具体评估时应当关注和分析影响知识产权价值的获利能力、成本、技术、市场、宏观政策和经济、企业经营条件、有效期限、法律保护、质押风险以及许可使用和同类资产的市场交易价格等相关因素。[1] 在新一代信息技术融合发展背景下，评估机构对于专利质量的评估将变得相对容易。但是，评估机构采用的新型技术评估方案，需要对外公布评估方法和技术标准。例如，在专利价值评估中，专利质量通常会参考其引用情况。当前一些研究中借鉴了网页排名(Pagerank)算法来评估专利质量。这种算法根据引用专利的质量对引用状况进行加权，通过“不动点定理”导出对专利质量的评价指标。此外，在当前区块链技术的促进下，评估机构可采用链上记载的专利引用情况实现价值评估。然而，算法和区块链本身的技术问题尚未得到有效规制，仍然存在算法黑箱、链上记载不充分、数据记载错误等情况。因此，需要规范评估技术标准，防控评估中算法黑箱和数据不实带来的知识产权价值虚假风险。最后，关于操作规范。上海市在2010年出台了《上海市知识产权质押评估技术规范》用以指导评估工作。该文件对知识产权质押评估的具体实施作了详细的规定，具有一定可取之处，可以为将来制定全国性的操作规范提供参考。

3. 增设知识产权质押风险披露制度

对于知识产权质押融资中的评估风险，有观点认为其属于信息不对称带来的风险，可以通过信息规制的方式去规制这种风险。[2] 强制性信息披露是信息规制的主要方法。[3] 例如，《食品安全法》中，要求厂家必须提供商品的主要成分、规格、质量、生产商等信息；又如，广告法要求不得夸大产品功能误导消费者。上述规范即属于信息规制的一种，以此控制误导性信息给消费者和公众带来的损失。信息规制要防止过度的信息披露既影响企业的商业秘密或造成信息泄露等，又要避免信息披露带来另外的风险。[4]

质押融资需要对知识产权价值进行评估，而知识产权侵权案件中损失赔偿标准的确定、知识产权交易、企业无形资产价值评估等也都涉及知识产权价值评估。这些评估需要也都各自存在相应的特点，对信息披露的要求

---

〔1〕 参见《上海市知识产权质押评估实施办法(试行)》第26条。

〔2〕 参见彭飞荣：《知识产权融资风险规制研究——以专利权为中心》，法律出版社2018年版，第102页。

〔3〕 参见[英]安东尼·奥格斯：《规制：法律形式与经济学理论》，骆梅英译，苏苗罕校，中国人民大学出版社2008年版，第123页。

〔4〕 参见[美]欧姆瑞·本·沙哈尔、卡尔·E. 施奈德：《过犹不及：强制披露的失败》，陈晓芳译，法律出版社2015年版，第35~53页。

也不尽相同。知识产权质押融资中的价值评估,应体现知识产权的当前价值、未来盈利的收益可能、当前已经产生的收益、许可他人使用每年收取的许可费用等。例如,在专利权价值评估中,还需要额外公布技术有效性数据、稳定性数据等。

当前,一些地方出台的信息披露规范性文件,给未来我国知识产权价值评估信息披露制度建设提供了一些实践性基础。[1] 这些规范性文件在指导当地评估机构工作中具有重要作用,可以有效降低评估报告带来的风险,增加委托人对评估报告的认可度和利用度。建立信息披露制度,可以从以下几个方面入手。第一,可以在《资产评估法》及其实施条例中进行完善,要求评估机构在评估过程中进行信息披露,可以在过程中对相关权利人进行披露,也可以在形成的评估报告中进行披露。第二,对于涉及权利人商业秘密性质的内容,可采用保密函件的形式告知质权人,并要求质权人应当予以保密且不得作不正当竞争使用。第三,对于知识产权未来可能存在的风险点,可以在评估报告中予以披露。信息披露不是一个静态的结果,而是一个动态的过程,评估过程中评估人应尽职进行披露。对于披露的内容,核心点是体现知识产权价值的内容披露,尽量使委托人能快速了解该知识产权的价值以及为何构成此价值。委托人委托评估的目的不仅要了解知识产权的当前价值,还需要了解为何构成了此价值,这些都有必要在信息披露中进行说明。当前,有些不动产价值评估报告存在一些信息不明的问题,使委托人难以理解价值的构成。尽管委托人可能看不懂专业的计算公式,但计算公式和计算过程仍然需要作为披露的对象。评估机构信息披露不仅要对知识产权本身的信息进行披露,还需要对自身的评估方法、过程等作相应的披露。保证信息披露的完整性和透明性,有利于质权人控制评估风险,推动知识产权质押融资的顺利发展。[2]

---

〔1〕 2010 年上海市出台了《上海市知识产权质押评估实施办法(试行)》以及《上海市知识产权质押评估技术规范(试行)》两份文件,其中虽涉及知识产权评估信息披露的问题,但比较有限。

〔2〕 参见彭飞荣:《知识产权融资风险规制研究——以专利权为中心》,法律出版社 2018 年版,第 103 页。

4. 明确评估机构和评估人员的法律责任

知识产权价值评估是由评估机构的评估人员作出的，为了提高报告的准确性，控制评估风险可以从对评估机构和从业人员的监管入手。评估行为属于民事委托行为，委托人支付了相应对价，评估机构即应付出对等的评估服务。倘若评估机构和评估人员由于专业水平不到位、方法使用错误或者弄虚作假等作出与实际价值严重不符的评估结果，会直接影响委托人的利益，甚至给委托人带来相应的损失。因此，明确评估机构和评估人员的法律责任十分必要。“对评估专业人员违反规定出具虚假评估报告或者出现评估腐败现象时，除评估专业人员应视情况承担民事、行政、刑事责任外，评估机构或其主要负责人也应承担连带责任，从而加强规范评估机构对本机构评估专业人员的执业管理，净化评估执业环境。”[1]

评估机构将知识产权的价值评估过高，就会增加质权人的评估风险。由此造成的损失，能否找评估机构进行赔偿以及如何赔偿是明确评估机构和评估人员法律责任的首要问题。由于评估机构是基于委托合同进行的评估，委托人通常是支付评估费用的出质人。出质人可以基于违约责任要求评估机构承担责任。但是，对于评估利益相关人，即质权人而言则不能突破合同的相对性要求评估机构承担违约责任。对于上述问题，应当如何处理？本书认为，可以以质权人的名义进行委托，质权人将评估费用计算到利息中。对于评估结果过高，对质权人利益造成损失的，可以考虑侵权责任。侵权责任则可逾越合同相对性的限制，克服依据违约责任产生的障碍。质权人与评估机构不存在委托合同关系，不能适用违约责任，可以适用侵权责任法。评估机构和评估人因过错或过失行为给质权人造成损失的，应当承担侵权责任，按照过错责任进行赔偿。过错包括评估人员主观故意和恶意串通；重大过失是指其违反评估法律法规，在制度完善的情况下也包括违反信息披露制度；一般过失，指未能尽合理的注意义务，如必要的权属审查和权利负担询问。当然，评估人员未违反法律法规和政策，同时恪尽职守，不存

[1] 参见梁伟亮：《〈资产评估法〉的实施需要制度配套》，载《学习时报》2016 年 8 月 22 日，第 4 版。

在主观上的过错时,尽管出现了评估结果的瑕疵,也无须其承担民事责任。[1] 在如此情形下的风险,仍然属于质权人需要承担的风险。毕竟制度设计不是万能的,不管如何进行风险控制制度设计,仍然还存在剩余风险的问题。

本章小结

在知识产权质押融资风险控制研究中,质权设立是第一个环节,其中隐藏的制度不适,质押与融资风险叠加,使设立环节风险重重。当前的融资实务已经存在突破物权法定主义的趋势,融资效率与质权设立法律风险之间的博弈,需要在制度层面予以及时回应。在当前的融资实务中,不评估、变相评估、自行选择质押标的等行为,暴露了制度的适用范围有限或制度本身存在不足。知识产权质押本身具有放大债务人信用以及保障交易安全的功能,制度优化及完善应当以质押标的本身的担保能力为核心。因此,本书认为,尽管融资领域注重效率和意思自治,但是仍应坚持物权法定主义,通过立法明确相应知识产权质押标的的范畴。融资主体应当坚持公平原则,质押标的的约定价值不能完全取代其市场价值。毕竟知识产权质押标的的价值贯穿整个融资过程,其重要性着重体现在质权实现环节中质押标的的处置。因此,知识产权质押融资需要完善的评估制度供给。知识产权质押融资质权设立中的质押标的的不明确,导致了其设立存在法律风险;知识产权价值评估主体门槛过低,评估的信息披露不足,缺乏相应的评估责任设置,导致了知识产权价值评估困难且难以被融资主体认可。在知识产权质权设立中,需要立法明确质押标的范围并完善知识产权评估制度。

---

[1] 过失,是指行为人因未尽合理的注意义务而未能预见损害后果,并致损害后果发生;未尽一般人的注意义务为重大过失;未尽处于行为人地位的合理人的注意义务为轻过失。参见聂昶、宋全胜:《资产评估对象的法律权属与评估师的相关过错法律责任》,载《中国资产评估》2004 年第 3 期。

第四章 知识产权质押融资质权持有风险及其法律控制

一、知识产权质押融资质权持有风险的具体表现

（一）知识产权质押标的价值减损风险

知识产权质押标的价值减损风险，是指因质押标的遭受侵权、市场波动、技术更替等，使质权人在债权未获得清偿时就质押标的价值受偿的权益减少或丧失的危险。质押标的风险按其发生原因与出质人的关系，可分为归责于出质人的风险和不可归责于出质人的风险。可归责于出质人的风险，包括归责于出质人质押标的本身涉嫌侵权、质押标的无效或者效力瑕疵导致的质押标的减损灭失的风险和归责于第三人侵权导致的质押标的价值减损风险。不可归责于出质人的风险包括质押标的技术更替、市场波动、企业运营等各种因素引起的质押标的价值减损风险。上述风险的分类在知识产权质押融资质权人持有质权过程中具有重要意义，涉及风险责任的承担问题。因此，有必要对其进行进一步分析。在知识产权质押融资质权持有过程中，质押标的风险具体表现如下。

1. 可归责的质押标的价值减损风险

（1）知识产权质押标的遭受侵权所致的价值减损

在知识产权质押融资过程中，被质押的知识产权依然被出质人投入使用，或处于一个动态的使用状态。专利权设立质权以后，企业仍然使用该专利技术投入生产实践或者继续研发，以为企业产生更多的价值。专利权的

使用不仅包括持有企业投入生产经营，还包括许可使用、强制许可使用等各种专利权使用的方式。注册商标专用权和著作权设立质权以后，出质人也可以继续使用质押标的，包括但不限于授权许可等使用方式。在知识产权设立质权后依然参与市场经济，容易遭受侵权。囿于我国知识产权保护意识和保护环境不完善等因素，知识产权遭受侵权的可能性较大。与动产质权不同，动产设立质押后，通常会以相对静态的方式存在，不容易遭受第三人的侵权。知识产权质押标的遭受侵权，自然会导致其价值减损。当然，讨论知识产权遭受侵权是否一定导致价值减损或当然地导致融资企业偿债能力下降，会受诸多因素影响。在实践中，也存在因为商标涉嫌侵权而使商标价值上涨的案例，比如，王老吉与加多宝的系列案件增加了两个企业的宣传和曝光。“红罐之争”案后，王老吉销售量明显增加，市场占有率提高。[1]通常而言，知识产权遭受侵权会导致价值减损，也因此多以损害赔偿方式来进行权利救济。[2] 质押标的因遭受侵权价值减损风险，直接影响其对主债权的担保能力。这是在知识产权质押融资过程中，质权人持有质权所面临的主要风险。

(2)知识产权质押标的无效或效力瑕疵所致的价值灭失

在知识产权质押融资过程中，质权设立后并不代表绝对的安全。专利权和商标权都是经过申请而获得的权利，这些权利并非处于绝对静止的状态。专利年费的缴纳和商标续展费的缴纳，都是维持知识产权效力的前提。如出质人没有续费，可能导致上述质押标的失效的后果。此外，上述知识产权存续期间还可能涉嫌侵害其他人权利。由于我国的商标注册、专利申请为形式审查，就算授予了相应权利，也可能涉嫌不正当竞争、侵害他人知识产权的情形。对于质权人而言，在质权持有过程中如果遭遇上述情形，则可能导致质押标的被撤销、无效，质押标的价值灭失的风险。这些风险或源于出质人过错，或源于出质人过失，在制度设计上，立法应明确出质人承担上

〔1〕 参见杨媛媛、王卫红：《工业4.0时代企业品牌传播路径创新研究》，载《企业经济》2017年第3期。

〔2〕 参见杨涛：《论知识产权法中停止侵害救济方式的适用——以财产规则和责任规则为分析视角》，载《法商研究》2018年第1期。

述风险。

2. 不可归责的质押标的价值减损风险

知识产权基于其本身的特性,可能存在天然的价值减损情形,本书将其归纳为不可归责的质押标的价值减损风险。这主要表现为以下几个方面。其一,知识产权尽管不存在物理上的消耗,但基于其属于智力成果的特征,其很容易被新的知识产权所取代。专利技术因市场技术的更替而被取代,著作权因其他类作品的出现影响其在版权市场的占有率等情况下,银行作为质权人需要面临质押标的价值减损的风险。质押标的在权利存续期间客观上依然存在,但是实际价值却有所减损,甚至可能已经没有价值。其二,随着时间的推移,质押标的距离保护期届满也会影响知识产权质押标的的价值。其三,尽管知识产权属于私权范畴,其财产价值可由权利人所支配,但是其权利本身也是法律基于利益平衡原则所赋予的私权,为了平衡利益,其权利本身包含了对某些公共利益的让渡,如专利的强制许可等。[1] 需要特别指出的是,银行在持有著作权质权过程中,还存在作者行使修改权影响质押标的价值的风险。修改权属于人身权范畴,著作权设立质押并不包含修改权,依据现行法律规定,银行作为质权人无法限制作者行使修改权。[2] 然而,作品的修改直接影响其价值,尽管在通常情况下作者的目的是保持或提升作品价值,而非故意降低其价值,但也不排除作者的价值判断与市场不一致的情形,继而存在质押标的价值减损的风险。

基于上述情形的存在,知识产权在质押融资过程中会出现价值减损,银行作为质权人则面临质押标的对主债权的担保能力不足的风险。

(二)知识产权质押标的管理风险

尽管知识产权质押融资在我国已经试点了十余年,但其市场占有率仍然较低且融资规模小,对社会整体而言还属于一种新事物。在新事物初期,制度也在成长初期,表现出风险多发且难以控制的特征。对银行来讲,保证资金的安全性、流动性是其资本运用的主要规则。质押标的是银行

---

〔1〕 参见刘阅春:《知识产权质权制度研究》,法律出版社 2016 年版,第 193 页。

〔2〕 参见郭玉军、李云超:《文化企业著作权质押融资法律问题研究》,载《武汉大学学报》(哲学社会科学版)2014 年第 5 期。

贷款的第二还款来源，可以在一定程度上降低违约概率及违约损失率。对质押标的的管理，是商业银行缓解信用风险的重要手段。[1] 知识产权的无形性决定了银行不能通过占有方式管理质押标的。[2] 基于当前我国担保物权法律制度，权利质权适用动产质押的规定使知识产权质权人对于质押标的也负有管理义务。基于知识产权根本不被质权人占有，登记管理机关也没有义务管理知识产权质押标的的使用状况，质权人对知识产权质押标的无法进行任何实质性的管理。知识产权质押标的不同于动产质押物，银行可以对其进行专门的管理，且有相应的《商业银行押品管理指引》。[3] 知识产权质押标的本身随技术升级、权利过期风险、知识产权权利瑕疵风险、市场波动与知识产权贬值。在知识产权质押融资过程中，质权设立之后，由于权利质押并不转移质押标的的占有，出质人可以继续使用知识产权。作为质押标的的知识产权，一旦因出质人或他人的原因而失去法律的认可，如专利权因未交年费或授权期限届满而失效，或者专利权取得后又因为他人的异议而被撤销等，此时作为质押标的知识产权就失去了担保的价值和能力。当质权受到侵害时，作为质权人就面临如此风险。[4] 当质押的知识产权受到侵权时，如果出质人态度消极，质权人也无能为力。尽管质权人有权要求提前清偿所担保的债权或者提存，但是出质人是否维权成功就成为关键，而质权人依然无计可施。

银行作为质权人，对一般质押物是可以进行有效管理的。2017 年《商业银行押品管理指引》实施后，对质押标的的管理作出了标准指引，银行可以采取定期检查、委托第三方监管等管理措施。然而，我国中小微企业生命周期短，就算是对质押标的每年评估一次，也不具备可操作性。[5] 但是，对知识

---

〔1〕 参见陈鹏远：《商业银行押品管理中的三个疑难问题分析》，载《市场周刊》2017 年第 10 期。

〔2〕 参见王吉法等：《知识产权资本化研究》，山东大学出版社 2010 年版，第 221 页。

〔3〕 《商业银行押品管理指引》是为规范商业银行押品管理，根据《银行业监督管理法》《商业银行法》《物权法》《担保法》等法律法规制定的指引。2017 年 4 月 26 日，银监会发布《商业银行押品管理指引》，该指引于同日起开始实施。

〔4〕 参见邓子纲、曹前满：《创新驱动发展战略与知识产权管理体制机制综合改革研究》，中国社会科学出版社 2017 年版，第 124 页。

〔5〕 民建中央 2010 年发布的专题调研报告《后危机时代中小企业转型与创新的调查与建议》指出，中国中小企业目前平均“寿命”仅 3.7 年。参见陈艳玲：《德州工商银行中小企业流动资金贷款流程再造案例》，载《金融发展研究》2012 年第 5 期。

产权质押标的无法实行直接管理，也难以针对其采取相应的内部控制措施，存在较高的管理风险。在实践中已经存在相应的管理风险爆发的案例。在某专利质押权纠纷上诉案中，出质人以其专利权设立质押担保向银行借款，并办理了相应手续。随后，出质人未经质权人许可将质押的专利许可给他人使用。[1] 尽管在该案中法院判决了出质人的许可行为无效，但综观此案，许可行为虽然经过登记机关登记，但银行作为质权人无从得知许可事宜。如银行不及时发现，则可能直接导致质押标的价值减损，银行利益不能得到有效保障。由此可以发现，银行作为质权人存在质押标的的管理风险。

二、知识产权质押融资质权持有风险的制度成因

(一)知识产权质权制约和保全措施失灵

“担保物权法由物上担保制度的法律法规构成，它是企业融资和投资的媒介。”[2]债的担保是保障债权人实现其权利的一种有效措施。因而，债的担保法律制度的意义，不仅在于保障债权的实现，而且还在于通过担保保障交易安全，促进社会经济的发展。[3] 在质权持有阶段，担保物权法赋予了质权人相应的制约和保全措施，以解决质押标的价值减损或消失导致的担保能力不足的问题。然而，就知识产权质权而言，所谓的制约和保全措施在实际操作中却存在诸多障碍。

1. 知识产权质权制约措施受限

(1)占有不能

担保制度中的质押，指的是以转移物的占有方式设立的物权担保形式。在质押制度中，在出质人即债务人的情况下，转移物的占有可以形成一种制约力，这种制约力体现为对债务人心理上的制约，即督促债务人及时偿还借款；还可以体现为一种实际的补救，即债权人在主债权届时不能得到清偿的时候，可以通过拍卖、变卖等方式就质押物享有优先受偿的权利。这种质押

---

〔1〕 参见王吉法等：《知识产权资本化研究》，山东大学出版社2010年版，第222页。

〔2〕 [日]我妻荣：《我妻荣民法讲义-Ⅲ-新订担保物权法》，申政武、封涛、郑芙蓉译，中国法制出版社2008年版，第1页。

〔3〕 参见[日]田山辉明：《物权法》，陆庆胜译，法律出版社2001年版，第4页。

制度设计，使债务人被制约，而债权人具有相对的安全，在一定程度上可以降低交易的风险，保障一定的交易安全。

在知识产权质押融资中，出质人通常即债务人本身。知识产权属于无形资产，不能像有体物一样被质权人占有，难以实现质押制度的制约性。尽管专利权证书、注册商标专用权证书、著作权登记证书记载了相应的权利，且上述证书可以表现为一种权利凭证，但是也无法通过转移权利凭证的方式实现转移占有。尚且不在此讨论我国的著作权登记制度没有强制性要求，仅以专利权登记证书和注册商标专用权登记证书为标的来设想，如果转移这些凭证，能否给债务人制造一种心理制约？专利权和商标权的价值体现，需要与实体经济的结合，转移权利凭证并不影响这些权利价值的发挥。可见，转移权利凭证的方式并不能给债务人造成心理制约力。反观质权人一方，转移权利凭证能否给债权人一种安全感，能否在债务人届时不能清偿债务的时候以拍卖、变卖等方式实现质押制度中的优先受偿的权利？事实上，债权人也无法因转移权利凭证真正控制质押标的。根据我国《专利法》《商标法》，上述知识产权的转让并非直接以权利证书的交易为基础，而是均须经过有关部门登记备案，才能完成转让、许可。[1] 由此，我国知识产权质权设立并不需要以转移权利凭证的方式来实现质押标的的占有转移，而是参考了不动产抵押登记制度，以在行政管理部门登记的方式来实现质权的公示。[2] 然而，登记的方式仅实现了质权公示，使第三人知晓该交易相对人的知识产权上存在权利负担，却不能对债务人形成心理制约，督促债务人按期清偿债务。在知识产权质押融资中，银行作为质权人却不能像动产质权那般实现占有制约，难以及时发现质押标的的价值减损的情况，继而难以控制风险。

(2)管理不能

对某一事物的直接管理，可以发挥管理的主观能动性。就事物可能遭受的风险，管理可以在一定程度上发挥风险控制功能。在我国物权担保法

---

〔1〕 参见《专利法》第3条、《专利法实施细则》(2010年修订)第89条、《商标法》第2条、《商标法实施条例》(2014年修订)第31条。

〔2〕 《民法典》第444条："以注册商标专用权、专利权、著作权中等知识产权中的财产权出质的，质权自办理出质登记时设立。"

律制度中,质权人对质押标的负有管理义务。[1]《民法典》第432条规定了质权人妥善保管质物的义务和赔偿责任,抵押权人则无此项义务,这一区分明显与抵押权和质权公示方法不同有关。就以登记作为公示方法的知识产权质权而言,质权人并不占有或准占有质押标的,保管义务也就无从谈起。质权人可以通过对质押标的的管理,实现对质押标的风险控制,而这能在一定程度上避免其遭受损害。在质权人对质押标的的管理中,可以发现质押标的是否存在价值变动,基于此也可以发现其对主债权是否保持如一的担保能力。在物权担保法律制度中,质权人对质押标的的管理,实际上也是法律赋予了质权人对质押标的价值变动保持警惕的权利。对质押标的的管理,可以在一定程度上控制质押标的价值变动给主债权带来的风险。在动产质押中,质权人通过对质押物的占有,可以直接管理质押物并就质押物的情况有直观明晰的了解。例如,第三人侵害了质押物的权利,导致其价值的减损的,可以作出相应的救济措施。

然而,知识产权作为质押标的不能实现转移占有的方式,除了不能制约债务人,阻却质押制度风险控制功能的发挥外,还无法实现对质押标的的管理。在知识产权质押融资中,若银行无法管理知识产权质押标的,则其缺乏对质押标的情况的了解。例如,在质押融资过程中,质押标的遭受侵权或者其本身涉及权利瑕疵,银行连发现被侵权或者权利瑕疵都难,更何谈通过管理主动避免风险。有学者提出,针对知识产权质押标的的特殊性,应该由国家行政机关(如知识产权权属的登记机关)管理质押的知识产权。[2] 也有学者经调研后认为,质押中的占有改定具有一定合理性,并非规避法律的行为,在立法上可以承认占有改定的方式免除质权人对质押标的的管理义务。[3]

---

[1] 《民法典》第432条:"质权人负有妥善保管质押财产的义务;因保管不善致使质押财产毁损、灭失的,应当承担赔偿责任。质权人的行为可能使质押财产毁损、灭失的,出质人可以请求质权人将质押财产提存,或者请求提前清偿债务并返还质押财产。"

[2] 参见张弛:《从法律视角论知识产权质押融资风险控制》,载《银行家》2007年第12期。

[3] 在2017年6月21日于中国人民大学法学院召开的"中国民法典物权编与合同编编纂研讨会"上,法国学者对刘保玉介绍中国当下存在的动产质押情况作出回应时,提到法国也有类似情况且已被学界和实务界所肯定。比如,葡萄酒、香槟酒等作为质押物进行质押借款时,需要一定的储存条件,而仅有出质人有相应的储备条件,在这种情况下,质押标的仍然储存于出质人的酒厂,但债权人派人加以监管的,不阻碍质权的成立。参见刘保玉:《完善我国质权制度的建议》,载《现代法学》2017年第11期。

以占有改定的方式设立质权将质押标的委托第三方监管、管理的质押模式,有必要加以肯定。[1] 然而,知识产权是以登记的方式设立质权,并非占有改定。当前的知识产权质押制度即没有以占有改定的方式将管理义务赋予出质人,而似乎将质权人的管理义务转移给了登记管理机关。但是,就知识产权的特征而言,就算是国家行政机关对质押的知识产权进行管理,面对融资过程中可能遭受的侵权以及是否积极实现知识产权成果转化等问题,依然难以实现管理的目的,难以控制知识产权自身存在的风险。以商标质押融资为例,企业商标权的价值源于企业对其不断投入生产并维持商誉,质押商标的管理依赖于商标持有企业或者营运企业对品牌的投入、大力宣传和推广等。如果债务人或出质人在质押融资期间怠于对其商标价值的维护,而是将融资获得的资金投入其他生产,势必会导致质押商标价值的减损。然而,质权人却无法控制此风险,也无法区分企业是否正常经营活动,就算合同约定了出质人有妥善经营管理质押标的的义务,质权人也很难依据相应条款要求出质人承担责任。[2]

由此,我们可以发现知识产权质权适用动产质权制度时的不适应,隐匿了诸多风险。法律应对知识产权质押融资中质权人和出质人的权利义务作了明确的规定,而仅适用动产质权、权利质权的相关规定,难以实现担保物权原有的对债务人的制约功能,从而难以发挥质押制度对债权的安全保障功能,使知识产权质押融资质权持有过程风险重重。[3]

2. 知识产权质权保全措施障碍

知识产权质押的主要目的就是保障融资的安全。在知识产权质权人持有知识产权质权过程中,法律理应赋予质权人相应的权限,使作为质押标的的知识产权维持价值,以持续发挥其担保作用。当前的担保物权制度中本身包含了一定的保全措施,以防止质押标的在质押过程中所遭受风险对主

---

〔1〕 参见孙超、景光强:《动产质押中监管人的义务及责任》,载《人民司法》2016 年第 1 期。

〔2〕 参见陶丽琴、阮家莉:《我国知识产权质押融资:实践样态和立法制度审视——基于知识产权战略和民法典编纂的背景》,载《社会科学研究》2017 年第 5 期。

〔3〕 参见丘志乔:《知识产权质押融资制度的立法完善》,载《特区经济》2011 年第 4 期。

债权造成不利影响。[1] 具体可表现为,质押物价值可能减少或者已经减少时,质权人依据法律赋予的各种特殊权利对自身享有的担保物权实施相应的救济措施。一是质押标的价值明显减少时,质权人有权要求出质人提供相应的担保。[2] 二是质权人就质押标的价值减损时的处分权,如拍卖、变卖质押标的并就所得价款与出质人协商提前清偿或提存等。这些救济措施在担保物权法律制度中被称为质权的保全。[3] 在瑞士法律制度中,它们被统称为价值维持请求权。[4] 这些质权保障措施具体表现在质押标的灭失或价值减损时,法律赋予了质权人相应的救济权利。[5] 诚然,在质权持有过程中,质押标的难免会存在一些风险,质押制度为了在一定程度上控制这些风险,赋予了质权人相应的保全措施,以保障已设立质权可以继续担保主债权,从而维护债的安全。

然而,知识产权作为一种特殊的质押标的,其自身的特征使现有的知识产权质权保全措施在实际操作中无所适从。其主要表现为如下两个方面。

(1)知识产权质押标的价值恢复请求权实施障碍

现行的担保物权法律制度赋予了质权人在质押标的价值不当减少时,有权要求出质人增加担保的权利。而且还有观点认为,只要存在知识产权之价值有减少之可能,就可以启动恢复价值请求权,无须已经发生价值减少之结果。[6] 当然,这些上述措施如果能够实现,倒是可有效控制知识产权质押融资质权持有过程中的风险。然而,具体到知识产权质押融资实践中,第一个障碍就是质权人难以发现知识产权价值不当减少。本章第一节

---

〔1〕 根据《民法典》第446条,权利质权适用动产质权的有关规定。《民法典》对动产质权的保全措施作出了明确的规定。参见《民法典》第433条:"因不可归责于质权人的事由可能使质押财产毁损或者价值明显减少,足以危害质权人权利的,质权人有权要求出质人提供相应的担保;出质人不提供的,质权人可以拍卖、变卖质押财产,并与出质人通过协议将拍卖、变卖所得的价款清偿债务或者提存。"

〔2〕 有观点认为,在抵押权的保全中存在恢复原状请求权、增加担保请求权和损害赔偿请求权,但知识产权属于权利质权,在客观上不存在恢复原状请求权。参见刘阅春:《知识产权质权制度研究》,法律出版社2016年版,第196页。

〔3〕 参见刘阅春:《知识产权质权制度研究》,法律出版社2016年版,第193页。

〔4〕 参见谢鸿飞:《抵押物价值恢复请求权的体系化展开——兼及抵押权保全的立法论》,载《比较法研究》2018年第4期。

〔5〕 参见谢在全:《民法物权论》(修订5版),中国政法大学出版社2011年版,第721~726页。

〔6〕 参见刘阅春:《知识产权质权制度研究》,法律出版社2016年版,第195页。

将知识产权价值的不当减少归纳为可以归责的知识产权价值减少。知识产权不同于有体物,价值减损难以发现。遭受侵权也好,出质人消极对待知识产权质押标的也罢,银行都无从知晓也难以控制。第二个障碍表现为知识产权质押标的价值降低时,银行也难以获得相应的补救。银行要求出质人增加担保也好,排除妨害也好,都难以实现。当前,知识产权质押融资是为了缓解中小微企业融资难题而开展的融资业务,就算发现了质押标的价值已经减损,也难以要求出质人(通常就是融资企业)恢复相应价值。毕竟银行无权插手企业对知识产权的管理和运营。知识产权质押属于商事担保的范畴,效率价值贯穿整个融资过程。对于不可归责的知识产权质押标的价值减损,立法也无从扭转损失的事实。在这种情况下,风险依然由银行承担,无从要求出质人恢复质押标的价值。维权期限通常较长且过程复杂,倘若质押标的在质押过程中遭受侵权,或许还没有等到赔偿,质押期就已经届满。基于上述情况,即便是法律规定了质权人可以要求增加担保或者损害赔偿,但是质权人面对知识产权质押融资借款人的财物情况,应付诉讼还需要花费资金,更何况增加担保等方式恢复质押标的的价值。在此情况下,银行作为质权人对恢复质押标的价值事宜可谓无计可施。

(2)知识产权质押标的保全处分权实施障碍

知识产权相比其他质押标的更具风险,然而,知识产权质权保全的相应的法律规定却不尽如人意,甚至难以实施。根据《民法典》第 433 条的规定,知识产权质押标的保全处分权是在质权人在质押标的价值明显减少情况下,可以要求出质人提供相应的担保,出质人拒绝提供的,可以拍卖、变卖质押财产,并与出质人协议将拍卖、变卖所得价款提前清偿债务或者提存。在上述情形下,拍卖、变卖质押标的即体现了质权人为保全质权的处分权。另外,如果是因知识产权质押标的被侵权而获得的赔偿金,也应用于出质,以补足质押标的的担保效力。〔1〕 然而,知识产权质权人实施保全处分

〔1〕《民法典》第 390 条:"担保期间,担保财产毁损、灭失或者被征收等,担保物权人可以就获得的保险金、赔偿金或者补偿金等优先受偿。被担保债权的履行期限未届满的,也可以提存该保险金、赔偿金或者补偿金等。"知识产权质押融资过程中,因被侵权导致的价值减损,银行可依法要求企业将获得的赔偿用于出质,以补足质押标的的担保能力。

权却存在诸多障碍。以质押的知识产权遭受侵权为例,质押的知识产权尚在诉讼中,出质人不提供相应担保,银行作为质权人对尚在诉讼中的质押标的无法进行折价、拍卖或变卖。对于知识产权质权持有过程中遭受侵权风险,银行作为质权人无法实施相应的保全措施。知识产权价值处于动态变动中,是当前知识产权质押法律制度难以解决的问题,甚至是根本无法解决的难题。基于质押标的存在特殊性,在质权持有过程中可能存在许可他人使用或强制许可使用的情形,许可使用可能降低质押标的的使用价值,如果出质人擅自许可且未将相应的许可费用用于偿还债务或提存,则会损害质权人的利益。我国权利质权适用动产担保的制度,权利无效或效力瑕疵适用动产质押规则。[1] 如此,质押标的无效或效力瑕疵将影响质权效力,这就暴露出权利质押制度的债权保障功能的有限性,有违担保制度的安全价值。

因此,知识产权自身属性导致其在适用动产质押法律制度上存在一定障碍。知识产权质权的目的在于通过知识产权的财产价值来保障债权的实现,知识产权质押法律制度缺陷,直接导致知识产权作为质押标的难以发挥出债权担保功能,有违担保物权保障债权安全的立法目的。[2] 当前的政策扶持只是权宜之计,治标不治本,如此循环还存在制度资源浪费的可能。[3] 因此,要从根本上控制知识产权质押融资风险,优化知识产权质押法律制度是第一步,也是其风险控制体系建设之基石。

(二)内部控制制度应对知识产权质押融资持有风险存在不足

由于开展知识产权质押融资的银行并不普遍,部分银行虽开展了知识产权质押融资业务,但未将知识产权质押融资风险单独对待,仍然是将其认定为企业的信用风险,在实践中并未形成专门的知识产权质押融资风险内部控制制度。尽管各地政府在积极推进此项业务,设立了专项风险补偿基金甚至专项担保基金等,也没有拉动知识产权质押融资的市场推广。已经

---

[1] 权利质押除适用《民法典》第十八章第二节规定之外,适用第一节动产质押的规定。参见《民法》第446条。

[2] 参见董开军:《债权担保》,黑龙江人民出版社1995年版,第36页。

[3] 参见李莉:《论知识产权质权人权利保护规则的局限与突破》,载《东方法学》2014年第2期。

开展知识产权质押融资的银行,就知识产权质押融资设立了融资流程并设置了相应的条件。这些措施也是针对贷款企业信用风险而设置的,并非真正意义上的质押标的风险内控措施。银行对于知识产权质押标的,在缺乏相应知识产权质押标的管理法律制度背景下,也是"手足无措"。在实践中,有银行通过质押融资合同对质押标的进行了约定,如有效管理、积极维护知识产权的价值等条款。[1] 这些条款的约定也无济于事,出质人违反相应条款时,银行一方面无法得知,另一方面即使得知了也没有救济的方案。在开展知识产权质押融资业务实践中,通常是有政府引导或者参与的,银行对单笔业务风险有专门的贷款经理跟进,有政府的各种保底措施,再加之实践中还没有形成多笔坏账,银行自身比较懈怠。另外,如果没有政府的政策支持,知识产权质押融资业务对于银行来讲,高风险、低收益,不值得银行自身耗费成本去建立相应的内部控制制度。

当前,开展知识产权质押融资业务的银行进行内部控制的主要措施是设置贷款条件,包括贷款期限、最高金额、质押率、申请贷款企业的条件及质押的知识产权应具备的条件等。以佛山市为例,银行经过相关风险定价将质押率设置在30%以内,要求此类业务贷款期限不得超过1年,且单笔贷款金额不超过3000万元;另外,对贷款企业本身设置了要求,即连续2年盈利,用于质押的专利技术已经实际投入运营2年以上。[2] 质押的注册商标专用权合法有效,已经用于产品或者服务2年以上;另外,对相关知识产权具体剩余有效时间也进行了明确,尽可能地确保其在质押期间持续有效。

在当前融资业务实践中,银行通常会通过设置严格的贷款流程的方式控制风险。例如,招商银行佛山分行就针对知识产权质押融资设置了一套专门的"七步"业务流程。第一步,评估。由专业的无形资产评估公司就质押标的进行价值评估,同时,由律师事务所对质押标的法律状态出具尽职调查报告。第二步,审批。由银行信贷工作人员对上述材料进行审批。第三

---

〔1〕 参见陶丽琴、阮家莉:《我国知识产权质押融资:实践样态和立法制度审视——基于知识产权战略和民法典编纂的背景》,载《社会科学研究》2017年第5期。

〔2〕 参见丘志乔:《中国知识产权质押融资实证分析与研究》,知识产权出版社2018年版,第47~48页。

步,签订质押融资合同。银行工作人员将材料提交业务负责人审批通过后,邀约企业签订质押融资合同。第四步,质押登记。企业与银行共同向登记机关就质押合同及相关材料进行登记。第五步,银行根据合同约定向企业发放贷款。第六步,质押标的处置。当企业届时不能还款或达到法定或约定的条件时,银行启动司法程序以及时实现质权。第七步,不良贷款处置。当质押标的无法变现,银行处置不良贷款时,按参与各方所承担的责任进行风险分担。上述条件设置算是一般程序,还有更复杂的措施,包括但不限于要求企业定期汇报贷款使用情况、企业经营情况等。一份来自浙江省的调查报告显示,在被调查的50家银行中,银行开展知识产权质押贷款的积极性并不高,银行对知识产权质押融资的未来发展基本持观望态度,在业务开展意愿调查中,不到1/3的银行表示感兴趣。参与调查的大部分银行认为知识产权作为质押标的价值评估难,难以进行准确的风险定价。另外,有大部分银行认为专利权的技术风险高,非常容易被市场替代或淘汰。[1]

部分银行在实践中为了响应各地政策,尽管对知识产权本身的价值关注度不高,但还是开展了相关业务。银行对此业务的风险考量,仍然是以企业信用风险为核心施以相应措施进行单笔业务风险控制。然而,在我国中小企业信用体系不完善的情况下,银行开展知识产权质押融资,向中小企业发放贷款。理论上,银行应该关心质押标的的价值能否在担保期间一直保值。但在实践中,却对知识产权质押标的在担保期间的价值变动无所适从,甚至都难以发现其价值是否有所变动。银行通常采取的做法是压低贷款金额和设置条件。以专利质押融资为例,专利评估价值与融资金额相距甚远,普遍不超过50%。[2] 银行通过设置融资高门槛、压低融资额度、缩短融资期限等措施控制质权持有过程中的风险,实属于当前制度缺陷下的无奈之举。对于知识产权质押融资银行质权持有过程中,企业信用不足的情

---

〔1〕 参见杨莲芬、董晓安:《浙江省科技型中小企业知识产权质押融资意愿分析》,载《浙江大学学报》2014年第2期。

〔2〕 参见邓子纲、曹前满:《创新驱动发展战略与知识产权管理体制机制综合改革研究》,中国社会科学出版社2017年版,第117页。

况，还通过集合授信、风险补偿、贴息补助、保险支撑、内部质押退出等建立了新的知识产权质押融资模式。

巴塞尔新资本协议虽然强调了担保物的管理，考虑其市场价值变动，设置了定期价值评估的处理标准法。然而，该标准法下担保物范围限制较严格，只包含了金融担保物。[1] 知识产权质押标的并没有被包含在定期价值评估的标准处理法中，银行等金融机构无法将该标准处理法直接运用到知识产权质押标的之管理。在2010年9月发布的《巴塞尔协议Ⅲ》中，要求金融机构遵守信用风险管理的法规，加强内部信用评级体系。[2] 有观点指出，技术更替、市场经济波动等因素会影响债务人的违约概率。[3]

三、知识产权质押融资质权持有风险的法律控制

（一）优化知识产权质权保全制度

在技术经济时代，为盘活知识产权财产价值，发挥其作为财产的担保功能，是当前知识产权质押融资风险控制法律制度的首要任务。世界上各大强国均以立法形式对知识产权质押融资进行了相应的规范。[4] 我国知识产权质押融资在政策一路绿灯的支持下，急需法律制度的跟进，为其塑造稳定的法律制度环境。[5] 如何发挥质押标的相应的债权担保功能是知识产权担保法律制度优化的重点。相应地，就知识产权质权持有风险控制而言，需要优化当前的质权保全制度。

1. 明确知识产权保全措施的适用条件

首先，关于知识产权质权保全的启动，须为出质人的行为足以使质押标

---

〔1〕 标准法下的担保物主要包括了现金，黄金和国家、公共部门机构、银行、证券公司及企业发行的特定债券以及某些在知名交易所交易的股票、集体投资的可转让证券和单位互助基金的投资等。参见蒋玉林主编：《商业银行抵质押评估方法与实务》，知识产权出版社2014年版，第9页。

〔2〕 参见霍兵：《现代信用风险VaR模型的不足及改进》，载《贵州社会科学》2015年第12期。

〔3〕 参见［美］安东尼·桑德斯：《信用风险量度：风险估值的新方法与其他范式》，刘宇飞译，机械工业出版社2001年版，第3页。

〔4〕 例如，日本《改善中小企业金融方法纲要》、英国《改善付款状况》蓝皮书。此外，部分国家还建立了中小企业公平经营环境的法律法规，如美国的《机会均等法》、韩国的《公平交易法》等。参见刘沛佩：《谁来为知识产权质押融资的"阵痛"买单——兼论知识产权质押融资的多方参与与制度构建》，载《科学学研究》2011年第4期。

〔5〕 我国对知识产权质押融资的政策支持详见附表一和附表二。

的价值减少。质权人的行为、知识产权因市场因素所导致的质押标的价值下跌,企业生产以及第三人之行为都不在此列。例如,商标专用权质权在持有过程中,企业产品价格遭遇市场波动,该商标专用权价值也随之受到影响,这种则属于不可归责于出质人的风险,因此导致的质押标的价值降低风险应该由质权人承担,不能要求出质人另行提供担保。出质人的行为既包括积极行为,也包括消极行为,消极行为体现在不交专利年费、商标到期不续展等。其次,须足以使知识产权价值减少。足以使知识产权价值减少,是指知识产权之价值有减少的可能,无须已经出现价值减少的实际结果。最后,知识产权质权是一种价值权,知识产权之使用仍然保留在出质人手中,所以出质人对于出质的知识产权在原有范围的使用,扩大生产、升级技术等不应该在限制之列。

2. 对出质人有限的限制:基于效率与安全的博弈

知识产权制度是基于私人利益保护与公共利益需求之间的博弈而产生的,具有私权性质的同时也需要为公共利益让渡利益。其制度目的即为激励和保护创新,传统的保护方式为通过法律制度界定权利的归属和边界,防止他人侵害和权利滥用。“而一项财产权包括两个方面,即排除他人的权利和将财产转让给他人的权利。”[1]因此,随着知识产权的利用方式不断发展,相关法律制度也应该在保护和限制的基础上,进一步促进其财产价值的发挥。完善知识产权质权制度应当在控制风险的同时,提高知识产权的使用效率。

根据《民法典》第 444 条第 2 款之规定,以知识产权中的财产权出质后,未经质权人同意,出质人不得转让或者许可他人使用质押标的,出质人转让或者许可他人使用所得的价款,应当向质权人提前清偿债务或者提存。这条规定赋予了债权人限制的权利,为其提供了质押标的价值减损风险的救济措施,以此控制质押标的价值减损的风险,保障债权的安全。但是,需要注意的是,知识产权的财产价值与动产、不动产均有所区别,具有极强的

---

〔1〕 [美]威廉·M. 兰德斯、理查德·A. 波斯纳:《知识产权法的经济结构》,金海军译,北京大学出版社 2005 年版,第 15 页。

时效性,限制许可使用和转让会直接影响其价值的发挥,可能导致价值减损。[1] 知识产权的财产价值之一是许可他人使用,立法已经认可知识产权出质后,出质人可以继续使用该知识产权。[2] 立法的本意是,知识产权出质后,出质人只能在原有的范围(出质前的范围)内使用该质押标的,即自己生产经营,按在先许可合同收取许可费用。另行许可他人使用和转让需要经过质权人的同意,并将费用提前清偿债务或提存。知识产权的使用除自己使用外,更主要的是许可他人使用以获得相应的收益。有学者提出,基于民法理论而言,质权与知识产权都属于物权的范畴,属于同一层次的权利,不存在谁优于谁的问题,质权缺乏对知识产权本身限制的理论依据。[3] 另有学者考察其他国家立法例后,发现没有对出质人的许可和转让作出限制的规定,认为我国立法也不应对出质人的许可和转让进行限制。[4] 也有观点认为,质权的物上代位性已经足以使质权人得到利益保障,无须再限制出质人使用和转让质押标的,以提高知识产权的使用效率。[5] 《民法典》规定的抵押权制度在一定程度上吸收了上述观点。《民法典》第 406 条修正了原《物权法》第 191 条关于抵押权转让限制的规定,明确抵押权存续期间,抵押人可以转让抵押财产,当事人另有约定的,按照其约定。抵押财产转让的,抵押权不受影响。抵押人转让抵押财产的,应当及时通知抵押权人。抵押权人能够证明抵押财产转让可能损害抵押权的,可以请求抵押人将转让所得的价款向抵押权人提前清偿债务或者提存。转让的价款超过债权数额的部分归抵押人所有,不足部分由债务人清偿。但是,《民法典》对于知识产权中的财产权设立质押并没有像抵押权存续期间那样可以不经担保权人同意即可转让。

---

〔1〕 参见[美]亚历山大·I. 波尔托拉克、保罗·J. 勒纳:《知识产权精要》,于东智、谷立日译,中国人民大学出版社 2004 年版,第 1~3 页。

〔2〕 尽管《民法典》相关条文没有明确规定知识产权出质以后,出质人可以继续使用该知识产权,但是知识产权采用登记公示办法,就意味着出质人可以继续使用该知识产权。知识产权质押融资的目的就是资金注入,让企业知识产权转化为生产力,创造出更多的价值。

〔3〕 参见李莉:《论知识产权质权人权利保护规则的局限与突破》,载《东方法学》2014 年第 2 期。

〔4〕 参见苏喆:《知识产权质权的债权化研究》,载《法学杂志》2013 年第 7 期。

〔5〕 参见王太平:《中国民法的"知识化":理由和具体方案》,载《知识产权》2017 年第 11 期。

本书认为,质权人能否限制以及是否需要限制出质人许可使用和转让,其根本均在于安全价值与效率价值之间的冲突和博弈。本书在第二章论述了在知识产权质押融资风险控制法律制度中,安全价值位居第一,兼顾效率价值的实现。在限制出质人使用和转让问题上,实际上是可以实现兼顾知识产权运用效率的同时保障质权安全的。

首先,关于转让的限制。根据原《物权法》第227条的立场,经登记设立的担保物权涉及担保物转让时,除经担保人与担保权人协商同意外,必须消除该财产上的权利负担方可实现转让。[1] 2021年1月1日开始实施的《民法典》第444条删除了知识产权出质"书面合同"和"登记部门"的规定,其他内容均沿用了《物权法》第227条的规定。如此设计,主要是为了防止出质人制度套利,损害质权人和买受人的利益,减少质押标的流转给质权造成的风险。[2] 本书认为,《民法典》限制知识产权质押标的转让之规定,试图最大限度地发挥该条款的交易风险控制功能,也赋予了质权人选择的权利,保障质权人的利益。

其次,关于许可使用。本书赞同立法应该激励出质人在质押期间,积极运用知识产权,充分发挥知识产权的财产价值,促进社会资产的流转。有观点提出,出质人许可使用增加了收益,可以使质权人的债权能够得到有效保障,有效降低债务人(通常就是出质人)的信用风险。[3] 但是,许可使用可能会导致质押标的价值减损,会直接影响质权人的利益,可能会导致质权实现时变价不足。毕竟知识产权不同于其他动产,使用并不会减损其价值,相反,许可使用也可能增加该知识产权本身的价值。需要指出的是,知识产权的许可使用费增加的收益系企业自己的收益,企业可以用作其他,不以此投入生产经营,质权人无从得知。有观点认为,倘若取消了对出质人的许可使用限制,无疑是增加了质权人的风险。本书认为,物权担保制度应该适应社会发展,尤其在与科技相关的商业模式领域,不宜过于保守,应为新的商业

---

[1] 参见刘保玉:《完善我国质权制度的建议》,载《现代法学》2017年第6期。

[2] 参见胡康生:《中华人民共和国物权法释义》,法律出版社2007年版,第418~419页。

[3] 参见郭玉坤、于颖:《我国知识产权质押的立法价值、现状及建议》,载《科技进步与对策》2008年第7期。

模式预留空间。出质人积极使用知识产权质押标的会增加收益,也可能减少质押标的价值,立法应该赋予质权人作出市场主体判断选择的权利。相应的制度设计可以考虑取消许可使用的限制,改“同意”为“通知”。此即知识产权出质后的许可使用应通知质权人,质权人经过对许可使用是否会影响质押标的价值减少进行判断后,以采取相应的措施控制风险。未来的修法或者司法解释可以作出相关规定,对于知识产权质权存续期间,出质人许可他人使用的,应通知质权人,质权人可以要求提供其他补充担保措施。

3. 关于以许可费、转让费提前清偿或提存的问题

首先,许可费和转让费是否属于知识产权的孳息。我国《民法典》规定除当事人另有约定外,质权人有收取质押财产孳息的权利。[1] “孳息是指原物(物及权利)所产生的收益,可以分为天然孳息和法定孳息。”[2]法定孳息是指利息、租金及其他因法律关系所得的相应收益。而收益是指以原本的物或权利供他人利用所取得的相应对价。[3] 那么,知识产权质押期间,出质人许可他人使用获取的许可使用费,是否属于质押标的之孳息呢?根据上述规定及物权法理论,知识产权的许可费属于知识产权质押标的的孳息,而转让费不属于知识产权质押标的的孳息。依据上述规定以及表面的逻辑,除非当事人另有约定外,质权人似乎有权收取知识产权许可使用费。但是,从《民法典》第 321 条、第 412 条的规定来看,我国担保物权法律制度关于孳息暗含的逻辑是,如果法条意指孳息是包含天然孳息和法定孳息的,会明文规定。[4] 《民法典》第 430 条没有明文规定包含两种孳息,就

---

〔1〕 参见《物权法》第 213 条的规定,“质权人有权收取质押财产的孳息,但合同另有约定的除外。前款规定的孳息应当先充抵收取孳息的费用。”

〔2〕 王泽鉴:《民法总则》,法律出版社 2007 年版,第 227 页。

〔3〕 参见王泽鉴:《民法总则》,法律出版社 2007 年版,第 230 页。

〔4〕 《民法典》第 321 条规定:“天然孳息,由所有权人取得;既有所有权人又有用益物权人的,由用益物权人取得。当事人另有约定的,按照约定。法定孳息,当事人有约定的,按照约定取得;没有约定或者约定不明确的,按照交易习惯取得。”《民法典》第 412 条规定:“债务人不履行到期债务或者发生当事人约定的实现抵押权的情形,致使抵押财产被人民法院依法扣押的,自扣押之日起抵押权人有权收取该抵押财产的天然孳息或者法定孳息,但抵押权人未通知应当清偿法定孳息的义务人的除外。前款规定的孳息应当先充抵收取孳息的费用。”

应该解释为不包含法定孳息。[1] 另外,法定孳息产生的前提是权利人对原物的使用,而质权人并没有使用和许可他人使用质押标的。因此,该转让费和许可费并非法定孳息。值得提出的是,我妻荣教授在其著作《新订担保物权法》中讨论过知识产权质权人是否享有可行使作为质押标的的专利权为收益的问题。他指出,《日本专利法》第 95 条规定,除非契约特殊约定,否则,专利权、独占实施权、普通实施权上的质权人不得实施该发明专利。当知识产权质权人与出质人之间存在特殊约定时,知识产权质权属于收益质权。[2] 《德国民法典》对此问题的规定与《日本专利法上》的规定相同,仅在出质人与质权人之间存在特殊约定时,知识产权质权人才可用益。[3] 基于上述理由,知识产权质权不适用动产质权的规定,动产质权关于孳息的收取无法给知识产权质押期间许可费用于提前清偿债务或提存提供法律依据。

在质权持有期间,债权未到期,出质人转让或许可他人使用质押标的获得的价款并不当然用于提前清偿债务。[4] 就转让费用而言,不低于借款金额的,受让人当然是涤除质权,以使受让的知识产权无权利负担;转让费用低于借款金额的,出质人可向质权人另行提供相应的担保。但是,对于许可费而言,本书认为不应将其直接用于提前清偿债务或提存。知识产权的权利特征使其可以同时由多个主体实施,进行利益分享。知识产权许可他人使用并不当然造成质押标的价值减损,也有可能提升质押标的的整体价值。典型的情形如商标许可使用后可能提升商誉,从而整体提升商标的价值。《物权法》第 227 条的不合理之处在于未考虑许可使用对质押标的的积极影响。直接要求提前清偿债务或提存,扩大了质权人的权利,不利于激励出质人积极使用质押标的创造更多的收益。当然,出质人许可他人使用质押标的,存在质押标的价值减损的可能。如何防止该价值减损风险?本书认为,应当赋予质权人增加担保请求权,以补足质押标的缺失的部分担保力。

---

〔1〕 参见李莉:《论知识产权质权人权利保护规则的局限与突破》,载《东方法学》2014 年第 2 期。

〔2〕 [日]我妻荣:《我妻荣民法讲义-Ⅲ-新订担保物权法》,申政武、封涛、郑芙蓉译,中国法制出版社 2008 年版,第 193~194 页。

〔3〕 参见[日]我妻荣:《我妻荣民法讲义-Ⅲ-新订担保物权法》,申政武、封涛、郑芙蓉译,中国法制出版社 2008 年版,第 194 页。

〔4〕 参见胡康生主编:《中华人民共和国物权释义》,法律出版社 2007 年版,第 487 页。

具体而言,质权人可以要求出质人补充担保,以其他财产来担保债权或债权的一部分,以该特定物或权利的价值担保债权的实现。通常担保物权法中的"物上代位"指的是担保财产毁损灭失之时的代位。[1] 知识产权的许可使用并不当然导致质押标的价值毁损,由此,许可费也不完全适用物上代位规则。并且,在实践中,许可使用费的支付方式通常不是一次性付清,而是按照许可期限,分期支付。许可合同具有相对性,质权人并非合同当事人,应该尊重许可合同约定的费用支付方式。作为质权人,可在质押合同中要求出质人设立接受许可费收益的账户(一般是贷款银行设立该账户),并可监管该账户。专有账户进账情况由质权人随时监管,以此了解企业关于质押标的的使用情况,帮助判断质押标的价值是否减少。在质押标的价值明显减少且足以影响质权人利益时,质权人可以要求出质人提供补充担保,恢复担保价值;出质人拒绝提供的,方可要求拍卖、变卖质押标的,并协商以此提前清偿或提存。具体的法条优化可以参考《民法典》第 408 条的规定。此即修改为"知识产权的财产权出质后,出质人转让他人使用的,应经质权人同意。出质人转让质押标的的,应另行提供相应的担保;出质人许可他人使用的应通知质权人,出质人许可行为足以使质押标的价值减少的,质权人有权要求提供相应的担保;不提供担保的,质权人有权要求债务人提前清偿债务"。

本书认为,出质人许可他人使用质押标的应通知质权人,赋予质权人价值判断和选择的权利。同时,为了控制出质人许可使用给质权人带来的风险,可以约定出质人在质权人处设立专用账户,用于收取许可使用费,以便质权人对其账户随时进行监管。《民法典》第 444 条(对应《物权法》第 227 条)存在理论上和操作上的不足。可以在未来的修法和司法解释中予以调整,以更好地指导融资实践。

(二)健全知识产权质押标的管理制度

1. 增加对质押标的运营情况的监督

知识产权质权是一种价值权,质押标的设立质权后,其使用权仍然保留

[1] 参见邱国威:《论担保物权法定转换制度之入典——对物上代位规范表达路径的探索》,载《北方法学》2019 年第 1 期。

在出质人手中。对于知识产权质押融资质权持有过程中质押标的价值减损的风险控制,应当体现在对出质人对质押标的使用情况的监督上。

银行对质物本应依法享有留置的权利,但基于知识产权的无形性质,银行不能通过留置的形式控制质押标的的使用和收益情况。为了增强质押标的的担保能力、降低银行在质权持有过程中的风险,应当赋予质权人(银行)对质押标的使用和收益的知情权。因此,出质人有义务定期向银行报告质押标的的使用情况及相应的经营情况,银行对质押标的在质押期间的投入使用情况享有询问和监督的权利。

具体而言,可以设定出质人的义务。就出质人的义务而言,由于知识产权质权本身的特征,出质人不可能享有返还质物请求权等基于移转质物的占有而产生的权利。而就出质人的义务而言,出质人必须维护知识产权有效并保障知识产权的价值。[1] 本书认为,出质人有以下四项义务。其一,缴纳年费的义务。专利权人、商标专用权人都有缴纳年费的义务。如果不缴纳年费,专利权、商标权都将面临被撤销的风险。其二,积极处理侵权纠纷的义务。当作为质押标的遭遇侵权时,出质人作为权利人应当积极维权(包括诉诸法院)以及处理纠纷,包括但不限于申请诉前保全,以尽可能避免质押标的价值减损。其三,如前所述,在第二类知识产权中,出质人必须保证使用标识性权利,以防止该知识产权面临被撤销之风险。其四,监督被许可人生产商品质量的义务。第二类知识产权的价值必须在使用中得到体现。而商标的价值主要体现在权利人自己使用和许可他人使用上。许可人必须监督被许可人的产品生产质量,不得损害消费者利益,从而保障出质商标的价值延续。

2. 建立质押标的风险披露平台

我国知识产权的行政管理主要侧重于权利保护方面,尚未关注知识产权运营风险。质押标的的真实权利状态需要借助登记机关以及相关行政管

[1] 《关于专利质押合同登记的几点说明》中有如下规定:“出质人有维护专利权有效的义务。作为质押合同的有效的前提,即作为质押标的的专利权是有效的。一方面要保证质押期限的专利年费已缴纳完毕;另一方面要负责处理可能出现的专利纠纷。”参见刘阅春:《知识产权质权制度研究》(第2版),法律出版社2016年版,第198~199页。

理部门。银行作为质权人,不能干预企业的经营,对于质押标的的运营情况也无从得知。一般而言,银行如想了解质押标的的投入使用情况,会以信贷管理员通过贷款资料审核或者与企业交接人员进行访谈。但了解具体信息渠道有限,也不宜通过立法强制出质人汇报质押标的运营的真实情况。尤其是在质权持有中,信贷管理员往往难以了解到企业真实运营情况。银行信贷管理员仅通过国家版权局、国家知识产权局等官网查询到的知识产权权利状态,渠道有限且不一定能及时更新权利状态(尤其是著作权作息),无法了解到质押标的是否存在新的权利负担,客观上导致了银行对于质押标的监控的不完全性。[1]

基于知识产权的特殊性,除专业领域外,其他人难以发现其风险所在,这不仅影响了质押标的的担保能力,也成为交易双方信息不对称的关键问题所在。要求出质人披露风险是诚实信用原则在融资合同中的体现。但是,合同具有相对性,出质人仅有义务对质权人进行披露。然而,出质人主动披露,难以确保信息的真实性。知识产权质押标的风险披露属于市场信用信息披露的范畴,其适用的前提是充分尊重当事人的意思自治,彰显私法性,其意在拓宽信用主体的信用信息资源价值空间。[2]《商业银行押品管理指引》的实施,在一定程度上规范了商业银行对抵押物的管理。银行也将更关注抵质押标的对债权的担保能力,也会充分考虑质押物自身的风险因素,审慎制定内部质押物管理制度。有学者提出,集中管理是质押标的管理的发展趋势,[3]其主要是集中管理知识产权质押品、建立有效质押品池,使中国人民银行可对质押品进行定期核查、核实。鉴于不同金融机构信贷档案管理制度存在差异,金融机构可自行决定质押品的保管形式。因此,可以在质押融资合同中要求出质人在质权人银行开设存款账户,用于存储出质人因许可他人使用质押的知识产权的许可费、出租费等。银行作为质权人可以依据合同约定定期检查账户。另外,鉴于知识产权质押融资质权设立

---

〔1〕 参见刘筠筠:《知识产权质押若干问题研究》,中国政法大学出版社 2016 年版,第 115 页。

〔2〕 参见卢代富、刘云亮:《社会信用体系属性的经济法认知》,载《江西社会科学》2018 年第 5 期。

〔3〕 参见郭宏宇:《押品管理模式的国际发展趋势、风险与借鉴》,载《银行家》2017 年第 3 期。

采用了行政机构实质审查的形式。当前,除著作权外,大部分知识产权的授予都是申请人向国家行政机关依法申请后被授予的权利,权利的变动也需要经过国家机关的登记备案。从这个意义上讲,知识产权行政管理部门对知识产权的监管具有基础条件和相对优势。与其专门设立知识产权质押融资监管机构,不如由现行的知识产权管理部门来实现知识产权质押融资质押标的使用情况以及相关信息的监管和信息披露。行政机关在管理知识产权方面具有天然的优势。例如,登记机关可以知晓专利权、商标的权利状态,也可以在一定程度上了解著作权的权利状态。在质押标的风险披露方面,行政机关尽管无法直接获取企业知识产权运营情况,但可以通过建立信息披露平台,统一质押标的权利状态查询,对质权人设置权利变动自动通知,以实现对质押标的风险的披露。

本章小结

质押是稀释贷款信用风险的主要手段之一,质押受偿率决定了知识产权质押融资风险溢价水平和最终的损失程度。就这个意义而言,知识产权质押融资风险控制的核心在于质押标的价值的维持和管理。本章重点归纳了银行在质权持有过程中的具体风险及其形成的制度原因,通过对知识产权质权修复制度的优化以及增设质押标的管理制度,可以在一定程度上实现质押的知识产权价值维持和监督管理,控制质权持有过程中的风险。

第五章　知识产权质押融资质权实现风险及其法律控制

一、知识产权质押融资质权实现风险的具体表现

知识产权质权的实现,是指债务人届期不偿还债务,质权人就质押标的变价金额优先受偿的行为。在质押融资中,最理想的方式即为企业自行履行还款义务,不需要质权人启动质权实现程序。企业如期还款,债务消失,质押担保的使命也随之完成,企业信用也随之增加,由此,促进企业与银行的进一步合作。然而,倘若债务人届时无法偿还债务,则需要将知识产权变现而受偿,是为下策。质权变现是整个知识产权质押融资中质押标的价值体现度最高的环节。因而,在知识产权质押融资风险控制中,法律制度的设计不仅需要在设立环节和持有环节保障质权人的利益,更需要在质押标的处置中,发挥质押标的的财产价值。然而,由于知识产权本身的特征,在质押标的处置过程中,质权人面临如下风险。

(一)不当折价和串通定价的风险

质权实现,主要的环节即为质押标的变现,与知识产权的财产价值息息相关。依据经济学原理,商品的财产价值是在市场交换中体现的。尽管知识产权的商品化程度有限,其财产价值也需要基于市场交换得以实现。然而,我国并没有形成有序的知识产权交易市场,知识产权价格机制难以形成。而知识产权属于私权范畴,也没有政府指导定价的理论依据,如何确定其价值直接涉及质押标的变价问题。在质权实现环节,质权人是基于无法从债务人处获得债务清偿,才寄希望于质押标的处置变现以弥补损失。在

质权设立时,质押标的的价值通常会高于贷款金额,银行根据其价值大小设置质押率,质押率越高,质押标的的财产价值就能得到越大的发挥;质押率越低,则其财产价值就发挥得越低。银行往往设置较低的质押率,以防止在质押标的处置环节中质押标的的价值实际下降或者被人为"下降",导致银行不能就变价金额足额受偿。所谓人为使质押标的价值降低,主要就是指质押标的定价时被人为左右。就质权人和出质人而言,其都不希望质押标的价格被人为左右,毕竟这直接影响双方的利益。但是,实际处置中,就折价而言,出质人为定价人,银行作为质权人并非知识产权专业人士,对其行情不甚了解,这种方式对于质权人而言有失公平,也存在较高的风险。折价这种方式属于民商事活动,遵循当事人意思自治原则,如无法达成一致价格,即可选择其他方式。在当前质押融资实务中,评估定价的方式效率不高,程序复杂,认可度低。银行基于当地政府的一些政策保底,摒弃质押标的真实的价值,直接与企业协商定价。这种方式尽管提高了质权设立的效率,但是也直接导致处置环节面临巨大风险。协商定价在设立时已经埋下了风险,集中在处置折价环节爆发。另外,在处置环节中,还涉及串通定价的问题。协商折价不能,可以进行拍卖或变卖,尽管拍卖、变卖是由质权人主导的,但质权人无法主导质押标的的价值。在自主拍卖、变卖中,可能面临出质人与买受人串通定价的风险。出质人与买受人订立"阴阳合同"。在阳合同中,将质押标的价值降低,另行签订阴合同,补偿差价。这种方式直接损害质权人就变现价款优先受偿的利益,加大了质权实现的风险。

(二)处置时间过长的风险

在质押标的处置过程中,如果质押标的难以通过协商折价,则需要通过拍卖、变卖的方式进行变现。考察我国银行抵押物、质押物处置实践发现,其通常经过司法程序进行处置。银行通过起诉债务人的方式,取得法院生效裁决书,随后申请强制执行。在强制执行程序中,质押物或抵押物在执行程序中进行司法拍卖。司法拍卖中又涉及各种公告、通知、执行异议甚至流拍等情形,程序复杂且经历时间可能长达几年。一旦质押标的进入司法拍卖,就需要经历漫长的过程,由此,银行作为质权人将承担处置时间过长导致的损失。尽管当前已经有一些资产收购公司对银行不良债权进行打包收购,但也通常是在进入司法程序仍然处置不能的情况下,真正形成不良债权的,银行才与资产收购公司合作。毕竟不良债权处置并不是 1∶1 的比例,资产收购公司对银行不良债权进行收购通常也需要就质押标的价值进行实际考察,委托第三方专业评估机构进行评估,再确定收购价格。如此,处置时间将会更长,一方面,使交易成本也随之提高;另一方面,则导致处置效率低下。因此,由于处置时间长,质权人会面临巨大的时间和交易成本损失。

（三）无法变现或不能足额变现的风险

知识产权本身价值不稳定,又缺乏市场,变现难度非常高。银行作为质权人面临无法变现以及不能足额变现的风险。知识产权不同于其他动产、不动产质押标的,质押标的的变现需要市场。执行中的司法拍卖、变卖难以实现知识产权价值变现的目的。尽管当前已经存在一些知识产权交易机构或者平台,但是离完善的知识产权交易市场还有很大的距离。市场的不完善直接导致了知识产权缺乏价格形成机制,质权人面临质押标的无法变现或者不能足额变现的风险。知识产权是私权,其价值由市场所决定。政府的作用在于克服市场失灵,知识产权行政管理部门应树立服务型监管模式,提供必要的渠道服务,而非直接对知识产权交易进行指导性定价。[1]知识产权处置,不像房产、机动车辆的买受人范围那么广泛。知识产权的运营需要专业的组织或团队。以专利权为例,只有与之相关的企业才有购买的需求,包括生产实际需要,如某项技术开发必须用到上述专利技术,才会为了避免侵权而需要购买;当然,也包括企业知识产权战略发展需要,形成专利技术壁垒,加入相应专利池等。再如,著作权同样不属于买受人日常生活需求,需要专业的团队进行运营,结合相应的运营团队、销售平台,才可发挥出财产价值。知识产权普遍具有专业性特征,也难以通过占有的方式实现其价值,需要将其实现为产品、服务等,才发挥其财产价值。另外,知识产权这种需要与其他条件相结合才能创造现金流的特点,对买受人要求较高,就算是对口企业购买也可能存在生产不适应,技术转化难度高的问题。[2]因此,没有需求或者需求太小,直接导致质押标的难以处置或者无法处置,银行作为质权人直接面临如此风险。

不能足额变现是质押标的处置中最常见的情形,所谓足额指的是于其

---

〔1〕参见曹新明、曹晓慧:《监管即服务:知识产权市场监管新理念》,载《苏州大学学报》2016年第2期。

〔2〕参见仇书勇、龚明华、陈璐:《知识产权质押贷款的风险及其防范》,载《新金融》2009年第9期。

担保的贷款金额。尽管在设立阶段,银行已经通过降低质押率的方式,使质押标的对应的货币价值高于贷款金额。不能足额表现为,质押标的基于自身的不稳定和不确定以及可能出现的技术升级、市场波动等情形,等到了处置环节时,质押标的对应的货币价值已经下降,可能出现低于贷款金额的情况。另外,处置还面临买受人少,可能需要寻求不良资产收购,就算质押标的的市场价格已经确定且被买卖双方认可,买受人仍然可以依据其占据的价格谈判优势地位,要求对质押标的进行打折出售。如此,银行作为质权人也无计可施,只好就有限的处置金额受偿,尽可能地降低损失。

二、知识产权质押融资质权实现风险的制度成因

(一)质权实现方式障碍

我国担保物权法律制度对于知识产权质权实现并没有作出专门的规定。我国知识产权质权属于权利质权的范畴,依据《民法典》第446条规定,权利质权在没有特别法定情况下也适用动产质权的规定。动产质权的实现规定在《民法典》第436条和第437条。上述条款吸收了原《物权法》第219条、第220条以及原《担保法》第71条[1]和《担保法解释》第95条[2]关于动产质权实现的规定。综合上述法条,可以归纳出,动产质权实现

---

〔1〕《民法典》第436条规定:"债务人履行债务或者出质人提前清偿所担保的债权的,质权人应当返还质押财产。债务人不履行到期债务或者发生当事人约定的实现质权的情形,质权人可以与出质人协议以质押财产折价,也可以就拍卖、变卖质押财产所得的价款优先受偿。质押财产折价或者变卖的,应当参照市场价格。"《民法典》第437条规定:"出质人可以请求质权人在债务履行期限届满后及时行使质权;质权人不行使的,出质人可以请求人民法院拍卖、变卖质押财产。出质人请求质权人及时行使质权,因质权人怠于行使权利造成出质人损害的,由质权人承担赔偿责任。"

〔2〕原《物权法》第219条规定:"债务人履行债务或者出质人提前清偿所担保的债权的,质权人应当返还质押财产。债务人不履行到期债务或者发生当事人约定的实现质权的情形,质权人可以与出质人协议以质押财产折价,也可以就拍卖、变卖质押财产所得的价款优先受偿。质押财产折价或者变卖的,应当参照市场价格。"《担保法》第71条规定:"债务履行期届满债务人履行债务的,或者出质人提前清偿所担保的债权的,质权人应当返还质物。债务履行期届满质权人未受清偿的,可以与出质人协议以质物折价,也可以依法拍卖、变卖质物。质物折价或者拍卖、变卖后,其价款超过债权数额的部分归出质人所有,不足部分由债务人清偿。"原《物权法》第220条规定:"出质人可以请求质权人在债务履行期届满后及时行使质权;质权人不行使的,出质人可以请求人民法院拍卖、变卖质押财产。出质人请求质权人及时行使质权,因质权人怠于行使权利造成损害的,由质权人承担赔偿责任。"《担保法司法解释》第95条规定:"债务履行期届满质权人未受清偿的,质权人可以继续留置质物,并以质物的全部行使权利。出质人清偿所担保的债权后,质权人应当返还质物。债务履行期届满,出质人请求质权人及时行使权利,而质权人怠于行使权利致使质物价格下跌的,由此造成的损失,质权人应当承担赔偿责任。"

包括协议实现和法定实现两种方式。具体的动产质权处置包括以下四种，第一，质权人留置；第二，出质人与质权人协商折价；第三，质权人径行拍卖或变卖；第四，质权人申请法院拍卖或变卖。知识产权质权实现适用动产质权实现方式，存在一定的问题。

首先，关于留置和折价。就留置而言，《担保法司法解释》第95条规定的留置明显只适用于动产质权，对于知识产权质权没有适用的可能性。知识产权设立质押后，以登记公示取代了质押标的转移占有。尽管该司法解释规定的留置可以持续起到督促债务人履行债务的作用，就知识产权质权而言，债务到期未得到清偿的，银行无法行使留置权。就协商折价而言，为了防止流质对出质人权利的侵害，各国立法例都有相应的限定。[1] 我国《民法典》第428条在原《物权法》《担保法》对流质条款的绝对禁止基础上，结合融资担保实务，规定了质权人在债务履行期限届满前，与出质人约定债务人不履行到期债务时质押财产归债权人所有的，只能依法就质押财产优先受偿。我国《民法典》关于抵押权和质权的实现方法都规定了协议折价拍卖、变卖的方式。当事人协议折价实际上属于代物清偿的行为，不属于流质所禁止的范围。对于协商折价，法律规定的是参照质押标的市场价格进行折价。在我国当前知识产权交易市场不发达的情况下，难以形成知识产权价格机制。知识产权属于私权，除著作权许可使用可以参考国家版权局制定的付酬标准外，对于专利权、商标权、著作权等知识产权财产权也没有相应的政府指导价格。[2] 另外，如第三章所述，我国知识产权价值评估制度和市场还不完备，就算委托第三方专业评估机构进行价值评估，双方对其认可度不高，也起不到确定价值的作用。由此，在协商折价中，难以确定价格是一方面。在协商折价中，还存在第二个问题。尽管协商折价不属于流质条款，但作为质权人的银行本身并不善于运营或适用质押标的。换言之，这种处置方式对于知识产权质押融资来讲形同虚设，不能促进质权

---

〔1〕《日本民法典》第354条允许动产质权人于其债权不受清偿时，以有正当理由为限，可以请求法院准许其依鉴定人的估价，直接以质物抵充清偿。而在抵押权实现时，亦允许订立合同取得抵押物之所有权。《意大利民法典》第2797条、第2798条及第2803条则规定，质权人在债务人不履行债务时，可请求购买质物以抵偿债权，亦可请求法官依市场价格折价清偿。

〔2〕参见《著作权法》第28条。

实现。

其次,关于自行拍卖和变卖。根据我国《民法典》第436条和第410条的规定,动产质权的实现与抵押权的实现还是存在不同之处,即质权人有单方面变卖、拍卖质押标的权利。[1] 对于动产质权的实现,质权人可以与出质人协议以质物折价,在质权人和出质人不能达成一致时,质权人可以依法拍卖、变卖质物,以价款清偿。至于质权人是否要在变卖、拍卖质物时通知出质人,法律也没有作出明文规定。我国《民法典》第410条第2款规定了抵押权实现的方式,即可以由抵押权人申请法院进行拍卖、变卖。通过质权与抵押权实现法条之间的比较,可以看出,与抵押权实现相比,法律并没有就质权实现规定向法院申请拍卖。即使是在特定的法律语境中去理解,对于质权实现的规定依然没有要求必须经过强制执行的方式。[2] 对比法条可以发现,质权实现时,质权人的权利比抵押权人的权利大,可以单方面拍卖、变卖质物。这主要也是因为动产质权的设立以转移占有为公示方式,质权人基于占有质权可以直接进行拍卖和变卖,不需要经过出质人同意,也不一定要启动司法程序。换言之,拍卖的方式分为依照《民事诉讼法》第197条进行的强制拍卖和依《拍卖法》进行的任意拍卖。

上述方式看似赋予了质权人更便利处置质押标的的权利,以更大的限度降低处置风险。然而,知识产权质权实现无法适用动产质权人的单方变卖、拍卖条款。事实上,知识产权质权的实现并不能像动产质权实现那般操作简单。知识产权质权的设立并非以转移占有的方式进行,而是以登记公示的方式进行。在我国当前担保物权制度安排下,知识产权质权设立必须经过登记才可生效。如第三章所介绍,根据我国知识产权质权登记制度,设

[1] 《民法典》第410条规定:"债务人不履行到期债务或者发生当事人约定的实现抵押权的情形,抵押权人可以与抵押人协议以抵押财产折价或者以拍卖、变卖该抵押财产所得的价款优先受偿。协议损害其他债权人利益的,其他债权人可以请求人民法院撤销该协议。抵押权人与抵押人未就抵押权实现方式达成协议的,抵押权人可以请求人民法院拍卖、变卖抵押财产。抵押财产折价或者变卖的,应当参照市场价格。"

[2] 许明月教授认为:"拍卖本身是一种交易方式,故对拍卖的法律性质只能放在特定的法律制度中去考察,法院作为强制执行的一种手段的拍卖当然具有公法行为的性质,而一般的根据所有人的委托进行的拍卖就仅有私法的性质。"参见许明月:《抵押权制度研究》,法律出版社1998年版,第345页。

立质押尚需双方共同申请,处置何谈单独进行。另外,知识产权质权处置必然涉及权利转让和许可,考察我国知识产权许可转让制度,商标权转让需要商标局核准公告,许可使用采用登记对抗主义;[1]专利权的转让必须经过国家专利局登记公告,许可使用采用登记对抗主义;[2]著作权的转让和授权使用采登记对抗主义。[3] 出质人是知识产权权利人,转让和许可必须权利人亲自或授权委托进行。因此,知识产权质权的实现必须有出质人的积极配合,无法由质权人单方进行。知识产权质权人单独进行拍卖或变卖的立法规定在现实操作中是无法实现的。

最后,关于申请法院拍卖和变卖。《民事诉讼法》第196条、第197条专门就担保物权的实现设置了特别程序,即可以向担保物权登记地法院提出申请,质权人可以依据法院裁定申请强制执行。[4] 上述特别程序设置的目的在于节约担保物权人处置担保的时间和成本。但就知识产权质权而言,上述规定存在诸多不适。就专利权和商标权质权而言,尽管各地知识产权局可以代办登记,但是登记机关仍是国家知识产权局,地处北京市海淀区;就著作权质权而言,登记机关是国家版权局,地处北京市西城区。上述知识产权质权的登记机关都在北京,而开展知识产权质押融资业务的银行遍布各省份,如银行要启动质权实现特别程序,必须要到其管辖法院北京市海淀区人民法院提出申请,再根据生效裁定申请法院强制执行。如此制度衔接给质权人造成了诸多不便,直接影响质权处置效率,在一定程度上增加了质权处置风险。尽管当前知识产权质押融资还未爆发出不良资产现象,但一旦案件多发,就会涌入海淀区人民法院和西城区人民法院,导致其承担过多的案件。一般而言,银行主要是对当地企业进行知识产权质押融资支持。银行作为质权人当然要考虑司法成本的问题,与其到北京申请质权实现特别程序,还不如在当地法院进行普通诉讼。如有出现需要实现质

---

〔1〕 参见《商标法》第42条、第43条。

〔2〕 参见《专利法》第10条、《专利法实施细则》第14条。

〔3〕 参见《著作权法》第24条、《著作权法实施条例》第25条。

〔4〕 《民事诉讼法》第196条规定:"申请实现担保物权,由担保物权人以及其他有权请求实现担保物权的人依照物权法等法律,向担保财产所在地或者担保物权登记地基层人民法院提出。"第197条规定:"人民法院受理申请后,经审查,符合法律规定的,裁定拍卖、变卖担保财产,当事人依据该裁定可以向人民法院申请执行;不符合法律规定的,裁定驳回申请,当事人可以向人民法院提起诉讼。"

权的情况，仍然采用在当地法院以质押融资合同纠纷起诉企业，在取得生效判决后在当地法院申请强制执行。在这种方式中需要经历审判程序，从程序上延长了处置时间。

因此，当前知识产权质权实现制度设计存在诸多不适，或形同虚设，或衔接不当。急需制度作出优化或调试，以促进知识产权质权实现，控制融资风险。

（二）质押标的处置渠道缺失

银行抵押物、质押物处置是一个难题，其处置成功的关键点在于遇到合适的买受人。就普通的抵押物、质押物而言，使用价值和投资价值较明显，对买受人没有特别的要求。换言之，任何人都可以成为买受人。例如，对于车辆、房产等抵质押物，任何人都可以使用或者用于投资、变价。另外，普通的抵质押物有着相应的处置渠道，即二手车、二手房交易市场。然而，知识产权作为质押标的，其处置却对买受人有相对专业的要求。如果要将知识产权转化为商品服务，需要借助其他生产资料，往往这些生产资料不是普通买受人具备的，如技术条件、运营平台、知识管理等。倘若以其进行投资，也需要专业知识和前瞻性的认识。由此，知识产权质押标的处置中买受人数量有限。如何使有限的买受人获取知识产权处置信息，需要专业的处置渠道。但遗憾的是，我国当前知识产权质押标的处置，多为一对一交易，呈现“要么买家找不到卖家，要么卖家找不到买家”的局面。缺乏质押标的处置渠道，是当前知识产权质权实现中的一大问题。

基于市场形成的原理，是有需求才有市场，无需求则无市场。专业团队或企业是知识产权质押标的的最佳买受人。但是，基于当前渠道有限，难以找到授权或者转让的权利人。当前的形势是有需求，无市场。由此，政府相关制度在于促进发展和培育交易市场。我国知识产权行政管理机关以及相应的集体管理组织都具有一定管理优势和开辟交易渠道的优势。以国家知识产权局为例，所有的专利申请都集中在该机构，汇聚了全国专利权信息，具有庞大的数据优势。倘若国家知识产权局主导发展交易渠道，设置相应板块汇集知识产权质押标的处置信息，可以很好地发挥其信息中介的作用。

上海市早在2009年就提出，要打通知识产权质物处置渠道，建立统一的服务平台，实现平台的中介效应。[1] 2014 年，国家层面出台的相关政策文件明确指出，打通知识产权质物处置渠道，探索建立相应的质物处置机制。[2] 近年来，天津市加大对知识产权质权处置问题的关注，增加对知识产权质权处置服务平台建设的政策扶持力度。天津市开展国家级质权处置平台试点，力图发挥质权处置平台在知识产权质权实现过程中的重要作用。由天津滨海国际知识产权交易所搭建的"知识产权投融资服务和质权处置平台"实现了知识产权质押融资、质权处置、股权融资以及集合信托融资等服务功能。该所已经与浦发银行、大连银行、北京银行、上海银行、中信银行、民生银行、天津银行等建立了合作关系，在一定程度上缓解了解决知识产权质押融资质权变现难的问题。[3] 天津市的处置平台建设给全国知识产权质押标的处置渠道建设提供了实践基础，但始终范围有限。随着全国知识产权质押融资业务量日益增长，还需进一步发展培育处置渠道。

三、知识产权质押融资质权实现风险的法律控制

（一）设定出质人的特殊义务

知识产权质押标的的特殊性致使知识产权质权的实现面临诸多障碍。据此，应紧密结合知识产权的固有属性，优化知识产权质押的担保功能。知识产权质押标的的处置，不同于其他担保物。知识产权的处置，与其说是权利的转移，不如说是权利的让渡或者继受。能否使受让人真正拥有该"质物"，不是简单地在登记机构变更权利主体，还需要考虑"质物"能否真正被受让人所用。拍卖变卖权利需要考察这个权利能否被实际使用，价值如何。因此，在知识产权质权实现过程中，即使质权人享有完全的优先受偿权，在处置质押标的的过程中能否实现债权利益，仍然要受上述诸多权利让渡障碍的影响。[4]

---

〔1〕 参见左玉茹：《上海知识产权质押融资探索之路：试点先行，以点带面》，载《电子知识产权》2010 年第 11 期。

〔2〕 参见《中国人民银行、科技部、银监会、证监会、保监会、知识产权局关于大力推进体制机制创新，扎实做好科技金融服务的意见》（银发〔2014〕9 号）。

〔3〕 参见《天津局等部门联合举办知识产权质押处置平台说明及银企对接会》，载国家知识产权局官网：http://www.sipo.gov.cn/dtxx/1102374.htm，最后访问日期：2020 年 12 月 19 日。

〔4〕 参见何敏：《知识产权客体新论》，载《中国法学》2014 年第 6 期。

一般担保物的价值体现在其本身,转移所有权即可实现。知识产权则不同,其价值不是通过转移所有权就可以直接发挥的。知识产权质权的实现不同于物的所有权转移,而是一种权利让渡。以专利权为例,专利权的价值可以由其技术方案所体现,买受人看中处置物可能是基于对其技术方案的看中。但是,往往技术方案脱离了专业技术团队,其价值很难得到最大的发挥。买受人对该专利权的价值衡量,也需要考虑该专利技术能否帮助其提高生产经营的效率。换言之,即该专利技术能否转换为经济利益的问题。在考察实务中,银行作为质权人并不懂专业技术,一般而言,银行作为市场主体,对于融资方式的认可接受了企业提供的知识产权质押,就需要承担相应的风险。在此模式中,出质人不同于普通物或权利的所有人,而是该知识产权的实际控制人,质权的设立、持有,不管是实现哪个过程都需要其积极配合,管理使用好质押标的,才可发挥最大的财产价值。出质人也基于这种特殊性,在质权实现中,有辅助买受人或新的继受主体实施对应知识产权的义务。出质人对其自身知识产权是最了解的,出质后也在继续使用该质押标的,如果是著作权、商标权,都有相应的合作渠道或者运营资源。以生产管理系统类的计算机软件版权的实施为例,尽管权利人销售版权给使用人,但是使用人基于专业限制,需要专业的实施团队为其提供数月的操作支持,包括但不限于需求的差异化实现、上线培训、人员操作、系统维护等方面。就算是普通的办公系统软件版权许可或转让,也需要出让人辅以实施,不仅是权利转移就可以实现技术的转移。如此可以说明,知识产权的转移不是简单的物的转移,这种权利让渡需要专业的资源或技术支持。以计算机软件著作权为例,市场中已经存在专业的实施公司,很多都是上市技术公司,专门为此类型的著作权许可实施、转让提供专业技术服务。另外,在其实施过程中,版权人依然要对实施人提供辅助技术支持。单独企业的资源和发展方向不同,有专注技术开发并遥遥领先的,有专注实施辅以开发的,他们相互配合,形成了技术产业链。这些质权的实现需要让渡该权利,必须出质人予以技术支持和配合。当然,出质人也可以根据不同辅助需求,收取一定的咨询或服务费用。笔者认为,可以根据不同知识产权类别赋予新的权利继受人咨询的权利,赋以出质人辅助实施的义务。总之,核心就是要实现权利的真正让渡，发挥其财产价值。普通的质押，只需要出质人提供权利凭证，甚至处置拍卖变卖的时候都可以不参与，无须其有所积极的作为行为。但是，基于知识产权权利让渡的特殊性，需要出质人积极作为辅助新的权利继受人使用权利。

知识产权担保功能主要体现在保障债的安全和债务人的信用放大。在知识产权质押融资质权设立之初，知识产权担保就实现了债务人信用放大的作用。而另一个重要功能就体现在质权实现环节，这也是整个知识产权质押融资的核心内容。如上所述，知识产权质权的实现，不是物的所有权转移，而是权利的让渡。出质人作为权利人，对质押标的情况最了解，而知识产权的价值体现也可以说成技术方案、创意等的实现。出质人除了要配合办理转让手续外，最重要的是辅助知识产权质押标的的运用或者转化。如果是专利权，出质人基于绝对的技术优势，专利的实施当然不是权利说明书记载的那般容易或简单，需要一定的技术支持。需要专利人出质人提供翔实的技术文件和资料，提供相关的技术咨询及其他技术服务等。由此，在知识产权担保法律制度优化中，需要附以出质人特殊义务，包括但不限于提供翔实的技术文件和资料，进行相关的技术咨询及其他技术服务等使知识产权得以运用的义务。另外，需要指出的是，质权的设定并不要求其绝对保证被担保债权全部通过质押标的的变现而获得清偿，现代担保制度并不承认物的代偿责任，债权人通过质押标的变价不能获得全部清偿时，还可以通过对债务人其他财产的执行而获得清偿。[1] 因此，知识产权质权实现法律制度的完善，主要是对知识产权实现制度的优化，而非通过立法加强对债权人的倾向保护。

（二）优化知识产权质权实现方式

1. 准用抵押权实现方式

动产质权人可以单独行使拍卖或变卖质押物的权利，这背后更深层的原因在于动产上的物权状态一般比较简单，且并存多个物权的情形较少。不同的是，抵押权上可能存在多个物权状态，且各个物权之间关系比较复

〔1〕 参见许明月：《抵押权制度研究》，法律出版社 1998 年版，第 461 页。

杂。以房产抵押为例,同一房产上可以设立多个抵押权,不同顺位的抵押权所担保的债权金额也不尽相同。例如,第一顺位的抵押权担保的债权金额是40万元,第二顺位的担保的是20万元。倘若法律允许第一顺位的抵押权人与抵押人自行协商拍卖抵押物,则可能出现为了更快处理掉抵押物,抵押人与第一顺位的抵押权人恶意串通,以阴阳合同的方式处置抵押物的情形。例如,以房产为抵押的,本来价值60万元的房产,最后以40万元价格成交,直接使第二顺位的抵押权人不能就变卖价款获得清偿。如此,法律需要对抵押权的实现进行干预,防止自行处置,以保护所有抵押权人的利益。

而就知识产权质押而言,由于不转移占有,以登记的方式实现公示,质权设立尚需出质人与质权人共同登记,拍卖及变卖都涉及权利变更及登记,质权人无法单方进行。笔者认为,知识产权质权人不可能像一般动产质权人那般单独进行拍卖、变卖。为了控制知识产权质权实现的风险,可以准用抵押权实现程序,采用司法拍卖的形式,平衡各方利益。

抵押权实现的方式主要包括司法保护模式和自救模式。司法保护模式即需要通过立法规定的方式进行,不允许双方私自实现抵押权。抵押权人实现抵押权须有法院或其他国家机关的裁判或者决定。司法保护模式在立法上贯彻了公平和安全原则,以实现担保法律制度风险控制功能。具体体现为,在抵押物处置过程中,平衡双方利益,防止双方遭受不合理的损失。德国、瑞士、法国、意大利等大陆法系国家均采用此种司法保护模式。[1] 自主救济模式,是指抵押权的实现由当事人自行协商决定,不需要国家机关参与,也不采取强制性的执行措施。这种立法例的典型代表是英国、美国、澳大利亚等英美法系国家。在英国,因抵押权的实现方法由双方自行决定,因而有多种实现方法,如担保权人取消回赎权、签订后抵押协议、出卖担保物、占有抵押物并以其孳息清偿债务以及公开拍卖等情况。英美法中的出卖抵押物、抵押物的接管均不通过公权力机关的方式。至于公开拍卖,在英美法

[1] 《德国民法典》第1147条规定,债权人就土地和抵押权所及的其他标的物取得清偿,以强制执行的方法为之。第1149条规定,如果债权对所有权人尚未到期,所有权人不得授与债权人为清偿目的而要求转让土地所有权的权利,或者以强制执行方式以外的其他方法出让土地的权利。参见许明月:《抵押权制度研究》,法律出版社1998年版,第344页。

系中主要采用商业拍卖方法，而非指由司法机关实施的强制拍卖。有学者对此持不同意见，认为“司法保护模式”的称谓容易使人误认为，在未采取“司法保护模式立法的国家，只能由当事人通过协商的方式实现抵押权，司法上不予保护”，因此，根据是否承认抵押权的约定实现程序，可将其分为“禁止模式”和“允许模式”两种。[1]

“担保制度在保障交易安全的同时，还要与现代社会所能接受的公平观念相契合。”[2]采司法保护模式的观点认为，为防止担保权人滥用权利，法律应该采用公法形式实现私权，从而平衡债务人与债权人之间的利益。在司法保护立法模式中，不仅当事人不得在订立抵押合同时作出流押契约的约定，即便抵押权实现的条件成就了，抵押权人也不能与抵押人私自协商拍卖抵押物，抵押权的实现必须通过法院的强制执行。而在当事人自救模式的立法下则遵循当事人意思自由原则，认为担保权人在债务人不履行债务时，应该和对方协商，自行解决。抵押权实现的条件成就后，抵押权人与抵押人可以协商实现抵押权，不必通过诉讼程序或非诉程序。[3]

一方面，司法保护模式为债务人的利益提供了一种保护性的制度，使抵押权的实现在一般情况下都能得到比较公正的结果，债务人及抵押人的利益不会因为抵押权人滥用权利而遭到侵害。但从另一方面来说，制度的运行本身需要一定的成本，通过公法手段实现抵押权，成本较高、手续复杂，往往需要漫长的时间，对债务人和债权人都极为不利。自救模式强调交易便利和债权人的利益，对交易便捷显而易见，“如果允许抵押权人与抵押人以协商方式实现抵押权，当事人可以选择最有效的抵押权实现方式，快速地将抵押财产变价，从而充分实现抵押权的功能”。[4] 在实践中，对房屋和机械设备抵押权的实现，不少当事人愿意接受折价的方式。其原因是显而易见的，由于房屋和机械设备价值容易确定，且对于抵押权人来讲有使用的价值，或用于自己使用满足居住和使用的功能，或用于租赁和投资发挥其财产

---

[1] 参见程啸：《论抵押权的实现程序》，载《中外法学》2012 年第 6 期。

[2] 许明月：《抵押物转让制度之立法缺失及其司法解释补救——评〈中华人民共和国物权法〉第 191 条》，载《法商研究》2008 年第 2 期。

[3] 参见毛亚敏：《担保法论》，中国法制出版社 1997 年版，第 176 页。

[4] 参见程啸：《论抵押权的实现程序》，载《中外法学》2012 年第 6 期。

功能，抑或将其直接变卖获得交易价款。因此，就协商折价而言，通常都是具有明显的使用价值和容易确定市场价值的担保物。这种处置方式一方面降低了担保权人时间成本，另一方面也提高了抵押物的处置效率。

综上，为了控制知识产权质权实现的风险，平衡相关利益，结合知识产权质押标的基于其自身的特征，在采用动产质权的实现方式存在诸多不适应，而抵押权的实现方式更符合知识产权权利特征，可以在未来的修法或者司法解释中，修改知识产权质权实现方式规定，准用抵押权实现方式，即司法保护下的自救模式。

2. 质权实现特别程序与登记制度的协调

为了尽可能地降低制度成本以及考虑质权人质权实现的成本问题，本书建议在《民事诉讼法》的司法解释中对知识产权质权的实现进行特别解释，管辖法院可以是原告所在地人民法院。当前的管辖法院（北京市海淀区人民法院和西城区人民法院），对于此类实现知识产权质权的案件，依据质权人申请强制执行作出裁定后，将协助执行通知书通过邮寄的方式送达知识产权质权登记机关。而由质权人所在地法院作出的裁定，相应的协助执行通知书依然是通过邮寄送达的方式送给质权登记机关。管辖法院修改后，邮寄送达时间不过是多一天或者两天，相比质权人去北京申请特别程序和强制执行而言，成本要小很多。如此处理，是可以借鉴的做法。即在民间借贷案件中，为提高纠纷解决效率，资金出借方所在地人民法院有管辖权。相似的理由，在实现知识产权担保物权案件中，质权人所在地人民法院有管辖权。知识产权质权登记机构的依据是部门规章，低于《民事诉讼法》的效力。因此，需要在立法中将知识产权质权登记下放到各个省市知识产权主管部门，使登记制度的修改与民事诉讼法保持一致。然而，2020 年修订的《著作权法》第 12 条和第 28 条将著作权质权登记部门由国务院著作权行政管理部门修改为国家著作权主管部门。此条的修改，并未将国家版权局（国务院著作权行政管理部门）的著作权质权登记职能下放到地方著作权主管部门。此外，倘若要配备地方著作权主管部门，在全国 334 个地区，2851 个县，将一下新增 3185 家版权局。全世界有 200 左右个国家，各国管理体制不同，一共才设 100 多家版权局，而我国就有 3217 家版权局，与 3000 多家机构配套,需要配备上万人的版权局工作人员大军,存在极高的制度成本。因此,国家知识产权局集中管理登记,有利于提高我国知识产权保护水平,由其牵头建立全国的知识产权质权风险披露系统和知识处置平台更容易发挥知识产权财产价值。因此,笔者认为,如此制度协调,有利于提高我国知识产权行政保护力度,有利于进一步发挥知识产权的创新价值和财产价值。

3. 变通处置质押标的

在质权实现过程中,无论是通过折价、拍卖还是变卖质押标的,出质人都会丧失对其享有的财产权利。随之,买受人通过继受方式取得知识产权。尽管质权人基于对交易风险的控制,会尽可能地要求出质人以某项知识产权的全部财产权利作为质押标的,但还是难以避免同一知识产权上存在其他权利主体。质押标的上存在其他权利主体,买受人只能在一定的范围内享有知识产权。从知识产权的权利特征来看,大致存在如下几种情形:第一种情形以著作权质押标的为典型,出质人同时享有知识产权人身财产权利,买受人获得的知识产权不包含其人身权利。在如此情况下,该知识产权就由出质人和受让人同时享有,买受人只享有质押标的的权利,即该知识产权的财产权部分。第二种情形以商标权质押标的为典型,商标的许可使用是商标使用的主要方式,出质人是商标权的权利人,但在质权实现前许可他人使用,在同一时空里可以被多个主体使用,包括原始主体和受让人同时使用。[1] 第三种情形以专利权为典型,专利权的转让可以同时在不同地域范围进行,相应主体可以在不同地域范围内同时享有该专利权,互不影响。[2] 由此,在以某项知识产权全部的财产权设立质权的情形中,即存在两个问题:一是质权实现会使出质人丧失其曾经拥有的知识产权,倘若其认为该质押标的的价值远远超过当前的评估和贷款的总金额,就其财产权全部进行拍卖、变卖,有损出质人的利益;二是买受人经过拍卖或变卖的方式继受取得的知识产权,通常不是取得完全的权利,需要与许可人甚至多个权利主体

〔1〕 需要指出的是,由于本书在第四章质权持有风险控制的立法跟进部分已经阐释了不再限制出质人的许可使用及理由,此部分就不在另行论证质权持有过程中出质人许可他人使用知识产权合法与否的问题。由此,此处使用的是"质权实现前"的表述,包含"质权设立前"和"质权持有过程中"。

〔2〕 参见吴汉东:《关于知识产权本体、主体与客体的重新认识——以财产所有权为比较研究对象》,载《法学评论》2000 年第 5 期。

共同分享利益。如何平衡出质人、买受人和质权人的利益,关键就在于知识产权的财产权能否分割。

针对上述两个问题,笔者认为,作为质押标的的知识产权由于专有与使用可以发生多次分离,可以在同一时空由多个主体同时使用。也基于此,许可使用成了实务中知识产权利用的重要方式。就需要将某知识产权投入生产运营的受让人而言,获得专有权利的对价必然高于许可使用(独占许可),而获得许可使用权已经满足其生产运营需要,无须花费更高的成本获得其专有权利。而就出质人而言,终局性的转让权利可能导致之前的研发成本沉没(专利权质押标的)、商业宣传成本沉没(商标权质押标的)、改编受限(著作权质押标的)等多种资源浪费的情形。因此,以许可的方式变通处置知识产权质押标的可以有效降低风险和成本。一方面,权利人对自己知识产权的财产,可以更好地控制使用的性质和程度;另一方面,可以发展长期伙伴,达成双赢、互利的结果,可以带动未使用的知识成本,花费很低的管理费用,就可以取得更多的收益。

具体而言,就质权实现中的协议折价的方式,可以由出质人与质权人协商,采取两种方式实现质权。第一种方式,在质权实现中,允许质权人在相应的时期、地域范围内使用知识产权,以此收益充抵债务。第二种方式,出质人设定许可使用权于质权人以外的第三人,将获取的许可使用费偿还债务。就拍卖和变卖的方式而言,可以单独就知识产权的许可使用权拍卖或者变卖,以其获得的价金优先受偿债权。值得注意的是,如果质权人以拍卖、变卖的方式处置知识产权,而拍卖、变卖许可使用权已经足以清偿债权时,法律应当限制质权人的权利,禁止质权人申请拍卖、变卖知识产权的其他权利。[1] 以知识产权的许可使用权为优先受偿的方式,只要其许可使用权足以清偿债权,那么质权的担保作用最终仍得以确保,且出质人没有终局性地丧失对知识产权的权利,而知识产权的价值也得以充分利用,免去质权实现时的诸多烦琐程序体现了质权的效益性价值。从今后的趋势来看,这不失为一种可行的变通方式。

---

〔1〕 参见刘阅春:《知识产权质权制度研究》(第2版),法律出版社2016年版,第226~227页。

（三）健全质押标的处置渠道

知识产权质权实现方式的完善并不能完全解决质权实现高风险的问题。质权实现方式仅属于担保物权法律制度，属于其基础法律制度的问题。而当前缺乏质押标的处置渠道，直接影响质押标的能否足额变现的问题。在制度设计上，应当考虑设置处置渠道及相应监管措施。渠道建设是政府发挥功效的主要领域，打通渠道，发展知识产权交易市场、保证价格收购模式等可以成为未来渠道建设的方向。无论是当事人自己拍卖、变卖还是法院拍卖、变卖，都仍然局限于"一对一"模式。这种模式具有局限性，既不能满足出让方的需求，也无法满足买受人的需求。而且长时间处置不当，会直接影响知识产权质押标的的价值。尽快变现，既是出质人的希望，也符合质权人的意愿。由此，打通变现渠道，培育发展知识产权交易市场成为一个可能的路径。

美国的知识产权交易市场包括两类，即知识产权拍卖市场和知识产权在线交易市场。采用拍卖的方式，将知识产权置于竞争性买卖的环境中，有助于实现价值的最大化。[1] 与一般商品的拍卖不同，知识产权的拍卖需要仔细了解知识产权本身。另外，可构建知识产权在线交易市场，其通常凭借网上中央数据库供知识产权交易人使用，或者在网络平台上完成知识产权交易，或者仅提供一个知识产权信息交易平台。此外，美国还由政府牵头积极引导、参与建立国家交易市场、地区性市场和各专业门类的交易市场等多层次的市场交易体系，并鼓励知识产权信托、知识产权证券化等多种途径实现知识产权担保品的变现。[2]

知识产权交易市场被视为知识产权质押标的处置的重要突破口。然而，在知识产权交易所数量增加的同时，交易量以及交易效率却不容乐观。知识产权交易市场的运行与实践有必要进行系统的总结和理论升华，以探

[1] See Weise S. O., Williams N. G., "Taking and Perfecting Security Interests in Collateral Subject to Specialized Rules: Deposit Accounts, Commercial Tort Claims, Intellectual Property", *De Paul Business & Commercial Law Journal*, Vol. 10, No. 4, 2012, pp. 515-538.

[2] 参见祝宁波、吴玲：《美国知识产权担保变现的法律与实践》，载《电子知识产权》2010 年第 2 期。

寻能够用于指导其实践的发展规律。[1] 根据域外的知识产权交易市场发展经验,市场主导和丰富的运营模式具有显著优势。无论是美国最早的技术交易平台(Yet2. com)Yet 公司还是英国技术集团(British Technotogy Grsup,BTG),[2]抑或是德国的史太白技术转让中心,[3]都拥有独特的市场运营模式,并与其自身特殊的资源优势形成良性循环,从而在激烈的市场竞争中始终占据领先位置。[4] 我国虽然还未形成较有规模的知识产权交易市场,但也已经成立了数十家知识产权交易平台。考察当前交易平台的发展情况,表现出的模式较为单一,平台运营缺乏商业化创新,呈自由无序竞争样态。我国知识产权行政管理部门及其管理的集体管理组织,在发展培育交易市场工作上具有优势条件,由此主导开发交易平台,或为商业平台信息服务,也成为当前知识产权质押标的处置渠道发展的需求。

此外,在知识产权交易市场构建过程中还存在许多问题。比如,商标和专利数量过多,无法快速有效地进行筛选;在科技成果转化中,各级政府部门出台的法律法规多且复杂,令技术转移相关方无所适从;在科技成果推广过程中,无法实现双向精准转化,对接效率低。事实上,我国已经筹建基于算法推送的知识产权交易平台。例如,浙江知识产权交易中心自 2016 年挂牌成立以来,高度重视知识产权供需关系,利用大数据和智能算法构建了从筛选、匹配到推送等全链条交易服务体系。2018 年 3 月,中科院举办了专利成果首场拍卖会,已经使用大数据、人工智能技术,将参拍专利与各地提交的企业技术需求进行自动匹配;对将有竞标意向的企业按领域分类,并标注重点,系统自动匹配专利和企业,提高对接成功率。在当前大数据和算法融合发展背景下,商品和服务的精准推送和高度匹配已然成为一个趋势。在普通商品和服务领域,算法推送与消费者的个人信息权益、消费者知情权和

---

[1] 参见廖继胜:《文化产权交易市场发展研究》,江西人民出版社 2017 年版,第 1 页。

[2] 参见李志军:《英国技术集团(BTG)的技术转移》,载《调查研究报告》2003 年第 52 期。

[3] 美国 Yet2 是全球首家、也是目前最大的网络技术交易市场平台之一;英国技术集团是英国近代史上成功地实现技术转移的鼻祖;德国史太白技术转移中心以史太白经济促进基金会和史太白技术转移有限公司为核心,通过扁平化的管理体制和灵活的运行机制。参见张士运、刘彦蕊:《德国史太白技术转移网络的发展经验与政策启示》,载《中国科技论坛》2013 年第 3 期。

[4] 参见[德]弗兰克·泰特兹:《技术市场交易、拍卖、中介与创新》,钱京、冯晓铃译,知识产权出版社 2016 年版,第 61 页。

选择权保护存在一定利益冲突，而对于知识产权的交易，却有积极的意义。结合国外知识产权市场发展历程，专业的中介公司发挥了积极作用，而大数据和算法的匹配推送，恰好节约了中介公司成本，在一定程度加速了专利、商标等交易市场构建。当前对算法推送的规制，也需区分不同市场，在保障个人隐私和个人信息权益，尊重消费者知情权和选择权的基础上构建知识产权交易市场秩序。

本章小结

知识产权质权实现是知识产权质押法律制度中最关键的环节。知识产权质权的顺利实现中，保障质权人的优先受偿权和质押标的足额变现是其重要内容。本章主要归纳了知识产权质权的实现中的具体风险为质押标的处置风险，包括不当折价和串通定价的风险、处置时间过长的风险和无法变现或不能足额变现的风险。继而，对质权实现风险形成的制度原因进行了分析，发现当前知识产权质押实现难以适用动产质权实现方式，而准用抵押权实现方式或许更合适。此外，当前的担保物权实现特别程序与知识产权质权登记制度衔接不上，且缺乏相应的质押物处置渠道。基于上述制度缺失、不适用等问题，本章在解决问题部分提出，以设置出质人特别义务、变通知识产权质权处置方式和修改知识产权质权实现特别程序为主要措施，增加质押标的处置渠道为辅助措施，以提高处置效率，从而保障质权的有效实现。

第六章　知识产权质押融资风险控制配套机制

知识产权质押融资风险控制不仅涉及基础法律制度及相应法律制度的优化问题,还需要建立多层次的风险控制配套机制。针对知识产权质押融资过程中存在的风险,国内外就风险分散机制进行了探索与实践,并形成了几种较典型的模式。国外主要以美国、韩国、日本的资产收购模式为代表。国内主要以混合担保为代表,且形成了北京、上海浦东、武汉、成都和湘潭5种各具特色的风险控制配套机制。

一、知识产权质押融资混合担保机制

担保可分为人的担保和物的担保。所谓人的担保,是指自然人或法人以其自身的资产和信誉作为债务履行债务的担保,当债务人不履行债务时,担保人按照约定履行债务或承担责任。[1] 物的担保,即指以动产、不动产、无形资产等设立的抵押、质押、留置形式的担保,当债务人不履行债务时,债权人享有通过拍卖、折价或变卖担保物优先受偿的权利。混合担保,是指同一债权上既有物的担保,又存在人的担保的担保方式。混合担保兼具理论和操作优势,可以有效缓释银行融资风险,在实践中已然形成了一套行之有效的知识产权质押融资风险控制配套机制。为降低银行知识产权质押融资中质权不能实现或不能足额实现的风险,就同一债权增加了担保

---

〔1〕 在现代国际融资活动中,担保公司出具的保函也属于人的担保。参见孙鹏主编:《担保法精要与依据指引》(增订本),北京大学出版社2010年版,第7页。

公司、政策性担保机构等提供一个或多个保证，根据《民法典》相关规定，在质权不能实现或不能足额实现的情况下，银行可以要求保证人承担责任。[1] 尽管知识产权质押融资混合担保在理论上可有效化解银行的债权风险，但其中法律关系复杂，涉及借贷、担保以及反担保等相关权利义务，容易造成风险不当转移或扩散以及融资效率低下等后果。基于此，本部分以政策性担保、市场性担保、互助性担保为例，通过展现混合担保机制存在的利弊，在形成有效的风险控制配套机制基础上，防止风险不当转移或扩散。

（一）政策性担保

我国知识产权质押融资的发展得益于政府自上而下的政策推进。各地政府就融资中存在的高风险问题，相继出台了相应风险控制政策进行试点。其中，“政府担保”成为最直接的风险控制措施。就银行而言，“政府担保”也被视为最行之有效的缓释风险模式。考虑“政府担保”的合法性和可行性，政府财政将一定资金投入地方生产力促进中心或者设立政策性担保公司，然后通常以政策性担保公司的名义提供担保。因此，实务中所称的“政府担保”实际上是政策性担保。[2] 政策性担保与政府担保的不同就在于通过设立另外的担保机构只承担以出资为限的责任，不同于政府直接担保的无限保证连带责任。通过设立政策性担保机构的方式，不会因此引起地方财政风险。融资中引入政策性担保，银行根据其较强的议价能力，直接要求政策性担保机构承担全部损失或大部分损失，将风险转移给政策性担保机构。[3] 基于此，在实践中，这种风险配套机制容易受到银行的青睐，具有显

---

〔1〕《民法典》第392条规定：“被担保的债权既有物的担保又有人的担保，债务人不履行到期债务或者发生当事人约定的实现担保物权的情形，债权人应当按照约定实现债权；没有约定或者约定不明确，债务人自己提供物的担保的，债权人应当先就该物的担保实现债权；第三人提供物的担保的，债权人可以就物的担保实现债权，也可以请求保证人承担保证责任。提供担保的第三人承担保证责任后，有权向债务人追偿。”在知识产权质押融资实务中，为了降低风险，银行通常只接受债务人自己提供的知识产权质押，因此，在混合担保情况下，质权不能实现或不能足额实现的，依法由保证人承担责任。

〔2〕《民法典》第683条规定：“机关法人不得为保证人，但经国务院批准为使用外国政府或者国际经济组织贷款进行转贷的除外。以公益为目的的非营利法人、非法人组织不得为保证人。”另参见《财政部关于禁止各级地方政府或部门违法直接从事担保业务的紧急通知》（1999年7月9日发布）。

〔3〕参见马松、潘珊、姚长辉：《担保机构、信贷市场结构与中小企业融资——基于信息不对称框架的理论分析》，载《经济科学》2014年第5期。

著的发展优势。

知识产权质押融资实务中已经引入了知识产权质押融资政策性担保，上海浦东生产力促进中心参与的“浦东模式”即属于政策性担保的典型。2008年10月，上海市浦东新区科技技术委员会出台了《浦东新区科技发展基金知识产权质押融资专项资金操作细则》，明确“十一五”期间浦东新区科技发展基金每年安排2000万元，设立专项资金，资金存入生产力促进中心在银行设立的专用账户。[1] 符合条件的企业可以向浦东生产力促进中心申请政策性担保。浦东生产力促进中心就担保责任比例与贷款银行进行了约定，通常政策性担保机构承担的风险较高，具体的风险分担比例，根据融资个案进行约定。一般而言，生产力促进中心承担的风险在95%，以吸引更多的银行开展知识产权质押融资业务。[2] 另外，为了控制政策性担保机构自身的风险，需要申请企业以自身知识产权或其他财产提供反担保，生产力促进中心承担担保责任后，可以依据反担保合同向借款企业进行追偿。

当前，政策性担保机构是我国信用担保市场的主要形式，[3] 在降低银行知识产权质押融资风险上，主要优势一方面在于银行容易接受，直接降低了银行的风险；另一方面能够提高企业积极性，且有效降低了相应的融资中介费用。然而，政策性担保机构承担风险比例较高，且不收取担保费用或以其他方式补贴了担保费用，基本上不盈利，风险极容易转移到政策性担保机构本身。毕竟地方政府出资有限，风险一旦转移到政策性担保机构，则会给地方财政造成一定的压力。因此，担保机构在提供担保的同时，应当利用平台优势监督企业贷款用途及知识产权运营情况，谨防坏账发生后出现追偿不能。

(二)商业性担保

“在现代社会，担保制度所保障的交易安全已经成为市场经济的基本要

---

〔1〕 参见《浦东新区科技发展基金知识产权质押融资专项资金操作细则》(沪浦科〔2008〕106号)第2条。

〔2〕 参见李瑜青、陈慧芳：《知识产权评估与质押——基于上海浦东模式的实证研究》，载《华东理工大学学报》(社会科学版)2009年第4期。

〔3〕 参见贺毅：《基于不对称信息的担保机构与协作银行风险分担数理研究》，载《湖南社会科学》2017年第4期。

求，债权担保已成为人们在交易决策中普遍需要考虑的因素，甚至成了一个市场交易环境问题，而不再是单纯的债权安全问题。”[1]商业性担保是市场主体基于市场需求自发设立的担保机构，也是市场经济下发展担保市场的主要模式。有学者就当前不同担保机构进行调研考察，发现商业性担保机构无法就融资费用实现市场定价。[2]

知识产权质押融资实务中已经引入了商业性担保，较典型的是武汉模式。武汉市自2010年成为第三批知识产权质押融资试点城市以来，积极开展工作，以贴息、建立综合平台等方式推动融资发展。武汉市商业性担保公司在市科技局、财政局的引导下，开展了知识产权质押融资再担保业务，以降低银行的风险。[3] 武汉商业性担保公司中以武汉科技担保公司为典型，其作为知识产权质押融资平台，与银行进行合作。企业通过平台获取贷款资源，该公司为其提供再担保。在武汉市商业性担保机制中，形成了两种典型模式。一种为“直接质押”模式，即企业向银行申请知识产权质押融资，担保公司为其提供担保；另一种为“间接质押”模式，即企业通过担保公司平台向银行申请贷款，担保公司为其提供信用担保，而企业以自身知识产权向担保公司设定反担保。[4] 在两种模式中，就银行而言，直接质押的风险明显高于间接质押。在直接质押中，银行依然要面临质押标的处置困难的问题，处置时间长、难度高等问题依然没有得到缓解。而间接质押，是以企业知识产权为担保公司提供反担保，银行可以在这种模式中将知识产权的处置风险直接转移给担保公司。相对地，间接质押的担保费用会明显高于直接质押，毕竟在直接质押中，银行需要先将质押标的进行处置变现，变现不能或变现金额不足以清偿银行债务时才能要求担保人承担责任。[5]

---

〔1〕 许明月：《抵押物转让制度之立法缺失及其司法解释补救——评〈中华人民共和国物权法〉第191条》，载《法商研究》2008年第2期。

〔2〕 参见薛菁、邓帆帆、肖敏娜：《融资担保机构服务效率地区差异与有效服务区间——基于不同模式担保机构的调查》，载《贵州财经大学学报》2017年第1期。

〔3〕 参见鲍新中、尹夏楠：《知识产权质押融资风险管理》，知识产权出版社2018年版，第132页。

〔4〕 《武汉市专利权质押贷款贴息管理暂行办法》第2条规定：“本办法所称专利质押贷款，指企业以专利权出质的形式向金融机构申请贷款，包括直接质押贷款和间接质押贷款等形式。”

〔5〕 参见《民法典》第392条。

当然,为了平衡利益,降低商业性担保机构的风险,往往在间接质押模式中会就知识产权质押方式提供反担保的引入政策性担保公司的再担保,且将再担保比例设置在60%~80%。[1] 例如,湖北省再担保集团以政策性担保的方式,引导商业性担保公司开展相关业务,并设置了"4321"新型政银担风险分担模式,即在风险分担比例上,商业性担保公司承担40%,政策性担保公司承担30%,银行自身承担20%,政府承担10%。[2]

商业性担保公司业务范围相对较广,且包含了部分政策性担保业务,知识产权质押融资属于其众多业务中的一种。[3] 商业性担保公司本身风险较高,以武汉科技担保有限公司为例,其推出的知识产权质押融资再担保业务曾为武汉中新化工有限公司提供了再担保服务。然而,该公司于2019年1月被法院列为失信被执行人,相关业务将受到影响。[4] 商业性担保公司的发展也需要政府引导和扶持,逐渐发展我国担保市场,在控制信用风险的同时不能扩散风险。当前,知识产权质押融资风险引入商业性担保离不开地方政府的政策支持。换言之,离不开政策性担保的支持,在分担风险机制上还有待进一步发挥其作用。

(三)互助性担保

互助性担保,是指企业之间组成联盟,以联盟的形式为融资提供担保的形式。同样的互助性担保的实质也是人保与物保共存,属于一种混合担保模式。企业参与联盟,目的在于自己融资时可以获得联盟的集合担保,补足知识产权担保力不足的风险,以获得银行的贷款。当然,在借款人按期不能偿还借款以及质押标的处置不能的情况下,联盟的每个企业都需要承担责任。互助性担保既可以是成员出资设立基金的形式,也可以是承诺按比例的形式。知识产权质押融资互助性担保源于中小企业集群担保模式。这种模式在风险分担中具有明显的局限性。首先,参与联盟的都是同类型或相

---

〔1〕 参见《关于加快推进中关村国家自主创新示范区知识产权质押贷款工作的意见》(中示区组发〔2010〕19号)第6条第5款。

〔2〕 参见《湖北省政府办公厅关于金融支持实体经济发展的意见》(鄂政办发〔2018〕46号)。

〔3〕 以武汉科技担保有限公司为例,其业务范围还包括武汉市科技共同担保基金的受托管理、国家开发银行科技型中小企业专项贷款担保、科技项目周转金专项贷款担保、高新技术企业进出口业务专项贷款担保、武汉市就业创业小额贷款担保、农业示范户贷款担保等政策性担保业务。

〔4〕 参见(2018)鄂0106执3813号裁决书。

似的企业,缺乏固定资产,自身信用不足。尽管当前立法鼓励设置互助融资担保模式,但其在知识产权质押融资中的应用仍然不足。[1]

知识产权质押融资引入互助性担保会放大信用,同时将风险扩散到其他本身缺乏资金的成员中,无异于将风险进行不当转移,也不利于降低融资风险。就知识产权质押融资而言,降低融资风险是相对银行承担风险提出的,无论如何分配,风险的总量不变。在这一意义上,降低风险就需要真正能够承担风险的主体进入。在互助性担保中,成员们都是属于缺乏固定资产设立抵质押融资的中小企业,如果将其"捆绑"在一起,提供一个名义上的"集合"担保,也起不到实质性的作用。一旦借款人不能偿还借款,其提供的知识产权质权也无法变现或足额变现时,让其他成员承担保证责任,而其他成员也缺乏固定资产或现金流,银行作为债权人难以要求其承担保证责任,实现债权清偿的目的。此外,互助性担保还存在一个升级模式,也就是成员出资设立一个互助性担保基金或者成立一家担保公司。问题的实质依然没有改变,核心问题依然还是成员自身都不具备偿债能力。并且,要实现互助性担保的保证责任,银行往往还需借助司法程序。如启动了司法程序,又不能追回款项的话,则该模式设计无异于浪费资源。综上,互助性担保不适用于知识产权质押融资风险分担机制。

二、风险补偿机制

知识产权质押融资风险补偿机制,是指地方政府出资,拟进行知识产权质押融资的科技型、创新型中小企业共同出资,或者由当地政府与企业共同出资设立专项基金用于补偿银行风险的模式。当企业无法偿还贷款时,则由该专项基金直接补偿银行的全部损失或部分损失。

(一)风险补偿机制的实践探索

目前,许多省市根据当地实际情况,采取不同措施建立知识产权融资风险补偿机制,落实风险补偿金。通常采取政府财政出资,专款专用的方式。上海市浦东新区的风险补偿方案为奖励加补偿的方式,风险补偿比例不超

[1] 参见《中小企业促进法》第21条。

过5%,并对不同贷款金额设置了不同奖励。[1] 中山市采取政企合作的方式,设立风险资金池规模达4000万元,且随着企业的加入规模将不断扩大。风险补偿项目损失发生后,风险补偿资金承担的风险损失不超过贷款本金损失的70%。[2] 2016年10月,山东省科技厅、山东省知识产权局、山东省财政厅与齐鲁银行、交通银行山东省分行签订合作协议,设立知识产权质押融资风险补偿基金5000万元,用于对合作银行知识产权质权变现风险补偿。[3] 山东省对银行贷款风险补偿按照实际损失(本金)不超过40%的比例进行补偿。[4] 珠海市的风险补偿比例为4∶6,风险补偿基金对银行贷款实际损失直接补偿40%。[5] 鞍山市设置了担保机构参与方案、保险公司参与方案、"银行A"、"银行B"4种不同方式进行风险补偿,补偿比例也不尽相同。在有担保机构参与的融资中,风险补偿基金与银行、担保机构协商补偿比例,就银行和担保机构追回的部分也按照比例进行分配。在保险公司参与的融资中,也由参与主体协商确定风险补偿的比例,对于后期追回款项同样按照上述比例进行分配。另外,在这种模式中,风险补偿基金还可以补偿保险费用,但是不能超过贷款总金额的2%。在"银行A"模式中,由风险基金与银行协商风险承担的比例,追回资金同样按照比例分配。在"银行B"模式中,除协商分担比例外,以年度贷款损失总额的方式进行结算,但只对银行知识产权质押融资不良资产率超过其年度目标3个点以内的部分进行补偿。[6] 随后,鞍山市又对具体风险比例进行了限定,风险基金按照4∶6的比例承担风险,且单笔贷款损失不得超过500万元,单笔损失超过500万元的,风险基金也只补偿200万元。[7] 重庆市也设立了风险补偿基金,对银行贷款损失进行补偿,补偿比例不超过实际损失(本金部分)的

---

〔1〕 参见《浦东新区知识产权质押融资风险补偿和奖励操作规程》第4条。

〔2〕 参见《中山市科技企业知识产权质押融资贷款风险补偿办法》,载中山市人民政府官网:http://www.zs.gov.cn/main/zwgk/open/view/index.action?id=249639,最后访问日期:2020年9月22日。

〔3〕 参见附表二。

〔4〕 参见《山东省知识产权质押融资风险补偿资金使用管理实施细则》第6条。

〔5〕 参见《珠海市知识产权质押融资风险补偿基金试行管理办法》。

〔6〕 参见《关于印发〈关于设立鞍山市知识产权质押融资风险补偿基金的管理办法〉的通知》(鞍知发〔2016〕5号)第5条。

〔7〕 参见《鞍山市知识产权质押融资风险补偿基金实施细则》第14条、第16条。

30%,且单笔补偿不得超过150万元。[1]

(二)风险补偿机制的发展趋势

在实践中,风险补偿机制主要是通过设立风险补偿基金的形式予以实施的,直接降低了银行风险。风险补偿基金承担的比例也比较高,对银行来讲,与政策性担保差异不大,都可以起直接降低风险的效果。在实际操作中,政策性担保机构不积极承担责任的,还可能需要银行启动司法程序。但是对风险补偿机制来讲,可以实现直接补偿,只要贷款企业不能偿还债务,质押标的难以变现就可以申请风险补偿。由此,风险补偿相较政策性担保而言更直接,也更容易吸引银行开展知识产权质押融资业务。不管是知识产权质押融资还是知识信用融资,都是为了缓解中小企业融资难题而催生的以政策导向为主的融资模式。各地政府设立的各项风险补偿资金,有些偏离政府职责。就市场融资而言,政府需要做的是提供渠道或者平台,而非长期进行政策扶持。长期的政策扶持容易催生市场主体政策套现。就风险补偿机制而言,银行基于补偿机制,增加放款力度,银行作为市场主体也以营利为目的,多寻求商机与企业合作,可能出现共同政策套利。基于风险补偿机制的存在,银行就不会耗费更多的精力去完成对质押标的本身的监督或管理,也不会在质押标的处置上耗费精力。如此,知识产权质押形同虚设,其担保效力并不能有效发挥,不利于实现知识产权财产价值。当然,风险补偿不可能持续性进行。政府机构应当利用其管理优势,在知识产权风险披露、价值评估、交易市场建立等方面投入更多的精力和资金。

三、知识产权质押融资保险

知识产权质押本属于融资债权保障机制,通过对出质人的知识产权财产权上设定质权的形式,在债权不能获得清偿时就该知识产权财产价值优先受偿以保障债权的相对安全。保险通过损失补偿的方式,将实际损失转移给保险人,属于一种分散风险的风险控制配套机制。由保险人将此风险损失分担给参加该类保险面临同种风险的共同体,继而实现融资主体对质

---

[1] 参见《重庆市知识产权质押融资管理办法(试行)》第18条。

押标的的风险控制。质押与保险的结合将实现风险控制功能的组合，共同发挥风险控制作用，为知识产权质押融资过程中质押标的价值减损风险提供可行的控制路径。

（一）知识产权质押融资保险的理论基础

英国经济学家珍妮·斯蒂尔（Jenny Steele）认为，人们对尚未发生的风险前瞻式的研究主要体现在风险预防方面，对发生后的风险主要进行的是后顾式研究，其主要体现在损失的救济方面。保险制度结合了前瞻式的预防和后顾式的救济，是风险控制的一种重要制度手段。一般而言，保险的主要功能即为转移风险，被保险人通过保险合同将风险转移给保险人，保险人将风险分散于共同体，以消化风险，降低个体在面临风险时的损失。自然人、法人或其他组织也基于自身难以控制风险的考量而加入共同体，在损害发生时，将风险分散于整个共同体，以稀释风险。〔1〕 根据保险合同约定，被保险人的义务是支付保险费用，其权利是在损害发生后要求保险公司按照保险合同的约定赔偿损失。常见的财产保险主要包括了责任保险、财产损失保险、信用保险等。〔2〕 损失补偿是财产保险的核心原则所在，指的是一旦风险事件发生，损失将由保险人承担或者补偿被保险人的损失。其中的责任保险指，“按照经典的保险制度运行方式，当被保险人就某项责任投保后，如果因其行为导致第三人损害且该损害在保险合同约定的赔偿范围内，则由保险人承担该损害的全部或者部分赔偿”。〔3〕 财产损失保险是以各种有形的物质财产、相关的利益及其责任为保险标的的保险。知识产权质押融资标的保险，是指知识产权质押融资过程中，质押人为防止质押标的价值减损而进行的保险，属于财产保险中财产损失保险的范畴。质押人根据保险合同的约定，向保险人支付保险费用，约定特定的保险事由发生时，由保险公司支付保险金额给被保险人（通常而言是质押权人）的保险

〔1〕 参见江朝国：《保险法基础理论》，中国政法大学出版社2002年版，第21页。

〔2〕 财产保险又可以分为广义的财产保险和狭义的财产保险。狭义的财产保险，仅仅是财产损失保险。广义的财产保险包含责任保险、信用保险和财产损失保险。

〔3〕 许明月：《论社会损害综合防控体系中的责任保险制度设计——基于损害救济与防控效率的社会成本分析》，载《法商研究》2015年第5期。

方式。[1]

“物上代位是权利客体的替代,即以特定物的价值的转化物替代原物而作为原物所附权利的载体。”[2]我国《民法典》第390条对担保物的物上代位效力予以认可。该条属于一般规定,当然也适用于权利质押。知识产权作为权利质押标的,质权人也依法享有物上代位的权利。具体表现为质权人因知识产权质押标的无效、效力瑕疵、遭受侵权等导致价值减损而获得的替代知识产权质押标的价值形态的其他财产利益的权利,包括但不限于因遭受侵权所获得的赔偿金、保险金或者补偿金。由于债权未到期,质押标的价值减损发生在质权持有过程中,根据《民法典》第390条的规定,质权人可以就知识产权质押标的减损所获得的赔偿金、补偿金、保险金进行提存。基于此,可以对知识产权质押标的进行保险,保险事由发生后赔付的保险金可以补强知识产权质押标的因价值减损而降低的担保能力。知识产权质押融资保险作为降低知识产权质押融资风险的重要手段,对融资主体各方都具有重大的现实意义。

保险利益,是指投保人或被保险人对保险标的依法享有的利益。[3]就知识产权质押融资保险利益而言,涉及企业、银行两方融资主体。这主要是谁是投保人,谁是被保险人,在保险合同中担任什么角色的问题。就出质人(通常是企业自身)而言,存在质押标的在融资过程中价值减损的风险;对质权人(银行等金融机构)而言,质押标的在融资过程中价值减损,导致质押标的的担保能力下降或灭失的风险。因此,针对质押标的,企业和银行都享有保险利益,都可以自己的名义向保险人投保,且约定自身为受益人。但是,根据我国《民法典》第390条之规定,担保物权具有物上代位性。知识产权质权持有过程中,知识产权价值减损、被撤销或无效等,质权人可以就获得的保险金、赔偿金或补偿金等进行提存。因此,在知识产权质权持有过程中遭受质押标的价值减损的,质权人本身即享有保险金的代位权,无须其作

---

〔1〕参见彭飞荣:《知识产权融资风险规制研究——以专利权为中心》,法律出版社2018年版,第148页。

〔2〕许明月:《抵押权制度研究》,法律出版社1998年版,第254页。

〔3〕《保险法》第12条第6款规定:“保险利益是指投保人或者被保险人对保险标的具有的法律上承认的利益。”

为质权人而对质押标的进行投保。因此,知识产权质押融资保险利益指的是出质人作为投保人对保险标的依法享有的利益。

(二)引入保险机制的必要性分析

在讨论某一领域是否应该引入保险机制时,总会存在一种质疑的声音,即引入了保险机制后,行为人可能会疏于本身的管理,从而引发更多的损害风险。[1] 因此,对于知识产权质押融资是否需要进入保险机制,保险制度主要考量的是保险标的是否具有可保的保险利益。就融资主体而言,是否需要引入保险机制的关键就在于,主体是否可以承担风险,或者承担风险不至于影响本身的发展。就知识产权质押标的价值减损风险而言,其具有客观性、不确定性以及损害性等特征,考量其是否需要引入保险机制,主要需要考虑以下几个具体问题。

首先,是否引入保险机制需要考虑原有的契约关系是否难以进行风险控制。如前所述,知识产权质押融资合同包含借款合同关系和担保合同关系,基于信息不对称以及知识产权特性的存在,银行很难从契约角度控制融资风险。[2] 质押融资合同的成立是基于融资主体的意思自治,双方都有选择交易或不选择交易的权利。知识产权作为特殊的财产权利,其价值处于不稳定的状态,加之可能存在的无效、效力瑕疵以及遭受侵权的可能,价值减损的风险较高。原有的契约关系难以控制质押标的价值减损的风险。

美国法学家德沃金(Ronald. Dworkin)在阐述其分配正义理论的著作中,曾以保险为例,论证过行为人进行保险的必要限度。德沃金认为,在资源平等面前,没有理由将高风险、高收益事项的风险分配给其他人,也没有理由将其高风险分配给其他人。行为人不管是选择高风险的事项还是低风险的事项,无论是损失还是收益都应当由行为人自行承担,这可以称为人的“选择之运”。在德沃金的理论中,参与事项的行为人有自身的判断能力,应当评估风险,并衡量自身有没有承担风险发生后的所有不利后果的能力。

---

〔1〕 参见王家福主编:《民法债权》,法律出版社 1991 年版,第 436~438 页;王利明主编:《民法典·侵权责任法研究》,人民法院出版社 2003 年版,第 270~271 页。

〔2〕 参见彭荣飞、杨梦、王全兴:《论我国知识产权融资保险制度之建构——从保险法角度切入》,载《法学杂志》2012 年第 6 期。

行为人应基于此来作出为或者不为某一行为的决策。他认为,否定行为人具有“选择之运”可能会剥夺他们选择的权利。在其看来,行为人无论其输赢得失都是一种选择,而这种选择本身也是实施风险的行为,因此,应当由其自身承担风险。[1] 但是现实中也存在意外事故,意外事故造成的损失属于人的“无意之运”,行为人无法预见也无法抗拒,由此产生的风险可以通过保险进行转移或分散。[2] 德沃金运用保险来中和“无意之运”与“选择之运”,即对于“无意之运”的风险可以由保险的方式来分散风险。保险机制为“无意之运”提供了风险分担及补偿的方法。但是,由于保险机制考虑了安全的机会成本,保险的赔偿也不一定是全额救济。德沃金主张某些风险必须由行为人自行承担,但是对意外事件导致的风险,行为人可能会遭遇不确定的损失,保险机制可以适用于所有可能遭受意外事件的行为人,而不仅仅是弱势群体。[3] 就知识产权质押融资而言,质权人在持有质权过程中,质押标的存在的风险对质权人(银行)而言属于“无意之运”。银行作为质权人既无法支配质押标的,又无法管理质押标的,其因无效、效力瑕疵、遭受侵权等造成的价值减损风险不由质权人意志所决定,符合德沃金所言的“无意之运”。基于此,可就知识产权质押融资引入保险机制分散风险。

其次,需要考虑引入保险机制对知识产权质押融资成本的影响。基于经济学成本收益分析,参与的主体越多,利益的分享人就越多,原有参与主体利益分得就越少。在如此情况下,融资主体要不要进行保险,还需要考虑成本、风险与收益之间的关系。在考虑某一事项是否需要保险时,除考虑风险的“无意之运”(客观性),还需要关注保险可能增加的融资成本,从而考量是否需要投保以及选择何种保险。如果行为人想要进行安全无风险的事务,则需要预先放弃某种可能获利的机会。换言之,如果行为人想要某项事务毫无风险,那就只有不进行该事务才可做到零风险,也就意味着无收益。

---

[1] See Ronald Dworkin, “What is Equality? Part 2: Equality of Resources”, *Philosophy & Public Affairs*, Vol. 10, No. 4, 1981, pp. 283-345.

[2] 德沃金的“无意之运”与“选择之运”之间的区别在于主体对风险的产生是否有主观意志的体现。参见[英]珍妮·斯蒂尔:《风险与法律理论》,韩永强译,中国政法大学出版社 2012 年版,第 138~140 页。

[3] 参见[英]珍妮·斯蒂尔:《风险与法律理论》,韩永强译,中国政法大学出版社 2012 年版,第 150 页。

因此,该逻辑可以归纳为商事交易存在成本、收益和风险,风险收益理论上成正比,想要降低风险,必然要付出降低风险的成本,降低风险的成本应当纳入该项交易收益成本的整体计算中,以遵循商事交易中收益与风险的成正比的规律。就行为人是否要就某项事务进行保险,需要考虑保险费用,该保险费用必然增加了交易成本,如此交易成本的存在还能否使交易继续存在可观的收益?是否还有其他成本更低且可以替代保险的可以降低风险的替代方案存在?保险费用占据预计收益的比重,以及风险实际发生后的损失补偿的金额等因素,将影响行为人是否对某一事项进行保险时的考量。对知识产权质押标的的投保并非强制性的,融资主体可以自由选择达成约定。

最后,如果引进了风险分担机制,由此增加的融资成本应当由谁承担。在知识产权质押融资质押权持有过程中,质押标的价值减损的风险主要集中在银行一方,按照保险原理应当是银行就该资产(质押标的)进行保险以降低融资风险,保险费用也应当由银行承担。[1] 但在实际融资中,银行往往会将此交易成本转移到融资企业一方,通常最后由更迫切需要融资的借款人来承担保险费用。这也符合市场交易的规律,由更迫切的一方承担由此增加的融资成本。

在知识产权质押融资中,核心风险即质权不能实现或不能足额实现的风险。在实践中,知识产权与有形财产组合、与第三人信用组合、政策性担保公司提供担保等,目的都是降低银行的风险。需要明确的是,无论如何分散风险,单笔业务风险总额不变,即相应的债务金额不变。知识产权质押融资中引入保险机制,目的也是降低银行的风险,提高银行参与度,以此促进知识产权质押融资市场繁荣,缓解中小微型企业融资难、融资贵问题。

(三)知识产权质押融资保险的实践探索

在实践中,我国部分地区已经开展了知识产权质押融资保险业务试点工作。2004年北京中关村园区分别与上海浦东发展银行、中国人民财产保

---

[1] 在银行持有质押权过程中,由于并不占有该知识产权,也无法控制知识产权的使用,如果其价值减损,将直接影响其担保能力。当然,质押标的价值减损最直接的损失是由质押人承担的,会影响质押人的生产经营。但就融资风险而言,质押标的价值减损导致的风险由银行承担。

险股份有限公司签订了协议,上海浦东发展银行对中关村企业开展知识产权质押融资业务,保险公司为专利技术产业化项目提供保险服务。2014 年 11 月 14 日,为积极探索科技保险新模式,江苏省镇江市科技局与中国人民财产保险公司镇江市分公司(以下简称镇江人保)签署了《科技保险战略合作协议》。随后,江苏银行与镇江人保进行战略合作,分别开展了专利质押贷款业务和专利质押贷款保险业务。镇江人保为镇江恒源汽车零部件有限公司和江苏百瑞吉新材料有限公司的专利质押融资提供了保险业务。[1] 镇江市为促进知识产权质押融资保险业务的推进,实施了专利质押贷款险,即在专利权质押融资基础上,对质押的专利进行保证保险的一种创新型险种。专利质押贷款保险公司与融资主体共同分担知识产权质押融资风险的形式,使银行持有质押权的风险得到了有效控制。镇江市在推进专利质押贷款保险的基础上实施了相关优惠政策,对符合一定条件的企业给予保费补贴支持,并将申请对象限定为按新标准认定的高新技术企业、省级以上创新型企业、民营科技企业、省级以上科技企业孵化器、科技产业园、科技企业加速器内的企业、国家"千人计划"、省高层次创新创业人才引进计划和省"双千人才工程"、市"331"计划等人才计划资助对象创办的企业、获得市级以上各类科技计划支持的企业。企业贷款额度一般为 50 万元到 300 万元,贷款期限不超过 1 年,贷款利率在中国人民银行公布的基准利率基础上上浮不超过 10%。保费费率为企业贷款本息合计金额的 2.5%~2.8%,如企业按期偿还贷款本息,政府给予一定的保费补贴。[2] 2016 年 12 月中国人民财产保险股份有限公司中山市分公司成功签出科技企业专利质押保证保险单,开启了专利质押融资的新模式。一是首创了质押融资保证保险的模式,有效降低了科技型中小企业贷款难度;二是在专利质押融资中通过贷款保证保险降低银行放贷风险,从而支持科技型中小微企业,促进地方经济发展;三是通过制度创新,多方合作,加强和合作各方的联动机制和风险共担

---

〔1〕 参见镇江市科学技术局:《镇江推出专利质押贷款保险业务》,载《江苏科技信息》2014 年第 12 期。

〔2〕 资料来源:江苏省镇江市知识产权公共服务平台网:http://www.jscykj.cn/portal/col/167/index.html,最后访问日期:2020 年 12 月 3 日。

意识。2017年中国人民财产保险股份有限公司德阳市分公司也拟对当地知识产权质押融资提供专利权质押融资保证保险服务。目前,知识产权质押融资保险已经在全国范围内开展;另外,还有专利执行保险、专利责任保险、知识产权综合责任保险等险种供融资主体选择。

(四)知识产权质押融资保险利益与保险形态厘定

保险是补足融资各个阶段风险发生导致知识产权质押标的担保力不足的有效手段。通过保险进行的风险控制不仅指签署某项保险合同,还涵盖了对某一特定类型风险的责任设定。在风险控制的背景下,知识产权质押融资保险也具有特定的特征。相应地,保险设计须适应与质押标的相关的商业实体的具体特点。[1] 其保险在形态上主要表现为出质人为质押标的进行的投保。根据国内外相关实践,银行在与企业签订融资合同的同时会要求企业对其知识产权进行投保,并将其纳入融资合同条款中。一旦出现质押标的价值减损,其担保能力下降、主债权的担保降低,银行将面临质权不能实现或不能足额实现的风险。在知识产权质押融资保险中,银行就质押标的享有的保险利益是信用利益。基于此,知识产权质押融资保险的形态是一种履约保证险或信用增强保险。[2]

关于知识产权质押融资履约保证保险,系投保人(出质企业)与保险人签订保险合同,为投保人与银行签订的知识产权质押融资合同提供的保险,受益人为银行。当投保人到期不履行还款义务时,即属于保险事由的发生,投保人可以依据保险合同要求保险人赔付损失。基于上述理由,保险人应当知晓保险标的的具体情况,且可以在保险合同中约定对保险标的实施一定监督的权利。投保人(企业)也有义务根据保险合同向保险人报告质押标的使用情况及相应的经营情况。根据保险法原理,债务人在融资中为质押标的购买专业保险可以视为债务人为自己的信用进行的投保,以此方式增强自身的信用。在这种模式下,保险人即为保证人,提供的是保证,可视

---

[1] See Draganov G., "Risk Management and Risk Transfer Regarding Objects of Intellectual Property", *Economic Archive*. Vol. 264, No. 19, 2017, pp. 1-9.

[2] 参见彭飞荣:《知识产权融资风险规制研究——以专利权为中心》,法律出版社2018年版,第149页。

为一种履约保证保险。[1] 当质押的知识产权标的价值不足时,由保险人将差额赔付给质权人。信达财产保险股份有限公司于2010年推出了著作权交易保证保险业务,开辟了知识产权质押融资保险业务的先河。此即在著作权许可交易中,受让人可购买此著作权交易保证保险,如果交易标的无效或者存在瑕疵导致受让人存在被诉风险,保险人将先行赔付交易标的的著作权人,并赔付受让人相关诉讼费用,从而对著作权交易风险进行有效控制,以保障交易的顺利进行。[2]

信用增强保险,即财力保证保险。1971年美国已存在此种保险。当时,美国市政债券保险公司开始提供市政债券保证保险业务,以保证支付由市政府发行的债券的本金及利息。20世纪80年代早期,该业务开始发展,传统的保险人也开始迅速开展此业务,并结合一些创新的保险业务。[3] 信用增强保险就是把保证和保险两个领域的基本要素结合在一起的保险险种。从根本上讲,信用增强保险是一种制度安排,通过这种制度安排,保险人保证支付由投保人发行的债务工具相关的本金和利息。保险人向债券或其他债务工具的投保人"保证"债务一定会得到偿还。从这个意义上看,保险人是用自己的财务实力去增强债务人的信用力。尽管信用增强保险通常被称为保险,但其实际上更接近保证。[4]

另外,关于是否对知识产权质押融资设置强制性保险的问题。笔者认为,尽管以风险控制为背景,还是不能突破融资主体之间的契约合同关系,立法不宜设置强制性的保险。关于强制性知识产权保险,是类似于交通责任强制保险,系依法就某类知识产权必须进行投保的险种。此即不管知识产权权利人愿意与否,只要其进行交易必须进行投保。强制性知识产权

---

〔1〕 参见陶丽琴:《保险与抵押的机制衔接及其制度构架——以按揭住房保险为视角》,载《法学研究》2006年第4期。

〔2〕 参见姚文平:《我国首个著作权交易保证保险产品发布》,载《中国知识产权报》2010年6月30日,第2版。

〔3〕 这些传统的保险人包括主要的财产和责任保险公司。例如,美国国际集团、大陆保险公司、意外和保证保险公司、一般再保险公司、消防员基金、旅行者保险公司和工业赔偿公司等。参见[美]埃米特·J.沃恩、特丽莎·M.沃恩:《危险原理与保险》,张洪涛等译,中国人民大学出版社2002年版,第715页。

〔4〕 参见[美]埃米特·J.沃恩、特丽莎·M.沃恩:《危险原理与保险》,张洪涛等译,中国人民大学出版社2002年版,第711页。

保险险种的设立必须依法进行，保险范围也应受到严格的立法限制。强制性知识产权保险最初由欧盟提出，并主要适用于专利领域，要求申请、许可、转让专利必须购买专利保险。[1] 该提议一经公布则受到了抵制，抵制理由即专利侵权纠纷，系专利权权利人管理风险，属于意思自治的私法领域，不应被干涉，如果该专利涉及公共利益被要求购买强制保险，尚可接受。尽管强制性专利保险受到了质疑，其还是存在一定的价值。具体表现为，其可以直接促进保险业务规模扩大，吸纳更多的投保人购买保险，有利于聚集保费，有效分散被保险人持有的专利遭受侵权风险。另外，实施强制性知识产权保险可实现规模效应以分担保险成本，降低保费。[2]

（五）保险法对知识产权质押融资保险的完善

我国《保险法》第 95 条第 1 款第 2 项规定："财产保险业务，包括财产损失保险、责任保险、信用保险、保证保险等保险业务。"知识产权质押标的本质上是一种无形资产，也存在价值减损的风险。上述规定确立的财产损失保险为知识产权质押融资质押标的价值减损设立保险提供了法律依据。知识产权质押融资保险既可以设立信用保险，也可以设立保证保险和财产损失保险。但遗憾的是，《保险法》仅就此作出了原则上的规定，并未细化信用保险和保证保险的适用范围及财产损失保险是否包括无形资产。立法规定的空白，给知识产权质押融资保险的设立一筹莫展。如果贸然开展，则可能形成风险叠加，也达不到风险控制的目的。具体风险可能涉及法律制度类、监管政策类、业务管理类等，这些风险的叠加导致整个控制更困难和复杂化。因此，需要一套成熟的制度来降低融资过程中的风险。在这个意义上，完善财产损失保险、信用保险和保证保险制度是开展知识产权质押融资保险的基础。[3]

基于当前我国保险法律制度未对知识产权质押融资保险作出明确规

---

〔1〕 参见林小爱：《知识产权保险研究》，华中科技大学技术经济及管理专业 2009 年博士学位论文，第 34 页。

〔2〕 See Nurton J, Barraclough E., EU Mulls Mandatory Patent Insurance, *Managing Intellectual Property*. 2006;(165):15 (14 December 2018) http://search.ebscohost.com/login.aspx?direct=true&db=bth&AN=23687729&lang=zh-cn&site=ehost-live.

〔3〕 参见彭飞荣：《知识产权融资风险规制研究——以专利权为中心》，法律出版社 2018 年版，第 150 页。

定,相关操作缺乏法律指引,故需要《保险法》在未来的修改中对此问题作出如下调整。

首先,将知识产权纳入保险法保险标的范围。知识产权属于无形资产,在其市场形成前,难以形成有效的价格机制,难以发挥出相应的财产价值,也使其交易以及作为质押标的都具有较大风险。尽管现行《保险法》第33条第1款没有明确将知识产权、股权等无形资产列入保险标的范畴,但在第95条第1款第2款中规定了财产保险业务包含财产损失保险。既然知识产权属于一种财产,也有遭受损失的可能,将其纳入保险标的范围在理论上是可行的。

其次,关于定值保险在知识产权质押融资保险价值评估中的运用。学界对保险价值的理解有两种:一种观点是认为保险价值等同于标的物的价值;另一种观点认为标的物的价值评价只是其表面含义,设置保险价值可以防止投保人在保险中不当得利,因此,其真正的含义应该包括对标的物享有的保险利益的货币评价,是保险人依法赔付的最高限额。[1] 因此,为了平衡投保人和保险人的利益,需要对标的物进行价值评估。将知识产权纳入保险标的的范围,其保险价值如何确立,学界还存在一些争论。根据现代保险法理论,保险价值仅是有形财产保险讨论的范畴。定值保险与不定值保险目前也仅是在有形财产损失领域才有适用的可能,在无形资产价值减损领域是否也能适用,还存在争议。"定值保险是为了克服不定值保险在面临事后估算保险价值之技术性难题,以满足那些事后价值评估困难的财产所有者对保险可获得性的需求。"[2] 当前知识产权交易市场发展缓慢,还未形成完全的交易市场,知识产权的定价缺乏有效的市场机制,定价困难,对于未投入使用或未产生稳定收益的专利,专利权的保险价值难以确定的。就算是就已经使用产生稳定收益的商标而言,其价值也是难以确定的。不定值保险对知识产权价值评估耗时长,且评估出的价值不一定代表其真实货

---

〔1〕 参见袁宗蔚:《保险学——危险与保险》,首都经济贸易大学出版社2000年版,第210~214页。

〔2〕 樊启荣:《论定值保险的合法性及其边界——以〈中华人民共和国保险法〉第55条第1、2款为中心》,载《法商研究》2013年第6期。

币利益。就科技型、创新型中小企业而言,在知识产权质押融资过程中,质押标的受到侵权,一方面需要获得资金支持诉讼,另一方面也需要资金维持企业正常营运。在当事人约定保险金后,投保企业只需要负责举证损害的事实,即可获得保险人的赔付。投保人与保险人约定价值并对保费达成合意,也有利于知识产权质押融资质押标的价值减损投保的推广。“虽然定值保险偏离了损失补偿原则,但可将其看作补偿原则对效率原则在承保技术上的退让。”[1]当然,在具体案例中,可能存在已经投入使用且产生稳定收益的知识产权,随着知识产权评估水平的提高,也能对其作出准确的评估。因此,基于当前知识产权价值不宜确定的特征,对知识产权质押融资保险可采用定值保险,作为财产保险中不定值保险的例外。

本章小结

无论知识产权质押法律制度设计得多么精细,债的担保仍会存在剩余风险的问题。风险控制配套机制的建立,有利于降低知识产权质押融资过程中的风险以及分散融资主体所承担的风险。混合担保机制、风险补偿机制以及保险机制均对知识产权质押融资风险控制有重要意义。混合担保中的政策性担保以及风险补偿机制均以政府为主导,缺乏市场动力,并非长久之计。而混合担保中的互助性担保、商业性担保机构发展有限且本身存在较高风险,将其引入知识产权质押融资容易传递或扩散风险。完善知识产权质押融资保险成为一个新的趋势,为知识产权质押融资风险控制提供了可行路径。

---

[1] 彭飞荣:《知识产权融资风险规制研究——以专利权为中心》,法律出版社 2018 年版,第 154 页。类似观点参见樊启荣:《论定值保险的合法性及其边界——以〈中华人民共和国保险法〉第 55 条第 1、2 款为中心》,载《法商研究》2013 年第 6 期。

结　语

风险本是一种复杂又不确定的客观存在，通常呈现牵一发而动全身之势态，难以进行控制。然而，风险在知识产权质押融资各个环节中表现出的具体样态，仿佛在向研究者暗示其风险研究存在有迹可循的线索。事实上，当前知识产权质押融资总额有限，在实务中也没有形成大量不良贷款，系统性风险暴露不足。对于知识产权质押融资各个阶段表现出的具体风险以及相应的制度缺陷，确实存在明显的研究线索。基于此，本书对知识产权质押融资及风险进行界定，从当前知识产权质押融资面临高风险的现实困境出发，分析了风险控制的必要性以及法律控制的可行性，确立了全书的研究路径。此即以知识产权质押融资微观性风险在质权设立、质权持有和质权实现三个环节中表现出的具体形态为样本，分析它们形成的制度成因，从而进行制度调整和优化。本书形成的核心观点如下。

其一，关于基础理论。知识产权质押融资风险是基于当前传统担保法律制度不适用或者存在缺陷所引发的具体性风险问题。对于知识产权质押融资风险的研究，应该以外部控制与内部控制相结合，并确立外部控制为当前首要研究方向。作为外部制度的法律在风险控制中具有明显的优势，体现在外部法律制度为组织内部控制提供基础和依据。知识产权质押融资风险控制涉及多部法律制度的调整和优化，"因果论"和"目的论"在法律控制上存在的思维分殊揭示了部门法对具体风险研究存在一定局限性，卢曼系统论为具体风险的法律控制研究提供了很好的理论基础，以超越部门法之限制,为整体风险控制法律制度设计开辟了新的思路。在系统论视角下,本书提炼了安全、效率和公平作为知识产权质押融资风险控制法律制度的基本价值取向。由此,对于知识产权质押融资风险控制法律制度的设计,不能仅考虑质权人的立场,还需综合各方面的利益,需要综合运用工具理性、制度理性、法律理性来考察研究对象,从而实现风险控制的目的。需要指出的是,无论以何种法律制度设计,仍然会有剩余风险的问题,由此,知识产权质押融资风险控制法律制度并不苛求零风险,而是从总体上降低融资风险,防止风险进行不当转移和扩散。

其二,关于担保物权法律制度方面。担保制度本身具有保障交易安全、控制风险的功能。然而,基于知识产权自身的特殊性,现行知识产权质押的担保功能被弱化,债权利益难以得到保障。知识产权质押融资各个阶段呈现出的具体风险已经暴露了相关制度的缺陷。传统的担保物权法律制度以有形财产为核心,知识产权难以适用当前的担保物权法律制度,难以发挥其财产价值以及质押本身应该具有的担保功能,反而使整个融资过程风险叠加,有碍其发展。不可否认,与有形财产相比,知识产权的价值更易于波动,更难以确定,知识产权担保也具有更大的风险。因而,知识产权质押制度设计应力求优化其担保功能,克服知识产权固有属性所带来的障碍,为担保融资提供更好的制度供给。

首先,知识产权质权设立,应坚持物权法定主义,明确知识产权质押标的的种类及范围。在种类上,商业秘密因不具备可公示性,不能设立质权;"未来著作权"属于一种期待利益,因而不能设立知识产权质权;而邻接权与狭义的著作权性质类似,却不像著作权那般具有人身性,更贴近于单纯的财产权性质,从而可以设立知识产权质权。在范围上,知识产权设立质权即是全部的财产权利为质押标的,出质后,单个权利变动经出质人同意。另外,与知识产权相关的许可使用权经许可人同意可以设立质押,但其本质不是知识产权质权。单独的发行权、复制权、展览权、表演权等具有可让与财产权利的特征,著作权人以某项单独权利出质,理论上是可行的。但是,若以被授权的复制权、发行权、展览权等出质的,则需要著作权人同意。以单独权利出质的,必须在质押合同中明确权利的具体范围,以防止该权利在处置时受到限制。质押合同没有就著作权范围进行明确的,视为以该著作权全部财产权利出质。其次,知识产权质权保全,应明确知识产权保全措施的适用条件和对出质人使用的具体限制要求。知识产权的财产权出质后,出质人转让或许可他人使用的,应经质权人同意。出质人转让质押标的的,应另行提供相应的担保;出质人许可行为足以使质押标的价值减少的,质权人有权要求提供相应的担保;不提供担保的,质权人有权要求债务人提前清偿债务。同时,为了控制出质人许可使用给质权人带来的风险,可以约定出质人在质权人处设立专用账户,用于收取许可使用费,以便质权人对其账户随时进行监督。最后,知识产权质权实现,应设置出质人特别义务(辅助受让人使用质押标的)、变通知识产权质权处置方式,允许就单独的权利或者许可使用权进行处置,以提高处置效率。

其三,风险控制配套机制方面。知识产权质押融资风险控制不仅涉及基础法律制度及相应法律制度的优化问题,还需要建立多层次的风险控制配套机制。混合担保机制、风险补偿机制以及保险机制均对知识产权质押融资风险控制有重要意义。混合担保中的政策性担保以及风险补偿机制均以政府为主导,缺乏市场动力,并非长久之计。而混合担保中的互助性担保、商业性担保机构发展有限且本身存在较高风险,将其引入知识产权质押融资,容易传递或扩散风险。知识产权质押融资保险成为一个新的趋势,为知识产权质押融资风险控制提供了可行路径。

囿于笔者研究能力有限,对知识产权可能涉及的系统性风险无法作出准确的预测,本书的风险控制法律制度研究存在不足。知识产权价值评估难以及不稳定,知识产权质押融资风险大部分被银行视为信用风险所涵盖。也基于上述原因,银行对知识产权质押融资风险内部控制不足,处于“外患内忧”的境地,“摸着石头过河”,对于此业务多依赖于政策的扶持,浅尝即止。巴塞尔体系基于信息不对称,对房产按揭贷款进行的风险控制制度设计的特点是长期、占比大。对于知识产权质押融资贷款呈现的融资期限较短、占资产占比小及系统性风险发生概率小等特征,并未得到巴塞尔体系的重点关注。然而,相较房地产抵押贷款、股权质押融资等巴塞尔协议已经关注到的风险项目,知识产权质押融资信息不对称程度更高,相比之下具有更高的风险,整个风险控制体系的设计就需要关注对知识产权质押融资的外部监管和内部控制。

尽管目前知识产权质押融资金额占比很小,但是,不排除知识产权交易市场完善后知识产权质押融资繁荣发展的可能。随着知识产权质押融资总额的提高,系统性风险随之而来,监管部门应对知识产权质押融资从政策促进转变为系统性风险的监管。2008年"次贷危机"后,根据世界各国对房地产按揭贷款风险控制的经验,监管部门对系统性风险的防范主要存在两个方向:一是对贷款总额的增加所产生的系统性风险进行监管,手段主要是限贷政策;二是对于贷款业务发展所产生的系统性风险,即大范围信用风险,其主要的控制方法是规范银行的内部控制制度。监管部门对系统性风险的控制方法属于动态调节,《巴塞尔协议Ⅲ》中的逆周期超额资本是一种创新,是外部监管与内部风险控制的结合。监管部门根据对有关指标的判断决定金融银行的超额资本要求,由银行作为其内部风险控制的组成部分。尽管《巴塞尔协议Ⅲ》没有提到知识产权质押资产风险管理的相关内容,但是不否定知识产权质押融资风险是银行风险体系的一个部分。在未来知识产权质押融资规模高达一定程度时,内部风险控制制度设计就可能涉及对知识产权质押融资金额及其资产管理信息的定量披露和定性披露。本书作者囿于学科局限,未在巴塞尔体系下对知识产权质押融资风险展开具体的研究,也没有涉及相关风险计量工具、风险控制绩效评价体系等。上述几点,实为本书的遗憾。

参考文献

一、中文参考文献

（一）著作类

1. 杨延超：《知识产权资本化》，法律出版社2008年版。

2. 刘红霞：《知识产权质押融资模式运行中的问题及其优化对策研究》，经济科学出版社2015年版。

3. 徐东根：《高风险金融交易法律规制研究》，上海交通大学出版社2015年版。

4. 彭飞荣：《知识产权融资风险规制研究——以专利权为中心》，法律出版社2018年版。

5. 钱坤：《专利权质押融资理论与实践研究》，社会科学文献出版社2015年版。

6. 刘阅春：《知识产权质权制度研究》（第2版），法律出版社2016年版。

7. 刘筠筠：《知识产权质押若干问题研究》，中国政法大学出版社2016年版。

8. 王吉法等：《知识产权资本化研究》，山东大学出版社2010年版。

9. 邓子纲、曹前满：《创新驱动发展战略与知识产权管理体制机制综合改革研究》，中国社会科学出版社2017年版。

10. 刘旭明、王晋刚：《知识产权风险管理》，知识产权出版社2014年版。

11. 袁晓东：《专利信托研究》，知识产权出版社2010年版。

12. 冯果、袁康:《社会变迁视野下金融法理论与实践》,北京大学出版社2013年版。

13. 白钦先、王伟主编:《政策性金融概论》,中国金融出版社2013年版。

14. 阳建勋:《风险社会中的法律责任制度改变:以经济法为中心》,厦门大学出版社2014年版。

15. 李鹏:《知识产权担保制度研究》,法律出版社2012年版。

16. 胡延玲:《中小微企业政策性金融法制问题研究》,法律出版社2015年版。

17. 丘志乔:《中国知识产权质押融资实证分析与研究》,知识产权出版社2018年版。

18. 丘志乔:《知识产权质押制度之重塑——基于法律价值的视角》,知识产权出版社2015年版。

19. 苑泽明:《知识产权融资的风险、估价与对策——拓宽创新型企业资金瓶颈》,东北财经大学出版社2010年版。

20. 谢黎伟:《知识产权担保融资问题研究》,社会科学文献出版社2015年版。

21. 钟基立:《文创与高新产业融资:知识产权价值挖掘的交易设计与风险管理》,北京大学出版社2015年版。

22. 蒋玉林主编:《商业银行抵质押评估方法与实务》,知识产权出版社2014年版。

23. 赵爱玲:《中国区域中小企业融资及担保体系研究》,科学出版社2014年版。

24. 季卫东、程金华主编:《风险法学的探索——聚焦问责的互动关系》,上海三联书店2018年版。

25. 胡开忠:《权利质权制度研究》,中国政法大学出版社2004年版。

26. 郑成思:《知识产权论》,法律出版社2001年版。

27. 郑成思等撰:《知识产权法教程》,法律出版社1993年版。

28. 刘春田主编:《知识产权法》(第5版),中国人民大学出版社2014年版。

29. 吴汉东主编:《知识产权法》(第5版),北京大学出版社2014年版。

30. 吴汉东、胡开忠:《无形财产权制度研究》,法律出版社2005年版。

31. 吴汉东:《无形财产权基本问题研究》,中国人民大学出版社2013年版。

32. 袁晓东:《激励技术创新的法律制度研究》,华中科技大学出版社2007年版。

33. 王曙光:《经济转型中的金融制度演进》,北京大学出版社2007年版。

34. 金俐:《信贷配给论:制度分析》,上海财经大学出版社2006年版。

35. 刘飞:《科技型中小企业金融服务研究——基于信息不对称视角》,经济管理出版社2014年版。

36. 高晓燕:《小微企业融资机制创新研究》,经济日报出版社2015年版。

37. 马维野、刘玉平主编:《知识产权价值评估能力建设研究》,知识产权出版社2011年版。

38. 刘春霖:《知识产权质押的现实和困境研究》,中国检察出版社2016年版。

39. 鲍新中:《知识产权融资模式与机制》,知识产权出版社2017年版。

40. 鲍新中、尹夏楠:《知识产权质押融资风险管理》,知识产权出版社2018年版。

41. 肖华东编著:《金融系统与技术创新融资研究》,湖北科学技术出版社2012年版。

42. 熊继宁等编:《法制系统科学研究:全国首次法制系统科学讨论会论文选》,中国政法大学出版社1987年版。

43. 谢在全:《民法物权论》(修订5版),中国政法大学出版社2011年版。

44. 高圣平:《中国物权法:制度设计与创新》,中国人民大学出版社2005年版。

45. 高圣平:《物权法与担保法:对比分析与适用》,人民法院出版社2010

年版。

46. 王利明:《物权法论》,中国政法大学出版社 1998 年版。

47. 崔建远:《物权:规范与学说——以中国物权法的解释论为中心》(上册),清华大学出版社 2011 年版。

48. 许明月:《抵押权制度研究》,法律出版社 1998 年版。

49. 梁慧星主编:《中国民法典草案建议稿附理由·物权编》,法律出版社 2004 年版。

50. 许明月、胡光志等:《财产权登记法律制度研究》,中国社会科学出版社 2002 年版。

51. 曹士兵:《中国担保诸问题的解决与展望——基于担保法及其司法解释》,中国法制出版社 2001 年版。

52. 郑玉波主编:《民法物权论文选辑》,台北,五南图书出版股份有限公司 1984 年版。

53. 徐洁:《担保物权功能论》,法律出版社 2006 年版。

54. 李国光:《最高人民法院〈关于适用中华人民共和国担保法若干问题的解释〉理解与适用》,吉林人民出版社 2000 年版。

55. 全国人大常委会法制工作委员会民法室编著:《中华人民共和国担保法释义》,法律出版社 1995 年版。

56. 胡康生主编:《中华人民共和国物权法释义》,法律出版社 2007 年版。

57. 王家福主编:《中国民法学——民法债权》,法律出版社 1991 年版。

58. 王利明主编:《民法典·侵权责任法研究》,人民法院出版社 2003 年版。

59. 徐洁:《抵押权论》,法律出版社 2003 年版。

60. 王泽鉴:《民法总则》,北京大学出版社 2009 年版。

61. 王利明主编:《物权法专题研究》(下),吉林人民出版社 2002 年版。

62. 董开军:《债权担保》,黑龙江人民出版社 1995 年版。

63. 刘保玉、吕文江主编:《债权担保制度研究》,中国民主法制出版社 2000 年版。

64. 郑玉波:《民法债篇总论》,台北,三民书局股份有限公司 2004 年版。

65. 沈宗灵主编:《法理学》,高等教育出版社 1994 年版。

66. 张文显:《法学基本范畴研究》,中国政法大学出版社 1993 年版。

67. 刘金国、舒国滢:《法理学教科书》,中国政法大学出版社 1999 年版。

68. 卓泽渊:《法的价值论》(第 2 版),法律出版社 2006 年版。

69. 卓泽渊:《法的价值论》,法律出版社 1999 年版。

70. 姚王信:《企业知识产权融资研究——理论、模型与应用》,知识产权出版社 2012 年版。

71. 刘旭明、王晋刚:《知识产权风险管理》,知识产权出版社 2014 年版。

72. 魏玮:《知识产权价值评估研究》,厦门大学出版社 2015 年版。

73. 苏丽丽:《知识产权融资问题研究》,清华大学出版社 2016 年版。

74. 孙志超:《小额贷款及融资担保公司风险管理与法律监管》,中国政法大学出版社 2017 年版。

75. 魏洋主编:《商业银行经营中的法律风险与防控》,浙江大学出版社 2013 年版。

76. 潘修平等:《金融创新法律风险防范精析》,中国金融出版社 2015 年版。

77. 江朝国:《保险法基础理论》,中国政法大学出版社 2002 年版。

78. 黄海峰:《知识产权的话语与现实——版权、专利与商标史论》,华中科技大学出版社 2011 年版。

79. 袁宗蔚:《保险学——危险与保险》,首都经济贸易大学出版社 2000 年版。

80. 吴恒煜:《信用风险控制理论研究——违约概率度量与信用衍生品定价模型》,经济管理出版社 2006 年版。

81. 曹艳秋:《转轨、信息不对称与规制效率》,经济科学出版社 2011 年版。

82. 杨雪冬等:《风险社会与秩序重建》,社会学科文献出版社 2006 年版。

83. 刑会强:《走向规则的经济法原理》,法律出版社 2017 年版。

84. 徐飞:《政府规制政策演化研究——日本经验与中国借鉴》,中国社会科学出版社 2015 年版。

85. 朱谢群:《我国知识产权发展战略与实施的法律问题研究》,中国人民大学出版社 2008 年版。

86. 林毅夫等编:《以共享式增长促进社会和谐》,中国计划出版社 2008 年版。

87. 高宣扬:《鲁曼社会系统理论与现代性》,中国人民大学出版社 2016 年版。

88. 王伟光:《利益论》,中国社会科学出版社 2010 年版。

89. 吕世伦、文正邦主编:《法哲学论》,中国人民大学出版社 1999 年版。

90. 张文显:《法哲学范畴研究》,中国政法大学出版社 2001 年版。

91. 梁慧星编著:《中国物权法草案建议稿——条文、说明、理由与参考立法例》,社会科学文献出版社 2000 年版。

92. 王迁:《著作权法》,中国人民大学出版社 2001 年版。

93. 李昌麒主编:《经济法学》(第 3 版),法律出版社 2016 年版。

94. 刘春田主编:《知识产权法》(第 4 版),高等教育出版社、北京大学出版社 2007 年版。

95. 靳晓东:《专利资产证券化研究》,知识产权出版社 2012 年版。

96. 李明德等:《欧盟知识产权法》,法律出版社 2010 年版。

97. 冯晓青:《知识产权利益平衡理论》,中国政法大学出版社 2006 年版。

98. 中国银行业监督管理委员会《有效银行监管核心原则》自我评估小组编译:《有效银行监管核心原则》,中国金融出版社 2012 年版。

99. 徐同远:《担保物权论:体系构成与范畴变迁》,中国法制出版社 2012 年版。

(二)译著类

1. [英]安东尼 · 奥格斯:《规制:法律形式与经济学理论》,骆梅英译,苏苗罕校,中国人民大学出版社 2008 年版。

2. [美]理查德 · 瑞兹盖提斯:《企业知识产权估价与定价》,金珺、傅年烽、陈劲译,知识产权出版社 2008 年版。

3. [美]罗素·帕尔、戈登·史密斯:《知识产权价值评估、开发与侵权赔偿》,夏玮、周叔敏、杨蓬等译,电子工业出版社 2012 年版。

4. [美]E. 博登海默:《法理学——法律哲学与法律方法》,邓正来译,中国政法大学出版社 2004 年版。

5. [美]理查德·波斯纳:《法律的经济分析》,蒋兆康译,法律出版社 2012 年版。

6. [美]罗斯科·庞德:《通过法律的社会控制》,沈宗灵译,商务印书馆 1994 年版。

7. [美]尼尔·K. 考默萨:《法律的限度——法治、权利的供给与需求》,申卫星、王琦译,商务印书馆 2007 年版。

8. [美]安东尼·桑德斯:《信用风险量度:风险估值的新方法与其他范式》,刘宇飞译,机械工业出版社 2001 年版。

9. [美]罗伯特·J. 希勒:《宏观市场创造管理主要经济风险的制度体系》,鲁昌、葛晖译,上海财经大学出版社 2002 年版。

10. [英]珍妮·斯蒂尔:《风险与法律理论》,韩永强译,中国政法大学出版社 2012 年版。

11. [意]托马斯·阿奎纳:《阿奎纳政治著作选》,马清槐译,商务印书馆 1982 年版。

12. [德]乌尔里希·贝克:《风险社会:通往一种新的现代化》,何博闻译,译林出版社 2004 年版。

13. [美]罗伯特·K. 默顿:《社会研究和社会政策》,林聚任等译,生活·读书·新知三联书店 2001 年版。

14. [美]伊曼纽尔·沃勒斯坦:《知识的不确定性》,王昺等译,山东大学出版社 2006 年版。

15. [英]安东尼·吉登斯、克里斯多弗·皮尔森:《现代性——吉登斯访谈录》,尹宏毅译,新华出版社 2001 年版。

16. [英]安东尼·吉登斯:《失控的世界》,周红云译,江西人民出版社 2001 年版。

17. [美]威廉·M. 兰德斯、理查德·A. 波斯纳:《侵权法的经济结构》,王强、杨媛译,北京大学出版社 2005 年版。

18. [美]亚历山大·I. 波尔托拉克、保罗·J. 勒纳:《知识产权精要》,于东智、谷立日译,中国人民大学出版社 2004 年版。

19. [美]约瑟夫·熊彼特:《经济发展理论》,郭武军、吕阳译,华夏出版社 2015 年版。

20. [美]R. M. 昂格尔:《现代社会中的法律》,吴玉章、周汉华译,译林出版社 2002 年版。

21. [德]尼克拉斯·卢曼:《法社会学》,宾凯、赵春燕译,上海人民出版社 2013 年版。

22. [德]卡尔·拉伦茨:《法学方法论》,陈爱娥译,商务印书馆 2005 年版。

23. [德]尼克拉斯·卢曼:《社会的法律》,郑伊倩译,人民出版社 2009 年版。

24. [美]诺内特、塞尔兹尼克:《转变中的法律与社会:迈向回应型法》,张志铭译,中国政法大学出版社 1994 年版。

25. [德]汉斯-格奥尔格·加达默尔:《真理与方法——哲学诠释学的基本特征》(上册),洪汉鼎译,上海译文出版社 1999 年版。

26. [美]罗纳德·德沃金:《认真对待权利》,信春鹰、吴玉章译,中国大百科全书出版社 1998 年版。

27. [美]保罗·戈斯汀:《著作权之道》,金海军译,北京大学出版社 2008 年版。

28. [德]托马斯·莱赛尔:《法社会学导论》(第 5 版),高旭军等译,上海人民出版社 2011 年版。

29. [英]富兰克·奈特:《风险、不确定性与利润》,王宇、王文玉译,中国人民大学出版社 2005 年版。

30. [澳]彼得·德霍斯:《知识财产法哲学》,周林译,商务印书馆 2008 年版。

31. [英]安东尼·吉登斯:《现代性与自我认同:现代晚期的自我与社

会》,赵旭东、方文译,生活·读书·新知三联书店1998年版。

32. [澳]布拉曼·谢尔曼、[英]莱昂纳特·本特利:《现代知识产权法的演进》,金海军译,北京大学出版社2006年版。

33. [美]威廉·M.兰德斯、理查德·A.波斯纳:《知识产权法的经济结构》,金海军译,北京大学出版社2005年版。

34. [美]埃米特·J.沃恩、特丽莎·M.沃恩:《危险原理与保险》,张洪涛等译,中国人民大学出版社2002年版。

35. [英]罗杰·科特瑞尔:《法律社会学导论》,潘大松译,华夏出版社1989年版。

36. [日]植草益:《微观规制经济学》,朱绍文等译,中国发展出版社1992年版。

37. [日] 田山辉明:《物权法》,陆庆胜译,法律出版社2001年版。

38. [日]近江幸治:《担保物权法》,祝娅等译,法律出版社2000年版。

39. [日]我妻荣:《我妻荣民法讲义-Ⅲ-新订担保物权法》,申政武、封涛、郑芙蓉译,中国法制出版社2008年版。

40. [德]曼弗雷德·沃尔夫:《物权法》,吴越、李大雪译,法律出版社2002年版。

41. [英]亚当·斯密:《国民财富的性质和原因的研究》(上卷),郭大力、王亚南译,商务印书馆1972年版。

42. [韩]崔哲等:《知识产权金融》,金善花译,知识产权出版社2017年版。

43. [德]弗兰克·泰特兹:《技术市场交易:拍卖、中介与创新》,钱京、冯晓玲译,知识产权出版社2016年版。

44. [英]埃斯特尔·德克雷主编:《欧盟版权法之未来》,徐红菊译,知识产权出版社2016年版。

(三)中文类期刊

1. 许明月:《论现代担保市场法律规制的理念与模式》,载《中国法学》2013年第6期。

2. 许明月:《论社会损害综合防控体系中的责任保险制度设计——基于

损害救济与防控效率的社会成本分析》,载《法商研究》2015 年第 5 期。

3. 许明月:《抵押物转让制度之立法缺失及其司法补救——评〈中华人民共和国物权法〉第 191 条》,载《法商研究》2008 年第 2 期。

4. 吴汉东:《财产权的类型化、体系化与法典化》,载《现代法学》2017 年第 3 期。

5. 吴汉东:《知识产权的制度风险与法律控制》,载《法学研究》2012 年第 4 期。

6. 吴汉东:《关于知识产权本体、主体与客体的重新认识——以财产所有权为比较研究对象》,载《法学评论》2000 年第 5 期。

7. 何敏:《知识产权客体新论》,载《中国法学》2014 年第 6 期。

8. 宋亚辉:《风险控制的部门法思路及其超越》,载《中国社会科学》2017 年第 10 期。

9. 刘洁:《知识产权质押融资中的风险控制》,载《内蒙古社会科学》2012 年第 2 期。

10. 章洁倩:《科技型中小企业知识产权质押融资风险管理——基于银行的视角》,载《科学管理研究》2013 年第 2 期。

11. 谢黎伟:《著作权质押的困境和出路》,载《现代法学》2010 年第 6 期。

12. 谢黎伟:《美国知识产权融资机制及其启示》,载《科技进步与对策》2010 年第 24 期。

13. 谢黎伟:《专利权质押设立制度之比较分析》,载《电子知识产权》2011 年第 7 期。

14. 杨涛:《论知识产权法中停止侵害救济方式的适用——以财产规则和责任规则为分析视角》,载《法商研究》2018 年第 1 期。

15. 冯晓青:《我国企业知识产权质押融资及其完善对策研究》,载《河北法学》2012 年第 12 期。

16. 王益锋、吴亚萍:《基于生命周期理论的小微企业发展》,载《科技进步与对策》2013 年第 2 期。

17. 陈欣:《国外企业利用专利联盟运作技术标准的实践及其启示》,载

《科研管理》2007 年第 4 期。

18. 高松、庄晖、王莹:《科技型中小企业生命周期各个阶段经营特征研究》,载《科研管理》2011 年第 12 期。

19. 刘晓勇:《商业银行风险控制机制研究》,载《金融研究》2006 年第 7 期。

20. 鲍新中、董玉环:《知识产权质押融资风险评价研究——基于银行视角》,载《南京审计学院学报》2016 年第 2 期。

21. 方世南、曾德贤:《技术风险的防范与管理:政府公共管理的重大课题》,载《苏州大学学报》2012 年第 1 期。

22. 宗艳霞:《知识产权质押融资财政支持政策分析与建议》,载《大连海事大学学报》(社会科学版)2016 年第 8 期。

23. 宋伟、胡海洋:《知识产权质押贷款风险分散机制研究》,载《知识产权》2009 年第 4 期。

24. 蔡则祥、武学强:《金融资源与实体经济优化配置研究》,载《经济问题》2016 年第 5 期。

25. 刘小玄、周晓艳:《金融资源与实体经济之间配置关系的检验——兼论经济结构失衡的原因》,载《金融研究》2011 年第 2 期。

26. 陈见丽:《中小型科技企业知识产权质押融资的风险控制》,载《经济纵横》2011 年第 7 期。

27. 杨千雨:《论我国知识产权融资许可制度之构建——以美国 UCITA 法的融资许可为借鉴》,载《法律科学》2014 年第 3 期。

28. 丁友刚、胡兴国:《内部控制、风险控制与风险管理——基于组织的概念解说与思想演进》,载《会计研究》2007 年第 12 期。

29. 刘霄仑:《风险控制理论的再思考:基于对 COSO 内部控制理念的分析》,载《会计研究》2010 年第 3 期。

30. 巴曙松:《培育新动力防止冲击叠加》,载《中国金融》2018 年第 14 期。

31. 李希义:《日本政策投资银行开展知识产权质押融资的做法和启示》,载《中国科技论坛》2011 年第 7 期。

32. 汪青松:《论个体网络借贷系统性风险的法律控制机制》,载《商业经济管理》2018 年第 11 期。

33. 王学忠、张宇润:《技术社会风险的法律控制》,载《科技与法律》2008 年第 4 期。

34. 杨春福:《社会风险的法理解读》,载《法制与社会发展》2011 年第 6 期。

35. 张晓云、冯涛:《专利权担保融资的法定限度与合约扩充》,载《知识产权》2012 年第 3 期。

36. [德]乌尔里希·贝克:《从工业社会到风险社会——关于人类生存、社会结构和生态启蒙等问题的思考》(上篇),王武龙编译,载《马克思主义与现实》2003 年第 3 期。

37. 冯果:《金融法的"三足定理"及中国金融法制的变革》,载《法学》2011 年第 9 期。

38. 胡延玲:《科技型中小企业知识产权质押融资法律研究》,载《人大法律评论》2015 年第 1 期。

39. 周兴云、刘锡良:《社会形态变迁与金融行为演化耦合研究》,载《社会科学研究》2015 年第 3 期。

40. 赵仲牧:《目的论、因果论、辨证论——中西方传统哲学中的三种秩序论模式》,载《云南大学学报》(社会科学版)2003 年第 4 期。

41. 何勤华:《耶林法哲学理论评述》,载《法学》1995 年第 8 期。

42. 廖焕国:《论我国融资融券交易担保机制的法律构造——以最高额质押为视点的框架分析》,载《法律科学》2009 年第 5 期。

43. 曾明生:《西方法哲学中的目的论初探》,载《江西社会科学》2007 年第 2 期。

44. 姚建宗:《法学研究及其思维方式的思想变革》,载《中国社会科学》2012 年第 1 期。

45. 吴建成、黄建:《再担保体系建设对中小微企业金融服务的影响问题研究》,载《江苏社会科学》2014 年第 5 期。

46. 韩钢、李随成:《高科技中小企业专利技术质押融资业务信贷合约设计》,载《科技进步与对策》2012 年第 6 期。

47. 郭玉军、李云超:《文化企业著作权质押融资法律问题研究》,载《武汉大学学报》(哲学社会科学版)2014 年第 5 期。

48. 赵玉珍:《科技型中小企业融资信息不对称及其破解模型研究》,载《科技进步与对策》2013 年第 18 期。

49. 邓文斌、李虹含、周凯:《商业银行知识产权质押贷款风险评估——基于 A 出版企业的实证研究》,载《南方金融》2015 年第 5 期。

50. 郑辉、孙振东:《解析我国商标权质押融资的法律风险及防范》,载《电子知识产权》2012 年第 11 期。

51. 赵秀辉:《商标权质权实现方式之选择——以商标使用许可为例》,载《知识产权》2014 年第 10 期。

52. 陈鹏远:《商业银行押品管理中的三个疑难问题分析》,载《市场周刊》2017 年第 10 期。

53. 龙卫球:《债的本质研究:以债务人关系为起点》,载《中国法学》2005 年第 6 期。

54. 刘召峰:《"从抽象上升到具体"与马克思的劳动价值——以"劳动的耗费、凝结与社会证成"为中心线索的解读》,载《政治经济学评论》2013 年第 2 期。

55. 张弛:《从法律视角论知识产权质押融资风险控制》,载《银行家》2007 年第 12 期。

56. 孙超、景光强:《动产质押中监管人的义务及责任》,载《人民司法》2016 年第 1 期。

57. 陶丽琴、阮家莉:《我国知识产权质押融资:实践样态和立法制度审视——基于知识产权战略和民法典编纂的背景》,载《社会科学研究》2017 年第 5 期。

58. 孟艳:《中小企业信用担保行业发展及财政支持探讨》,载《中国财政》2013 年第 16 期。

59. 谢鸿飞:《抵押物价值恢复请求权的体系化展开——兼及抵押权保全的立法论》,载《比较法研究》2018 年第 4 期。

60. 谢鸿飞:《民法典担保规则的再体系化——以〈民法典各分编(草案)〉二审稿为分析对象》,载《社会科学研究》2019 年第 6 期。

61. 孙鹏、邓达江:《动产动态质押的生成逻辑与立法表达——以民法典物权编动产担保立法为中心》,载《社会科学研究》2019 年第 5 期。

62. 刘保玉:《我国担保物权制度的立法改进与规则完善》,载《公民与法》2012 年第 7 期。

63. 李莉:《论知识产权质权人权利保护规则的局限与突破》,载《东方法学》2014 年第 2 期。

64. 杨莲芬、董晓安:《浙江省科技型中小企业知识产权质押融资意愿分析》,载《浙江大学学报》2014 年第 2 期。

65. 刘沛佩;《谁来为知识产权质押融资的"阵痛"买单——兼论知识产权质押融资的多方参与与制度构建》,载《科学学研究》2011 年第 4 期。

66. 高圣平:《民法典中担保物权的体系重构》,载《法学杂志》2015 年第 6 期。

67. 高圣平:《民法典担保物权法编纂:问题与展望》,载《清华法学》2018 年第 2 期。

68. 高圣平:《统一动产融资登记公示制度的建构》,载《环球法律评论》2017 年第 6 期。

69. 赵亮、张辰:《我国知识产权质押论析》,载《科学管理研究》2015 年第 4 期。

70. 郭玉坤、于颖:《我国知识产权质押的立法价值、现状及建议》,载《科技进步与对策》2008 年第 7 期。

71. 苏喆:《知识产权质权的债权化研究》,载《法学杂志》2013 年第 7 期。

72. 丘志乔:《知识产权质押融资制度的立法完善》,载《特区经济》2011 年第 4 期。

73. 张译文:《我国创业投资引导基金存在的问题及对策》,载《经济纵横》2014 年第 7 期。

74. 郑成思:《知识产权若干问题再析》,载《中国法学》1996 年第 6 期。

75. 曹新明、曹晓慧:《监管即服务:知识产权市场监管新理念》,载《苏州大学学报》2016 年第 2 期。

76. 仇书勇、龚明华、陈璐:《知识产权质押贷款的风险及其防范》,载《新金融》2009 年第 9 期。

77. 郭宏宇:《押品管理模式的国际发展趋势、风险与借鉴》,载《银行家》2017 年第 3 期。

78. 张燃、徐爽、王凤敏:《质押贷款质押率决定的期权定价方法》,载《中国管理科学》2013 年第 1 期。

79. 李鹃:《知识产权担保法律规定及其完善——以收益控制权为视角》,载《理论探索》2010 年第 5 期。

80. 余丹、范晓宇:《中小企业知识产权担保融资风险配置研究》,载《科技进步与对策》2010 年第 8 期。

81. 刘春霖、张帆:《知识产权拍卖问题与法律对策研究》,载《河北师范大学学报》(哲学社会科学版)2014 年第 6 期。

82. 梁彩红:《论商业银行小微企业信贷风险管理》,载《上海金融》2014 年第 9 期。

83. 胡吕银:《担保权属性与各种担保方式的重新界定》,载《法学》2013 年第 8 期。

84. 付文潇、汪海粟:《基于信贷配给理论的无形资产质押制约因素研究》,载《中南财经政法大学学报》2011 年第 5 期。

85. 顾海峰:《制度性金融创新与我国中小企业融资担保体系发展研究》,载《南方金融》2012 年第 3 期。

86. 谢贵春、冯果:《信息赋能、信息防险与信息调控——信息视野下的金融法变革路径》,载《北方法学》2015 年第 6 期。

87. 高圣平:《融资性担保公司求偿担保若干争议问题研究》,载《暨南学报》(哲学社会科学版)2012 年第 11 期。

88. 陈文学、高圣平:《著作权质权登记程序研究——兼及著作权质押合同登记办法的修改》,载《学术研究》2011 年第 2 期。

89. 邱国威:《论担保物权法定转换制度之入典——对物上代位规范表

达路径的探索》,载《北方法学》2019 年第 1 期。

90. 陆强:《拓展政策性金融支农方式研究——基于农村金融供给角度》,载《经济体制改革》2013 年第 3 期。

91. 张明喜:《示范区科技金融试点政策跟踪研究》,载《中央财经大学学报》2013 年第 6 期。

92. 易继明:《国家治理现代化进程中的知识产权体制改革》,载《法商研究》2017 年第 1 期。

93. 刘大洪:《论经济法中的市场优先原则:内涵与适用》,载《法商研究》2017 年第 2 期。

94. 郭冠男:《发挥市场在金融资源配置中的决定性作用》,载《宏观经济管理》2015 年第 2 期。

95. 杨建锋、张磊:《知识产权交易市场发展的国际经验及对我国的启示》,载《科技进步与对策》2013 年第 19 期。

96. 程啸:《论抵押权的实现程序》,载《中外法学》2012 年第 6 期。

97. 彭飞荣、杨梦、王全兴:《论我国知识产权融资保险制度之建构——从保险法角度切入》,载《法学杂志》2012 年第 6 期。

98. 镇江市科学技术局:《镇江推出专利质押贷款保险业务》,载《江苏科技信息》2014 年第 12 期。

99. 陶丽琴:《保险与抵押的机制衔接及其制度构架——以按揭住房保险为视角》,载《法学研究》2006 年第 4 期。

100. 樊启荣:《论定值保险的合法性及其边界——以〈中华人民共和国保险法〉第 55 条第 1、2 款为中心》,载《法商研究》2013 年第 6 期。

101. 陈蕾、徐琪:《知识产权交易市场建设态势与路径找寻》,载《改革》2018 年第 5 期。

102. 左玉茹:《上海知识产权质押融资探索之路:试点先行,以点带面》,载《电子知识产权》2010 年第 11 期。

103. 祝宁波、吴玲:《美国知识产权担保变现的法律与实践》,载《电子知识产权》2010 年第 2 期。

104. 张士运、刘彦蕊:《德国史太白技术转移网络的发展经验与政策启示》,载《中国科技论坛》2013 年第 3 期。

105. 章洁倩:《我国知识产权质押融资模式多元化的思考》,载《武汉金融》2011 年第 4 期。

106. 丘志乔:《广东知识产权质押融资模式探析》,载《广东工业大学学报》(社会科学版)2011 年第 6 期。

107. 华荷锋、杨晨:《知识产权融资服务体系构建研究》,载《科技进步与对策》2011 年第 4 期。

108. 左玉茹:《知识产权质押融资热的冷思考——基于我国中小企业融资模式与美国 SBA 模式比较研究》,载《电子知识产权》2010 年第 11 期。

109. 苑泽明:《知识产权质押融资价值评估:收益分成率研究》,载《科学学研究》2012 年第 6 期。

110. 章洁倩:《科技型中小企业知识产权质押融资风险管理探讨》,载《金融与经济》2013 年第 6 期。

111. 鲍新中、屈乔:《知识产权质押融资中的价值评估风险评价》,载《价格理论与实践》2015 年第 3 期。

112. 李增福、郑友环:《中小企业知识产权质押贷款的封信分析与模式构建》,载《宏观经济研究》2010 年第 4 期。

113. 范晓宇:《知识产权担保融资风险控制研究》,载《浙江学刊》2010 年第 3 期。

114. 谭中明、黄传海:《基于收益法的知识产权质押价值评估模型改进》,载《财会月刊》2013 年第 12 期。

115. 何慧芳、刘长虹:《基于模糊综合分析法的广东省知识产权质押融资的风险预警评价研究》,载《科学管理研究》2013 年第 14 期。

116. 徐静、鲍新中、王英:《科技型企业知识产权质押融资的动力学机理研究》,载《科技管理研究》2015 年第 11 期。

117. 夏阳、顾新:《科技型中小企业知识产权投融资过程中对知识产权估价的方法研究》,载《科学管理研究》2012 年第 10 期。

118. 陈见丽:《中小型科技型企业知识产权质押融资的困境与拓展》,载《求索》2012 年第 5 期。

119. 文学舟、吴永顺:《我国政策性担保机构面临的制度约束及优化设计——基于江苏、山东、四川3省担保机构的实证分析》,载《科技管理研究》2014年第8期。

120. 鲍静海、薛萌萌、刘莉薇:《知识产权质押融资模式研究:国际比较与启示》,载《南方金融》2014年第11期。

121. 彭湘杰:《知识产权质押融资理论发展、实践与借鉴》,载《中国金融》2007年第3期。

122. 张贵群、张欣:《知识产权质押融资价值评估困境及其破解对策研究》,载《价格理论与实践》2016年第12期。

123. 黎向丹:《武汉科技型中小企业知识产权质押融资的风险分散机制》,载《财会通讯》2015年第14期。

124. 方厚政:《专利质押贷款模式影响因素的实证研究——来自上海市的经验证据》,载《上海经济研究》2014年第8期。

125. 熊学华:《科技型企业知识产权质押融资模式的国际比较与启示》,载《财务与金融》2017年第1期。

126. 高鸿钧:《比较法研究的反思:当代挑战与范式转换》,载《中国社会科学》2009年第6期。

127. 刘承韪:《比较法的兴衰之势与中国取向》,载《比较法研究》2013年第3期。

128. 孙超:《应收账款融资的制度选择及风险防范——金融危机背景下的反思》,载《北京理工大学学报》(社会科学版)2010年第4期。

129. 王晖、黄露:《启动金融与科技"双引擎"——交通银行北京市分行知识产权质押贷款业务介绍》,载《中国发明与专利》2011年第4期。

130. 王立武:《影视作品著作权担保融资的法律问题研究》,载《山东社会科学》2010年第8期。

131. 俞明轩:《资产评估行业监督管理制度的历史性突破》,载《中国资产评估》2017年第8期。

132. 李鹃:《担保融资中的知识产权价值评估》,载《中国海洋大学学报》(社会科学版)2016年第4期。

133. 杜芸、赵顺龙:《美日德企业知识产权管理制度比较》,载《科技管理研究》2010 年第 17 期。

134. 冯涛、杨惠玲:《德国企业知识产权管理的现状与启示》,载《知识产权》2007 年第 17 期。

135. 尚清峰、鲁宽:《从价值到规范:商业秘密质押法律问题研究》,载《知识产权》2013 年第 12 期。

136. 许明月、谭玲:《论人工智能创作物的邻接权保护——理论证成与制度安排》,载《比较法研究》2018 年第 6 期。

137. 曹源:《比较法和产权视角中的人工智能创作物》,载《中国版权》2017 年第 4 期。

138. 庄加园:《初探债权执行程序的理论基础——执行名义欠缺的质疑与收取诉讼的构造尝试》,载《现代法学》2017 年第 3 期。

139. 李宇:《民法典中债权让与和债权质押规范的统合》,载《法学研究》2019 年第 1 期。

140. 李志军:《英国技术集团(BTG)的技术转移》,载《调查研究报告》2003 年第 52 期。

141. 崔建远:《民法分则物权编立法研究》,载《中国法学》2017 年第 2 期。

二、外文参考文献

(一)著作类

1. P. Stardom, *Risk, Environment and Society*, Buckingham, Open University Press, 2002.

2. Jenny Steele, *Risk and Legal Theory*, Oxford, Hart Publishing, 2004.

3. John Rawls, *A Theory of Justice*, Cambridge, The Belknap Press of Harvard University Press, 1971.

4. Frank Hyneman Knight, *Risk, Uncertainty and Profit*, Boston: Houghton Mifflin Company, 1921.

5. Jack Hirshleifer and John G. Riley, *The Analytics of Uncertainty and*

Information, Cambridge:Cambridge University Press,1992.

(二)论文类

1. Jonathan Simon,"Risk and Reflexivity: What Socio-legal Add to the Study of Risk and the Law", *Alabama Law Review*, Vol. 57,No. 1,Fall 2005.

2. Mary Douglas,"Risk as a Forensic Resource",*Daedalus*,Vol. 119,No 4, Fall 1990.

3. Bruce S. Schaeffer, Susan J. Robins,"Valuation of Intangible Assets in Franchise Companies and Multinational Groups: A Current Issue",*Franchise Law Journal*, Vol. 27,2008.

4. Weise S. O., Williams N. G.,"Taking and Perfecting Security Interests in Collateral Subject to Specialized Rules: Deposit Accounts, Commercial Tort Claims, Intellectual Property", *DePaul Business & Commercial Law Journal*, Vol . 10,No. 4,2012.

5. Ronald Dworkin,"What is Equality? Part 2:Equality of Resources", *Philosophy &Public Affairs*,Vol. 10,No. 4,1981.

6. Xuan Thao Nguyen,"Collateralizing Intellectual Property", *Georgia Law Review*, Vol. 42,No. 1,2007.

7. Davies, Iwan R.,"Secured Financing of Intellectual Property Assets and Thereform of English Personal Property Security Law",*Oxford Journal of Legal Studies*, Vol 19,No. 3,2006.

8. Crawford John, Strasser Robert,"Management of Infringement Risk of Intellectual Property Assets", *Intellectual Property & Technology Law Journal*, Vol. 20,No. 12,2008.

(三)其他类

1. Tony Honore,"The Morality of Tort Law: Questions and Answers", in Tony Honore,*Responsibility and Fault*. n. 4 above, pp. 78-81.

2. Nurton J., Barraclough E.," EU Mulls Mandatory Patent Insurance",*Managing Intellectual Property*. 2006(165):15(14 December, 2018),http://search. ebscohost. com/login. aspx? direct = true&db = bth&AN =

23687729&lang = zh-cn&site = ehost-live.

3. Ian Ellis, *Maximizing Intellectual Property and Intangible Assets Case Studies in Intangible Asset Finance* (19 July, 2018), https://www. issuelab. org/resources/3304/3304. pdf.

4. Draganov G. , "Risk Management and Risk Transfer Regarding Objects of Intellectual Property", Economic Archive / Narodnostopanski Arhiv. 2015.

5. Harry C. Sigman, "Perfection and Priority of Security Rights", in Eva-Maria Kieninger(ed.), *The Future of Secured Credit in Europe*, Horst Eidenmueller: De Gruyter Recht Press, 2008.

附表一　国务院及有关部委发布的有关知识产权质押融资规范性文件

（2007～2020年，截至2020年4月30日）

发布日期	文件名称	文件号	发布单位
2007年2月1日	《关于专利权质押合同登记工作的公告》	国家知识产权局公告（120号）	国家知识产权局
2007年12月6日	《关于印发建立和完善知识产权交易市场的指导意见的通知》	发改企业〔2007〕3371号	国家发展和改革委员会、财政部、科学技术部、国家工商行政管理总局、国家版权局、国家知识产权局
2008年6月5日	《国务院关于印发〈国家知识产权战略纲要〉的通知》	国发〔2008〕18号	国务院
2009年5月5日	《关于进一步加大对科技型中小企业信贷支持的指导意见》	银监发〔2009〕37号	中国银行业监督管理委员会、科学技术部
2009年7月7日	《关于印发发挥国家高新技术产业开发区作用，促进经济平稳较快发展若干意见的通知》	国科发高〔2009〕379号	科学技术部

续表

发布日期	文件名称	文件号	发布单位
2009年9月19日	《国务院关于进一步促进中小企业发展的若干意见》	国发〔2009〕36号	国务院
2010年8月12日	《关于加强知识产权质押融资与评估管理支持中小企业发展的通知》	财企〔2010〕199号	财政部、工业和信息化部、银监会、国家知识产权局、国家工商行政管理总局、国家版权局
2010年10月26日	《全国专利事业发展战略（2011~2020年）》	国知发办字〔2010〕126号	国家知识产权
2011年12月12日	《国务院办公厅关于加快发展高技术服务业的指导意见》	国办发〔2011〕58号	国务院办公厅
2012年4月28日	《国务院办公厅转发知识产权局等部门关于加强战略性新兴产业知识产权工作若干意见的通知》	国办发〔2012〕28号	国务院办公厅
2012年11月13日	《关于加快培育和发展知识产权服务的指导意见》	国知发规字〔2012〕110号	国家知识产权局、国家发展和改革委员会、科学技术部、农业部、商务部、国家工商行政管理总局、国家质量监督检验检疫总局、国家版权局、国家林业局
2013年1月21日	《关于商业银行知识产权质押贷款业务的指导意见》	银监发〔2013〕6号	中国银监会、国家知识产权局、国家工商行政管理总局、国家版权局
2014年1月7日	《关于大力推进体制机制创新，扎实做好科技金融服务的意见》	银发〔2014〕9号	中国人民银行、科技部、银监会、证监会、保监会、知识产权局

续表

发布日期	文件名称	文件号	发布单位
2015年3月30日	《国家知识产权局关于进一步推动知识产权金融服务工作的意见》	国知发管函字〔2015〕38号	国家知识产权局
2015年12月18日	《国务院关于新形势下加快知识产权强国建设的若干意见》	国发〔2015〕71号	国务院
2016年3月14日	《关于报送知识产权质押融资及专利保险试点、示范的通知》	国知办函管字〔2016〕145号	国家知识产权局
2016年11月18日	《关于修订印发〈国家知识产权试点、示范城市管理办法〉的通知》	国知发管字〔2016〕87号	国家知识产权局
2016年12月30日	《国务院关于印发"十三五"国家知识产权保护和运用规划的通知》	国发〔2016〕86号	国务院
2017年9月7日	《国务院办公厅关于推广支持创新相关改革举措的通知》	国办发〔2017〕80号	国务院办公厅
2017年10月19日	《关于抓紧落实专利质押融资有关工作的通知》	国知办函管字〔2017〕733号	国家知识产权局
2018年9月18日	《国务院关于推动创新创业高质量发展，打造"双创"升级版的意见》	国发〔2018〕32号	国务院
2019年8月19日	《关于进一步加强知识产权质押融资工作的通知》	银保监〔2019〕34号	中国银保监会、国家知识产权局、国家版权局
2020年2月15日	《支持复工复产十条政策措施》	国市监〔2020〕30号	市场监管总局、国家药监局、国家知识产权局
2020年3月30日	《关于构建更加完善的要素市场化配置体制机制的意见》	党内法规	中共中央、国务院
2020年4月30日	《关于做好2020年知识产权运营服务体系建设工作的通知》	财办建〔2020〕40号	财政部、国家知识产权局

附表二　地方知识产权质押融资规范性文件

区域和省份		省级相关规定	开展知识产权质押融资县(区)市
华东	江苏省	《江苏省重大经济科技活动知识产权评议办法》(苏政办发〔2016〕82号) 《省政府办公厅关于印发江苏省贯彻〈知识产权对外转让有关工作办法(试行)〉实施细则的通知》(苏政办发〔2018〕84号) 《江苏省专利促进条例》 《江苏省知识产权战略纲要》(苏政发〔2009〕1号) 《江苏省知识产权强企行动计划》 《关于知识产权强省建设的若干政策措施》(苏政发〔2017〕32号) 《关于加快建设知识产权强省的意见》(苏政发〔2015〕6号) 《关于加快推进产业科技创新中心和创新型省份建设的若干政策措施》(苏政发〔2017〕32号) 《江苏省专利发明人奖励办法》(苏政发〔2016〕95号)	南京、镇江、无锡、苏州、南通、连云港
	山东省	《山东省知识产权促进条例》 《山东省知识产权战略纲要》(鲁政发〔2012〕35号) 《关于加强知识产权工作提高企业核心竞争力的意见》(鲁政发〔2012〕46号) 《关于支持高新区科技型小微企业创新发展的若干意见》(鲁政办发〔2014〕11号)	青岛、德州、烟台、威海、潍坊、滨州、东营、济南、菏泽、聊城、泉林

续表

区域和省份		省级相关规定	开展知识产权质押融资县(区)市
		《山东省小微企业知识产权质押融资项目管理办法》(鲁科字〔2014〕66 号) 《山东省科技型小微企业知识产权质押融资暂行办法》(鲁科字〔2015〕88 号) 《山东省知识产权质押融资风险补偿基金管理办法》(鲁知管字〔2016〕6 号) 《山东省知识产权(专利)专项资金管理暂行办法》(鲁财教〔2017〕29 号) 《山东省专利权“政银保”融资试点工作实施办法(试行)》(鲁知管字〔2018〕6 号) 《山东省知识产权质押融资风险补偿资金使用管理实施细则》	
	安徽省	《安徽省专利条例》 《安徽省科学技术进步条例》 《关于进一步推进大众创业万众创新深入发展的实施意见》(皖政〔2017〕135 号) 《支持科技创新若干政策》(皖政〔2017〕52 号) 《安徽省促进科技成果转移转化行动实施方案》(皖政办〔2016〕40 号) 《加快知识产权强省建设实施方案》(皖〔2016〕64 号) 《关于实施创新驱动发展战略,进一步加快创新省份建设的意见》(皖政〔2014〕4 号) 《关于实施创新驱动发展战略进一步加快创新省份建设配套文件》(皖政〔2014〕8 号) 《关于修订印发实施创新驱动发展战略,进一步加快创新省份建设配套文件的通知》(皖政办〔2015〕4 号) 《合芜蚌自主创新综合试验区专利权质押贷款试点工作实施办法(试行)》(皖政办〔2009〕129 号)	合肥、芜湖、蚌埠、亳州、铜陵等 14 个市;宁国、颍上、青阳、全椒、金寨 5 个县(市)
	浙江省	《浙江省专利条例》 《浙江省知识产权保护与管理专项资金管理办法》(浙财教〔2015〕1 号) 《浙江省知识产权发展“十三五”规划》(浙发改规划〔2016〕596 号) 《关于深入实施知识产权战略行动计划(2015~2020 年)》(浙政办发〔2015〕58 号) 《浙江省贯彻国家知识产权战略纲要实施意见》(浙政办发〔2009〕189 号)	杭州、温州

续表

区域和省份		省级相关规定	开展知识产权质押融资县(区)市
	福建省	《福建省专利促进与保护条例》 《福建省人民政府关于贯彻国家知识产权战略纲要的实施意见》(闽政文〔2010〕31号) 《福建省专利质押贷款工作指导意见》(福银〔2009〕243号) 《福建省小微企业专利权质押贷款风险补偿资金管理办法(试行)》(闽财教〔2015〕44号) 《福建省知识产权强县(市、区)管理办法(暂行)》(闽知管〔2015〕45号) 《福建省专利导航试点工作管理暂行办法》(闽知管〔2016〕12号) 《福建省"十三五"专利事业发展规划》(闽知规〔2016〕9号) 《福建省知识产权优势企业管理办法》(闽知管〔2017〕2号) 《福建省知识产权评议工作指导意见》(闽知规〔2017〕15号) 《福建省标准化管理办法》(福建省人民政府令第59号)	福州、厦门、漳州、泉州、龙岩
	上海市	《上海市专利资助办法》 《上海知识产权战略纲要》 《上海市知识产权质押评估实施办法(试行)》 《上海市知识产权质押评估技术规范(试行)》(沪财会〔2010〕52号) 《关于本市促进知识产权质押融资工作的实施意见》(沪府办发〔2009〕26号) 《上海市知识产权试点和示范园区评定与管理办法》(沪知局〔2013〕80号) 《上海市企业专利工作试点单位认定和管理办法(试行)》 《上海市专利资助资金管理办法》 《上海市版权公开交易管理办法》(沪版权〔2009〕11号)	浦东新区和闵行、徐汇、黄埔、普陀、长宁、静安、虹口、杨浦、闸北、青浦、奉贤区等12个城区

续表

区域和省份		省级相关规定	开展知识产权质押融资县(区)市
华南	广东省	《广东省专利条例》 《广东省知识产权战略纲要(2007~2020年)》 《关于加快建设知识产权强省的决定》(粤发〔2012〕4号) 《关于加快推进广东省知识产权质押融资工作的若干意见》(粤知〔2012〕207号) 《广东省建设引领知识产权强省试点省实施方案》(粤府〔2016〕56号) 《关于知识产权服务创新驱动发展的若干意见》(粤府办〔2016〕49号) 《关于加强中国(广东)自由贸易试验区知识产权工作的指导意见》(粤知协〔2015〕154号) 《广东省加快建设知识产权强省重点任务分工方案》(粤办函〔2012〕704号) 《关于促进我省知识产权服务业发展的若干意见》(粤府办〔2014〕3号)	广州、南海、东莞、顺德、深圳、江门、佛山
	广西壮族自治区	《广西壮族自治区专利条例》 《广西壮族自治区实施知识产权战略意见》 《广西壮族自治区专利资助和奖励办法(试行)》(桂财教〔2017〕55号) 《广西壮族自治区知识产权事业发展"十三五"规划》(桂知规字〔2017〕5号)	南宁、桂林、柳州
	海南省	《海南省专利权质押登记办理指南》 《海南省促进省和高等院校和科研院所科技成果转化的若干意见(试行)》(琼府办〔2015〕252号) 《海南省鼓励和支持战略性新兴产业和高新技术产业发展的若干政策(暂行)》(琼府〔2011〕52号) 《海南省知识产权战略纲要(2010~2020年)》(琼府〔2010〕30号) 《海南省促进高新技术产业发展的若干规定》(琼府〔2009〕59号) 《海南省促进知识产权发展若干规定》(琼府〔2012〕8号) 《海南省应对新型冠状病毒感染的肺炎疫情支持中小企业共渡难关的八条措施》(琼府〔2020〕11号)	—

续表

区域和省份		省级相关规定	开展知识产权质押融资县(区)市
华中	湖北省	《湖北省专利条例》 《湖北省知识产权战略纲要》 《加强专利创造运用保护暂行办法及实施细则》 《关于加快知识产权强省建设的意见》及实施方案 《关于推进湖北省知识产权金融服务工作的指导意见》 《关于加强中国(湖北)自由贸易试验区知识产权工作的意见》 《关于加强知识产权质押融资管理的通知》 《2017年度知识产权质押融资工作计划》 《中国(湖北)自由贸易试验区总体方案任务分工》(鄂自贸组文〔2017〕3号)	武汉、宜昌、襄阳、黄石、荆门、孝感
	湖南省	《湖南省知识产权战略推进专项资金管理办法》(湘财教〔2015〕48号) 《关于确定2017年专利权质押融资评估费补贴单位的通知》(湘知发〔2017〕43号) 《关于促进湖南省组专利权质押贷款工作的意见》(长银发〔2012〕121号) 《湖南省知识产权战略实施专项项目管理办法》(湘知发〔2013〕19号) 《湖南省专利奖励办法》(湘政发〔2013〕3号) 《湖南省知识产权保护创新示范企业创建的工作方案》 《湖南省知识产权局合同合法性审查制度(试用稿)》 《湖南省知识产权优势企业培育工程管理办法(试行)》	湘潭、株洲、长沙
	河南省	《河南省专利保护条例》 《河南省知识产权实业发展项目全过程管理办法》(豫知〔2016〕42号) 《2015年河南省专利事业发展战略推进计划》(豫知〔2015〕7号) 《河南省知识产权局关于进一步推动知识产权质押融资工作的意见》(豫知〔2015〕14号) 《全国知识产权教育培训分类指导大纲(试行)》(豫知函〔2015〕7号)	全省18个省辖市

续表

区域和省份		省级相关规定	开展知识产权质押融资县(区)市
	江西省	《江西省专利促进条例》 《江西省中小微企业知识产权质押融资管理办法(暂行)》 《江西省建设特色型知识产权强省试点省实施方案》(赣府字〔2016〕85号) 《关于加快特色型知识产权强省建设的实施意见》(赣府发〔2016〕37号) 《江西省知识产权局责任清单》 《江西省知识产权局权力清单》 《江西省专利奖励办法》及实施细则 《江西省知识产权服务机构入册服务暂行办法》 《江西省专利实施资助项目管理暂行办法》	南昌
华北	北京市	《北京市专利保护和促进条例》 《关于加快知识产权首善之区建设的实施意见》(京政发〔2017〕4号) 《北京市"十三五"时期知识产权(专利)事业发展规划》 《深入实施首都知识产权战略行动计划(2015~2020年)》(京政办发〔2015〕32号) 《首都知识产权服务业发展规划(2014~2020年)》(京知局〔2015〕21号) 《北京市人民政府关于实施首都知识产权战略的意见》(京政发〔2009〕11号) 《北京市专利资助金管理办法实施细则》(京知局〔2017〕351号) 《关于进一步推动首都知识产权金融服务工作的意见》 《北京市加强专利运用工作的暂行办法》 《关于加快推进中关村国家自主创新示范区知识产权质押贷款工作的意见》(中示区组发〔2010〕19号)	海淀区
	天津市	《天津市专利促进与保护条例》 《天津市专利奖评奖办法》 《天津市专利资助办法》 《天津市专利权质押贷款实施指导意见》 《天津市知识产权质押融资工作方案》(津知发施字〔2010〕5号) 《关于征集2010年度专利运用试点项目的通知》(津知发施字〔2010〕7号)	天津

续表

区域和省份		省级相关规定	开展知识产权质押融资县(区)市
	河北省	《河北省专利条例》 《河北省专利事业发展“十三五”规划》 《河北省专利权质押贷款管理暂行办法》(冀知办〔2010〕11号) 《2011~2014年河北省专利权质押贷款工作安排意见》 《河北省知识产权局关于开展2016年全省知识产权金融工作的安排意见》 《专利权作价出资入股补贴(试行)办法》 《2016年度专利资助办法》 《河北省知识产权优势培育工程专利奖评选办法》(2014年修订)	邯郸等8个区市,石家庄高新区、鹿泉等3个县(区)
	山西省	《山西省知识产权战略纲要》 《山西省人民政府关于新形势下推进知识产权强省建设的实施意见》(晋政发〔2016〕51号) 《山西省专利奖励办法实施细则》 《山西省专利推广实施资助专项资金管理办法》 《山西省专利奖励办法》 《山西省专利实施和保护条例》	太原
	内蒙古自治区	《关于推进内蒙古自治区科技金融结合工作的若干意见》 《内蒙古科技保险实施方案》 《内蒙古知识产权质押贷款管理方案》	包头
西北	宁夏回族自治区	《宁夏回族自治区专利保护条例》 《宁夏回族自治区企业知识产权试点示范工作管理办法》(宁知发〔2017〕71号) 《宁夏知识产权保护和运用“十三五”规划》(宁政办发〔2017〕134号) 《知识产权补助资金管理暂行办法》(宁财企发〔2017〕181号)	银川、青铜峡
	新疆维吾尔自治区	《新疆维吾尔自治区专利促进与保护条例》 《新疆维吾尔自治区专利奖评奖办法(暂行)》 《新疆维吾尔自治区知识产权战略纲要》(新政发〔2010〕40号) 《关于加强重大经济科技活动知识产权评议工作的意见》(新政办发〔2016〕2号) 《新疆维尔自治区专利申请资助专项资金管理办法》	乌鲁木齐

续表

区域和省份		省级相关规定	开展知识产权质押融资县(区)市
	青海省	《青海省专利促进与保护条例》 《青海省人民政府关于加强知识产权工作的实施意见》(青政〔2016〕52号) 《青海省专利权质押贷款实施办法》 《关于青海省贯彻落实国家知识产权战略行动计划(2014~2020年)的实施意见》(青政办〔2015〕38号) 《青海省专利奖评奖办法》及其实施细则 《青海省重大经济科技活动知识产权分析评议办法》	—
	陕西省	《陕西省专利保护条例》 《陕西省知识产权质押贷款管理办法》(陕银监发〔2016〕28号) 《关于定期报送知识产权质押融资工作进展情况的通知》(陕知发〔2016〕56号) 《关于积极推进知识产权质押贷款工作的通知》(陕知发〔2016〕51号) 《陕西省专利申请专项资金管理办法》	覆盖全省大范围地区
	甘肃省	《甘肃省专利条例》 《甘肃省中小微企业专利权质押融资办法》	—
西南	四川省	《四川省知识产权质押融资风险补偿基金管理办法》 《四川省知识产权战略纲要(2009~2020年)》 《四川省绿色金融发展规划的通知》(川办发〔2018〕7号) 《四川省升级知识产权专项资金管理办法》(川财建〔2017〕18号) 《2017年深入实施知识产权战略加快建设知识产权强省推进计划》《2017年度深入实施知识产权战略加快建设知识产权强省进度安排表》(川知领〔2017〕2号) 《关于深入实施知识产权战略加快建设西部知识产权强省的意见》(川府发〔2016〕31号) 《2016年四川省知识产权战略纲要实施推进计划》(川知领〔2016〕2号) 《关于加快培育和发展知识产权服务业的实施意见》(川知发〔2015〕8号) 《四川省专利实施与产业化激励办法实施细则》(川知发〔2013〕99号) 《四川省专利实施与促进专项资金管理办法》	成都、绵阳、自贡、攀枝花、遂宁、乐山、宜宾、内江、雅安、广安、泸州

续表

区域和	省份	省级相关规定	开展知识产权质押融资县(区)市
	云南省	《云南省专利促进与保护条例》 《云南省园艺植物新品种注册保护条例》 《云南省专利奖奖励办法(试行)》 《知识产权现代服务体系建设项目管理暂行办法》(云知发〔2017〕13号) 《关于进一步加强知识产权工作促进技术创新的若干意见》(云政办发〔2001〕193号)	昆明
	贵州省	《贵州省专利条例》 《贵州省推进知识产权质押融资实施方案》 《贵州省专利权质押贷款贴息补助管理办法》(黔知发〔2012〕19号) 《贵州省关于新形势下加快知识产权强省建设的实施意见》 《关于大力推进大众创业万众创新的实施意见》(黔府发〔2016〕25号) 《贵州省专利申请资助管理办法》(黔科通〔2015〕37号) 《贵州省科技保险补助资金管理暂行办法》(黔科通〔2015〕22号) 《贵州省重大经济活动知识产权评议办法》(黔科通〔2015〕6号) 《关于促进贵州省知识产权服务辅导机构发展的补助管理暂行办法》(黔科通〔2014〕168号)	龙里县等
	西藏自治区	《关于加强知识产权工作的若干意见》 《西藏自治区科学技术奖励办法实施细则》(藏科发〔2015〕198号)	—
	重庆市	《重庆市知识产权“十三五”发展规划》(渝科委发〔2017〕20号) 《重庆市知识产权质押融资管理办法(试行)》 《重庆市深化体制机制改革加快实施创新驱动发展战略行动计划(2015~2020)》(渝委发〔2015〕13号) 《重庆市知识产权质押融资操作指引(试行)》	重庆市

续表

区域和省份		省级相关规定	开展知识产权质押融资县(区)市
东北	辽宁省	《辽宁省知识产权"十三五"规划》(辽政办发〔2016〕76号) 《关于新形势下加快知识产权强省建设的实施意见》(辽政发〔2016〕45号) 《关于加快构建大众创业万众创新支撑平台的实施意见》 《关于设立辽宁省知识产权质押融资风险补偿基金的实施方案》 《辽宁省深入实施知识产权战略行动计划(2015~2020年)》 《关于设立辽宁省知识产权质押融资风险补偿基金的实施方案》(辽知发〔2016〕18号) 《关于加快建设知识产权强县(市、区)的指导意见》 《关于加强中国(辽宁)自由贸易试验区知识产权工作的若干意见》 《辽宁省关于加强中小企业知识产权工作的若干意见》	沈阳、大连、鞍山等14个城市
	吉林省	《吉林省知识产权质押融资贷款风险补偿合作方案(草案)》 《"十三五"吉林省知识产权保护和运用规划》 《吉林省深入实施知识产权战略行动计划(2015~2020年)》(吉政办发〔2015〕15号) 《关于新形势下加快知识产权强省建设的实施意见》(吉政发〔2016〕27号) 《关于深化科技体制改革,加快推进科技创新的实施意见》(吉发〔2012〕24号) 《关于加快经济发展方式转变的若干意见》(吉发〔2010〕19号) 《吉林省科技成果转化促进计划(2015~2020年)》 《关于进一步加强知识产权工作的意见》	长春、吉林
	黑龙江省	《黑龙江省专利保护条例》 《黑龙江省知识产权保护和运用"十三五"规划》 《黑龙江省知识产权战略纲要》 《黑龙江省深入实施知识产权战略行动计划(2015~2020年)》 《黑龙江省知识产权局知识产权质押融资工作实施方案》	哈尔滨等

后记

本书是在我的博士学位论文《知识产权质押融资风险控制法律制度研究》基础上几经修订完成的。我在博士研究生阶段受教于西南政法大学许明月教授门下，专业为经济法学。许老师鼓励我每一篇习作都要选自己感兴趣的选题。我的初衷也是希望选择一个自己感兴趣且能够驾驭的题目来作为博士学位论文，加之导师许明月教授在担保物权法律制度研究方面有非常深厚的造诣，经过与导师商议并修改了一次后，最终确定题目。在博士学位论文撰写过程中，从提纲到观点形成，许老师都给了我很多帮助。我自身民法学专业基础不强，时常冒出一些自己以为很“新颖”的观点，但又拿捏不准，常常向老师请教。老师有针对性的解答加深了我对具体观点的理解。十分感恩许老师的耐心和包容，才使笨拙的我顺利完成学业。2020 年 5 月《民法典》通过后，本书中涉及相关担保物权的法律条款需要及时更新，部分观点也需进行修正。于是，我也如读书时一般向许老师汇报了修改论文并准备出版专著的想法，并得到了老师的赞同和支持。本书几经修改后得以出版，也算是对我博士生涯画上一个正式句号。

感谢我的硕士研究生导师重庆工商大学法学院华鹰教授和师母朱教授。华老师是我学术生涯的引路人，从研一第一学期开始指导我撰写论文，并鼓励我投稿发表。华老师一家尽显学者风度和研究热情，经常召开“家庭学术研讨会”，或展开主题研讨，或进行论文汇报。这种浓浓的家庭学术氛围，是我非常羡慕和向往的生活。遥想 2017 年的一个夏夜，我前往华老师家请教毕业论文选题事宜，两位老师引导着我讨论了至少五个选题。本书的选题在一定程度上也深受当晚“家庭学术研讨会”的启发。

感谢我的博士后合作导师西南政法大学人工智能法学院陈亮教授以及西南政法大学博士后流动站江燕老师，两位老师鼓励我在学习和工作上坚持不懈，给予我无尽的动力和莫大的勇气。本书得以出版，也得到了两位老师的大力支持。

非常感谢法律出版社陈妮、单洁等编辑，她们仔细负责，也让我对编辑工作有了全新认识。大概所有的编辑都是文字天使，她们比我本人还要细心，逐字逐句审阅，最终促成本书付梓。最后，真诚感谢在本书出版过程中给予我支持的家人和诸位师友。

谭　玲

2021年1月1日

于西南政法大学博学楼

图书在版编目(CIP)数据

知识产权质押融资风险控制法律制度研究 / 谭玲著
. -- 北京 : 法律出版社, 2021
(应用法学文库 / 张光君主编)
ISBN 978-7-5197-4803-6

Ⅰ. ①知… Ⅱ. ①谭… Ⅲ. ①知识产权-抵押-融资风险-金融法-研究-中国 Ⅳ. ①D922.282.4

中国版本图书馆 CIP 数据核字(2020)第 139574 号

知识产权质押融资风险控制法律制度研究
ZHISHI CHANQUAN ZHIYA RONGZI FENGXIAN KONGZHI FALÜ ZHIDU YANJIU

谭 玲 著

策划编辑 陈 妮
责任编辑 陈 妮 单 洁
装帧设计 李 瞻

出版 法律出版社
总发行 中国法律图书有限公司
经销 新华书店
印刷 北京虎彩文化传播有限公司
责任校对 王晓萍 王语童
责任印制 吕亚莉

编辑统筹 法治与经济出版分社
开本 710 毫米×1000 毫米 1/16
印张 13.75
字数 212 千
版本 2021 年 3 月第 1 版
印次 2021 年 3 月第 1 次印刷

法律出版社/北京市丰台区莲花池西里 7 号(100073)
网址/www.lawpress.com.cn
投稿邮箱/info@ lawpress.com.cn
举报维权邮箱/jbwq@ lawpress.com.cn
销售热线/400-660-8393
咨询电话/010-63939796

中国法律图书有限公司/北京市丰台区莲花池西里 7 号(100073)
全国各地中法图分、子公司销售电话:
统一销售客服/400-660-8393/6393
第一法律书店/010-83938432/8433
西安分公司/029-85330678
重庆分公司/023-67453036
上海分公司/021-62071639/1636
深圳分公司/0755-83072995

书号:ISBN 978-7-5197-4803-6
定价:76.00 元
(如有缺页或倒装,中国法律图书有限公司负责退换)